BGB AT 2

Anfechtung, Geschäftsfähigkeit, Form, AGB, Verjährung u.a.

2021

Dr. Jan Stefan Lüdde
Rechtsanwalt und Repetitor

ALPMANN UND SCHMIDT Juristische Lehrgänge Verlagsges. mbH & Co. KG
48143 Münster, Alter Fischmarkt 8, 48001 Postfach 1169, Telefon (0251) 98109-0
AS-Online: www.alpmann-schmidt.de

Zitiervorschlag: Lüdde, BGB AT 2, Rn.

Lüdde, Dr. Jan Stefan

BGB AT 2
Anfechtung, Geschäftsfähigkeit, Form,
AGB, Verjährung u.a.

22. Auflage 2021
ISBN: 978-3-86752-759-0

Verlag Alpmann und Schmidt Juristische Lehrgänge
Verlagsgesellschaft mbH & Co. KG, Münster

Unterstützen Sie uns bei der Weiterentwicklung unserer Produkte.
Wir freuen uns über Anregungen, Wünsche, Lob oder Kritik an:
feedback@alpmann-schmidt.de.

INHALTSVERZEICHNIS

LITERATURVERZEICHNIS

Verweise in den Fußnoten auf „RÜ“ und „RÜ2“ beziehen sich auf die Ausbildungszeitschriften von Alpmann Schmidt. Dort werden Urteile so dargestellt, wie sie in den Examensklausuren geprüft werden: in der RechtsprechungsÜbersicht als Gutachten und in der Rechtsprechungs-Übersicht 2 als Urteil/Behördenbescheid/Anwaltsschriftsatz etc.

RÜ-Leser wussten mehr: Immer wieder orientieren sich Examensklausuren an Gerichtsentscheidungen, die zuvor in der RÜ klausurmäßig aufbereitet wurden. Die aktuellsten RÜ-Treffer aus ganz Deutschland finden Sie auf unserer Homepage.

Abonnenten haben Zugriff auf unser digitales RÜ-Archiv.

Bork	Allgemeiner Teil des Bürgerlichen Gesetzbuchs 4. Auflage 2016
Brox/Walker	Allgemeiner Teil des BGB 44. Auflage 2020
Erman	Handkommentar zum Bürgerlichen Recht 1. Band (1–853) 16. Auflage 2020
Faust	Bürgerliches Gesetzbuch, Allgemeiner Teil 7. Auflage 2020
Flume	Allgemeiner Teil des bürgerlichen Rechts 2. Band Das Rechtsgeschäft 4. Auflage 1992
Jauernig	Bürgerliches Gesetzbuch, Kommentar 17. Auflage 2018
Medicus/Petersen	Allgemeiner Teil des BGB 11. Auflage 2016 (zitiert: Medicus/Petersen AT)
Medicus/Petersen	Bürgerliches Recht 27. Auflage 2019 (zitiert: Medicus/Petersen BR)
Münchener Kommentar	Kommentar zum Bürgerlichen Gesetzbuch Band 1, 1. Halbband Allgemeiner Teil (§§ 1–240) 8. Auflage 2018 Band 2 Schuldrecht Allgemeiner Teil (§§ 241–432) 8. Auflage 2019

	Band 8 Familienrecht II (§§ 1589–1921) 8. Auflage 2019
Palandt	Bürgerliches Gesetzbuch 80. Auflage 2021
Soergel	Bürgerliches Gesetzbuch Band 1 Allgemeiner Teil 1 (§§ 1–103) 13. Auflage 2000 Band 2 Allgemeiner Teil 2 (§§ 104–240) 13. Auflage 1999
Staudinger	Kommentar zum Bürgerlichen Gesetzbuch Erstes Buch: Allgemeiner Teil §§ 90–124 (2017) §§ 125–129 BeurkG (2017) §§ 130–133 (2017) §§ 134–138 (2017); Anh zu § 138: ProstG (2016) §§ 139–163 (2020) §§ 164–240 (2019) §§ 255–304 (2019) §§ 305–310 (2019) §§ 311 b, 311 c (2018) §§ 535–562 d (2018; Updatestand: 01.07.2020) §§ 812–822 (2007) §§ 883–902 (2020) §§ 1922–1966 (2017; Updatestand: 18.06.2019)
Thomas/Putzo	ZPO 41. Auflage 2020
Wolf/Neuner	Allgemeiner Teil des Bürgerlichen Rechts 12. Auflage 2020

1. Teil: Nichtigkeit der Willenserklärung

Eine abgegebene und erforderlichenfalls zugegangene **Willenserklärung** entfaltet gleichwohl **keine Wirkungen**, soweit sie nichtig ist. Gleiches gilt für die **Rechtsgeschäfte** und **Verträge**, auf deren Entstehung die nichtige Willenserklärung abzielt, sowie für die sich aus ihnen ergebenden **Ansprüche**. Hinsichtlich der Ansprüche werden die Nichtigkeitsgründe auch als **rechtshindernde Einwendungen** bezeichnet.[1] 1

Nach h.M. können auch nichtige Rechtsgeschäfte durch Gestaltungserklärungen (z.B. Anfechtung, Widerruf) „zusätzlich" angegriffen werden (sog. **Doppelwirkung im Recht**).[2]

Grundsätzlich ist das betroffene Geschäft **ex tunc**, also von Anfang an nichtig. Jedoch kann die Nichtigkeit eines **Dauerschuldverhältnisses** regelmäßig nur für die Zukunft (**ex nunc**) geltend gemacht werden, wenn die Rückabwicklung des Geschäfts zu Unbilligkeiten gegenüber einer Vertragspartei oder Dritten führen würde.

Klassische **Beispiele** sind nichtige **Arbeitsverträge** (der Arbeitnehmer sähe sich bei Rückforderung seiner Arbeitsleistung dem Einwand aus § 818 Abs. 3 BGB[3] ausgesetzt) und **Gesellschaftsverträge**, soweit die Gesellschaft bereits im Verkehr aufgetreten ist und Dritte auf ihre Existenz vertraut haben.[4]

Die sehr examensrelevanten **Nichtigkeitsgründe** sind im BGB AT geregelt, nämlich 2

- die **mangelnde Geschäftsfähigkeit** nach §§ 104 ff. (1. Abschnitt),
- der Verstoß gegen ein **gesetzliches Verbot** nach § 134 sowie die **Sittenwidrigkeit** und der **Wucher** nach § 138 (2. Abschnitt),
- die **Formnichtigkeit** nach § 125 (3. Abschnitt) und
- die **Anfechtung**, die zwar nach § 143 Abs. 1 erst durch nachträgliche Erklärung zur Nichtigkeit führt, aber gemäß § 142 Abs. 1 rückwirkend (4. Abschnitt).

In den Fällen der **Teilnichtigkeit**, **Umdeutung** und **Bestätigung** nach §§ 139–141 wirkt sich ein Nichtigkeitsgrund nicht bzw. nur eingeschränkt aus (5. Abschnitt).

Weitere Nichtigkeitsgründe (z.B. § 270 a, § 312 j Abs. 4, § 494 Abs. 1, §§ 1303 f.) und **Einschränkungen der Nichtigkeitsfolge** (z.B. § 494 Abs. 2–6, § 518 Abs. 2) außerhalb des BGB AT haben zumeist geringere Examensrelevanz. Sie werden im jeweiligen **AS-Skript im systematischen Zusammenhang** erörtert.

1. Abschnitt: Fehlende Geschäftsfähigkeit

Nach dem Grundsatz der **Privatautonomie** kann jede Person ihre Rechtsbeziehungen zu anderen Personen durch **Willenserklärungen** regeln. Um die Rechtsfolge einer Willenserklärung abschätzen zu können, ist aber eine gewisse Einsichtsfähigkeit erforderlich. Nur bei **Geschäftsfähigkeit** können daher durch die Abgabe und Annahme von Willenserklärungen Rechtsfolgen herbeigeführt werden. Im Interesse der Rechtssicherheit ist in §§ 2, 106 generalisierend bestimmt: Die **(unbeschränkte) Geschäftsfähigkeit** tritt mit der **Volljährigkeit**, also mit der Vollendung des 18. Lebensjahres ein. 3

1 Näher zu den in diesem Absatz fettgedruckten Worten AS-Skript BGB AT 1 (2020), Rn. 8 ff. u. 18.

2 Näher dazu m.w.N. AS-Skript Schuldrecht AT 2 (2020), Rn. 283.

3 §§ ohne Gesetzesangabe sind solche des BGB.

4 Siehe Rn. 384.

Hinweis: *Die „Vollendung des X. Lebensjahres" wird umgangssprachlich als „X. Geburtstag" bezeichnet. Wer vor 365 Tagen geboren wurde, vollendet sein erstes Lebensjahr und wird ein Jahr alt. Wer sein 18. Lebensjahr vollendet, wird 18 Jahre alt.*

Sonderfälle der Geschäftsfähigkeit sind die **Ehefähigkeit** (§ 1303) und die **Testierfähigkeit** (§ 2229 Abs. 1), bei denen das Gesetz den Zeitpunkt der Mündigkeit vorverlegt.[5]

4 Wer das 18. Lebensjahr noch nicht vollendet hat, ist **minderjährig.** Minderjährige sind entweder geschäftsunfähig (§ 104 Nr. 1) oder beschränkt geschäftsfähig (§§ 106-113). Geschäftsunfähig sind ferner **dauerhaft Geisteskranke** (§ 104 Nr. 2).

5 Ausgehend von diesen Begriffen **differenziert** das Gesetz wie folgt:

- Der nicht voll Geschäftsfähige – also der Geschäftsunfähige und der beschränkt Geschäftsfähige – wird vom **gesetzlichen Vertreter** vertreten – dazu A.
- Die Willenserklärung eines **Geschäftsunfähigen** ist nichtig (**§ 105 Abs. 1**) – dazu B.
- Auch die Willenserklärung eines (zwar nicht Geschäftsunfähigen, aber) **Bewusstlosen** oder **vorübergehend geistig Gestörten** ist nichtig (**§ 105 Abs. 2**) – dazu C.
- Für die Willenserklärung eines **beschränkt Geschäftsfähigen** enthalten die §§ 106 ff. differenzierende Regelungen – dazu D.
- Die fehlende Geschäftsfähigkeit strahlt in **weitere Rechtsbereiche** aus – dazu E.

Hinweis: *Ganz wichtig für die Falllösung im Examen ist die* ***Differenzierung*** *danach,*

- ***wer*** *der* ***Erklärende*** *ist: der nicht voll Geschäftsfähige selbst (dazu B.–D.) oder sein gesetzliche Vertreter (dazu A.) und*
- *ob es sich um eine* ***Verpflichtungserklärung*** *oder um eine* ***Verfügungserklärung*** *handelt.*

Achten Sie im Folgenden auf diese beiden Punkte! Lesen Sie die ***Normen aus dem Familienrecht*** *genau – sogleich parallel zum Skript und im Ernstfall im Examen!*

A. Gesetzliche Vertretung nicht voll Geschäftsfähiger

6 Dauerhaft geisteskranke Volljährige werden vom **Betreuer** (§§ 1896, 1902) vertreten; für die in § 105 Abs. 2 genannten temporären Zustände bietet sich hingegen eine Betreuerbestellung nicht an. Minderjährige werden **gemeinschaftlich** von den **Eltern** (§§ 1626 Abs. 1 S. 1, 1629 Abs. 1 S. 1 u. 2 Hs. 1) vertreten. Es ist zulässig und üblich, dass Eltern sich konkludent wechselseitige Untervollmacht als **Einzelvertreter** erteilen.[6] Fehlen die Eltern, so ist der **Vormund** (§ 1793) Vertreter des Minderjährigen.

Die **elterliche Sorge** umfasst (neben der Personensorge und der Vermögenssorge, § 1626 Abs. 1 S. 2) die **Vertretung** des Kindes. Sie erfolgt grundsätzlich **gemeinschaftlich**, § 1629 Abs. 1 S. 2 Hs. 1.

Beispiel für Unterbevollmächtigung: Wenn die Eltern verabreden, dass der in Elternzeit befindliche Vater sich um die Schulangelegenheiten kümmert, dann kann er auch ohne Mitwirkung der Mutter namens des Kindes einen Kaufvertrag über einen Schultornister schließen. Alternativ kann der Vater na-

5 Näher hierzu Rn. 93 f.

6 Näher AS-Skript Familienrecht (2020), Rn. 143.

türlich auch im eigenen Namen (ggf. gemäß § 1357 auch mit Wirkung für und gegen die Mutter) den Tornister kaufen und dem Kind schenken, dann wird das Kind nicht vertreten und nicht Vertragspartei.

Die Eltern bzw. der Vormund können in ihrer Vertretungsmacht dergestalt **beschränkt** sein, dass das **Familiengericht** über die Wirksamkeit der Vertretung entscheidet (dazu I.). Sie können ferner sogar von der Vertretung **ausgeschlossen** sein, dann springt der **Ergänzungspfleger** nach § 1909 als gesetzlicher Vertreter ein (dazu II.).[7]

I. Beschränkung der Vertretungsmacht, §§ 1643, 1821, 1822

Die gesetzliche Vertretungsmacht ist **beschränkt** 7

- gemäß § 1821 Abs. 1 (Vormund) bzw. §§ 1643 Abs. 1, 1821 Abs. 1 (Eltern) hinsichtlich bestimmter **Grundstücksgeschäfte**, allerdings gemäß § 1821 Abs. 2 (i.V.m. § 1643 Abs. 1) ausgenommen solche bezüglich Hypotheken und Grundschulden,

  § 1821 Abs. 1 Nr. 1 bis 3 betrifft nur **Verfügungen über das Vermögen des Minderjährigen**. Ihn begünstigende Verfügungen über das Vermögen Dritter sind nicht erfasst.[8] **§ 1821 Abs. 1 Nr. 5** erfasst nur **entgeltliche Verpflichtungsverträge**, also keine Schenkungen.[9]

- hinsichtlich bestimmter **anderer riskanter Rechtsgeschäfte**, wobei für den Vormund § 1822 komplett gilt, während Eltern gemäß § 1643 Abs. 1 nur bezüglich der in § 1822 Nr. 1, 3, 5 u. 8 bis 11 genannten Geschäfte beschränkt sind und
- für die Eltern hinsichtlich bestimmter **erbrechtlicher Geschäfte** (§ 1643 Abs. 2).

Die Wirksamkeit eines solchen Geschäfts ist von der **Zustimmung des zuständigen Familiengerichts** nach Maßgabe der §§ 1821 ff., 1643 Abs. 3 abhängig. 8

Hinweis: *Die §§ 1821 ff. bezeichnen die vorherige Zustimmung als „Genehmigung" und die nachträgliche Zustimmung als „nachträgliche Genehmigung", vgl. § 1829 Abs. 1 S. 1. Im Folgenden wird die allgemeine, weniger verwechslungsanfällige Terminologie der §§ 182 ff.*[10] *verwendet, also (vorherige) Einwilligung und (nachträgliche) Genehmigung.*

Hat das **Familiengericht vor Geschäftsabschluss eingewilligt**, so ist das Geschäft **sofort wirksam**. Gemäß § 1825 (i.V.m. § 1643 Abs. 3) kann das Familiengericht auch eine allgemeine Ermächtigung für bestimmte Geschäfte erteilen. 9

Ohne vorherige Einwilligung gilt: 10

- **Einseitige Rechtsgeschäfte** sind gemäß § 1831 (i.V.m. § 1643 Abs. 3) **unwirksam** und nicht nachträglich genehmigungsfähig. Sie vertragen keinen Schwebezustand.
- **Verträge** sind zunächst **schwebend unwirksam**. Dieser Zustand wird nach Maßgabe der §§ 1828, 1829, 1830 (bei Eltern jeweils i.V.m. § 1643 Abs. 3) beendet:
  - Das **Familiengericht** kann (nur) gegenüber dem Vertreter **genehmigen** (§ 1828). Dieser entscheidet, ob er dem Vertragspartner die **Genehmigung mitteilt** und so die Genehmigung (§ 1829 Abs. 1 S. 2) und mithin der Vertrag wirksam werden.

---

7 Näher mit weiteren Beispielen hierzu AS-Skript Familienrecht (2020), Rn. 144 ff.

8 OLG München NJW-RR 2011, 595; Böttcher NJW 2018, 831, 832.

9 Näher zur Schenkung von Grundstücken an Minderjährige Rn. 42 ff.; zu Grenzfällen Böttcher NJW 2018, 831, 832.

10 Näher zu den §§ 182 ff. AS-Skript BGB AT 1 (2020), Rn. 451.

- Der **Vertragspartner** kann den gesetzlichen Vertreter **auffordern**, mitzuteilen, ob die Genehmigung des Familiengerichts erteilt sei. Nach Ablauf von vier Wochen **gilt** die Genehmigung **als verweigert** (§ 1829 Abs. 2).
- Ist der Vertretene **volljährig geworden**, so tritt dessen Genehmigung an die Stelle der Genehmigung des Familiengerichts (§ 1829 Abs. 3).
- **Behauptet der gesetzliche Vertreter wahrheitswidrig, es gebe eine Genehmigung**, so steht dem Vertragspartner gemäß § 1830 bis zur Mitteilung der (tatsächlich erfolgten) Genehmigung ein **Widerrufsrecht** zu, es sei denn, ihm war bei Vertragsschluss das Fehlen der Genehmigung bekannt.

Beispiel: Der 14-jährige S und seine Eltern E wollen ein Grundstück des S an K veräußern. –
I. Entweder **einigt S sich im eigenen Namen mit K** über den Kaufvertrag und die Übereignung (sog. Auflassung), wobei die E in diese Geschäfte entweder vorher einwilligen (§ 107) oder sie nachher genehmigen (§ 108) müssen (dazu näher D.). Oder die **E vertreten den S** bei diesen Geschäften, indem sie gemäß § 164 Abs. 1 u. 3 im Namen des S Erklärungen abgeben und Erklärungen des K annehmen.
II. Entweder die Zustimmung der E zu den Geschäften des S oder aber die Vertretung des S durch die E bedürfen aber der **Zustimmung des Familiengerichts** gemäß §§ 1643, 1821 Abs. 1 Nr. 1 bzw. Nr. 4.
1. Hat das Familiengericht **im Vorfeld eingewilligt**, so sind beide Geschäft wirksam.
2. Anderenfalls sind Kaufvertrag und Auflassung schwebend unwirksam. Ist das Familiengericht mit den Rechtsgeschäften einverstanden, so muss es die **Genehmigung** gemäß §§ 1643 Abs. 3, 1828 **gegenüber den E** erklären. Diese entscheiden dann letztlich darüber, ob sie die **Genehmigung dem K mitteilen** und so Kaufvertrag und Auflassung wirksam werden lassen (§§ 1643 Abs. 3, 1829 Abs. 1 S. 2).

II. Ausschluss von der gesetzl. Vertretung, §§ 1629 Abs. 2 S. 1, 1795

11 Der Vormund und die Eltern (letztere über § 1629 Abs. 2 S. 1) sind nach Maßgabe des § 1795 hinsichtlich Geschäften, in welchen sie bei der Vertretung typischerweise in einem **Interessenkonflikt** stehen, **von der Vertretung ausgeschlossen.**

Zudem kann das Familiengericht in Einzelfällen mit **erheblichem Interessengegensatz**, die nicht in § 1795 benannt sind, gemäß § 1796 (i.V.m. § 1629 Abs. 2 S. 3) die **Vertretungsmacht entziehen.**

12 Anders als bei der Beschränkung wirken in diesen Fällen die gesetzlichen Vertreter bei der Vertretung nicht mit dem Familiengericht zusammen, sondern **an ihre Stelle** tritt ein **Ergänzungspfleger** (§ 1909).

13 Nach **§ 1795 Abs. 1** ist die Vertretung bei Geschäften zwischen bestimmten verwandten (Begriff: § 1589) oder verheirateten Personen und dem Vertretenen (Nr. 1), bei Geschäften über gesicherte Forderungen des Vertretenen gegen den gesetzlichen Vertreter oder über die entsprechende Sicherheit selbst (Nr. 2) sowie bei den korrespondierenden Rechtsstreiten (Nr. 3) ausgeschlossen.

Beispiel: Der minderjährige M hat ein Mofa von V erworben. Die Eltern (E) machen M zunächst Vorhaltungen. Im Einverständnis mit E verkauft und übergibt M das Mofa seinem volljährigen Bruder B. –
I. Zwischen **M und V** gilt:
1. Den schwebend unwirksamen (§ 107) **Kaufvertrag** zwischen M und V haben die E konkludent genehmigt (§§ 108, 182, 184), als sie der Weiterveräußerung an B zustimmten. Anderenfalls hätte M an B eine Sache veräußert, die er V nach §§ 812 ff. zurückgewähren müsste, sodass entweder M dem B nach §§ 280 ff. oder M dem V nach §§ 812, 818 Abs. 2 haften müsste. Dies wollten E verhindern.
2. Die **Übereignung** (§ 929 S. 1) von V an M ist für M rechtlich vorteilhaft und daher gemäß § 107 ohne Zustimmung wirksam.
II. Zwischen **M und B** gilt:

1. Auch dieser **Kaufvertrag** bedarf gemäß § 107 der Einwilligung. Die Einwilligung der E ist unwirksam, denn sie waren gemäß §§ 1629 Abs. 2 S. 1, 1795 Abs. 1 Nr. 1 von der Vertretung ausgeschlossen. Es ging um ein Rechtsgeschäft zwischen einerseits dem B als Sohn und daher geradlinigem Verwandten ersten Grades (§ 1589) und andererseits dem von E vertretenen M. Ferner stellt der Kaufvertrag auch nicht die Erfüllung einer Verbindlichkeit (§ 1795 Abs. 1 Nr. 1 Hs. 2) dar, sondern er begründet vielmehr für M eine solche aus § 433 Abs. 1 S. 1. Der Kaufvertrag ist daher nach wie vor schwebend unwirksam, über seine Genehmigung entscheidet der Ergänzungspfleger (§§ 1909, 108).
2. Parallel dazu ist auch die rechtliche nachteilige und daher gemäß § 107 einwilligungsbedürftige **Übereignung** von M an B gemäß §§ 1629 Abs. 2 S. 1, 1795 Abs. 1 Nr. 1 schwebend unwirksam. Sie stellt auch nicht i.S.d. § 1795 Abs. 1 die bloße Erfüllung einer (wirksamen) Verbindlichkeit dar, denn der Kaufvertrag ist (derzeit schwebend) unwirksam.

Gemäß **§ 1795 Abs. 2** bleibt **§ 181 unberührt**. Wie für jeden anderen Vertreter auch sind **Insichgeschäfte** dem Vormund bzw. den Eltern nur unter den geschriebenen und anerkannten ungeschriebenen **Erweiterungen und Einschränkungen** des § 181 möglich.[11] Nach h.M. kann allerdings eine **Gestattung** i.S.d. § 181 **nicht** erfolgen. 14

Im allgemeinen Vertretungsrecht spricht der (voll geschäftsfähige) Vertretene diese Gestattung aus. **Im Fall des § 1795 Abs. 2 gibt es aber niemanden, der gestatten kann**:[12] Der Vertretene ist nicht voll geschäftsfähig. Der gesetzliche Vertreter müsste gegenüber sich selbst die Gestattung erklären, er befindet sich daher in einem Interessenkonflikt. Das Familiengericht ist als reine Kontrollinstanz für fremde Entscheidungen nach h.M. nicht dafür zuständig, eine eigene originäre Gestattungserklärung abzugeben. Der Ergänzungspfleger schließlich wird gemäß § 1909 Abs. 1 S. 1 erst in dem Moment zum gesetzlichen Vertreter, in dem die §§ 1795 Abs. 2, 181 gerade mangels Gestattung nicht erfüllt sind.

Hinweis: *Zu §§ 1795 Abs. 1 Nr. 1 u. Abs. 2, 181 sogleich noch Fall 1 (Rn. 44 ff.).*

III. Kombination von Beschränkung und Ausschluss

Erforderlichenfalls sind die §§ 1821 u. 1822 und §§ 1795, 1796 zu kombinieren, denn sie haben **verschiedene Schutzrichtungen**. 15

Beispiel: Wie in Rn. 13, aber anstatt eines Mofas ist ein Grundstück Gegenstand der Geschäfte.
I. Wie in Rn. 13 ersetzt der **Ergänzungspfleger** die E, um den **Interessenkonflikt** zu beseitigen.
II. Gleichwohl muss **zusätzlich** gemäß §§ 1643 Abs. 1, 1821 Abs. 1 Nr. 1 u. 4 das **Familiengericht** sowohl den Verpflichtungen als auch den Verfügungen zustimmen, um dem Umstand Rechnung zu tragen, dass der gesetzliche Vertreter (seien es die Eltern oder der Ergänzungspfleger) nicht alleine über die Wirksamkeit der **besonders riskanten Geschäfte** entscheiden soll.

Entsprechend kann der gesetzliche Vertreter den Minderjährigen im die §§ 1821, 1822 betreffenden **familiengerichtlichen Verfahren** (nur) dann nicht vertreten, wenn zugleich §§ 1795, 1796 erfüllt sind.[13]

B. Geschäftsunfähigkeit, §§ 104, 105 Abs. 1

Nach § 104 ist geschäftsunfähig, 16

- wer das **7. Lebensjahr noch nicht vollendet** hat (Nr. 1) oder
- wer sich in einem die freie Willensbestimmung ausschließenden **Zustand krankhafter Störung der Geistestätigkeit** befindet (Nr. 2). Der Betroffene muss außerstande sein, seinen Willen aufgrund sachlicher Erwägungen und unbeeinflusst von

11 Näher zu § 181 AS-Skript BGB AT 1 (2020), Rn. 393 ff.
12 MünchKomm/Spickhoff § 1795 Rn. 19; Palandt/Götz § 1795 Rn. 11.
13 BGH NJW 2019, 1814.

der Geistesstörung zu bilden und der Einsicht gemäß zu handeln. Ob die Willensbildung dabei aus Sicht eines objektiven Dritten auch nachvollziehbar und richtig ist, ist hingegen unbeachtlich.[14] Die Störung muss ferner **nicht nur vorübergehend**, also von einer gewissen Dauer sein.

Lichte Momente (**lucida intervalla**) unterbrechen die Geschäftsunfähigkeit. Sobald und solange das Urteilsvermögen normal ist, besteht **keine Geschäftsunfähigkeit** nach § 104 Nr. 2.

I. Partielle und relative Geschäftsunfähigkeit

17 Nach h.A.[15] besteht nach § 104 Nr. 2 eine nur **partielle Geschäftsunfähigkeit**, soweit dem Betroffenen nur für einen **bestimmten, gegenständlich abgegrenzten Kreis** von Geschäften das erforderliche Urteilsvermögen fehlt. Der Wortlaut der Norm lässt diese Auslegung zu. Zudem läge ein nicht erforderlicher und daher gegen das Rechtsstaatsprinzip des Art. 20 Abs. 3 GG verstoßender Eingriff in die Rechte aus Art. 2 Abs. 1 und/oder Art. 14 Abs. 1 GG vor, wenn man dem Betroffenen trotz Urteilsfähigkeit im konkreten Fall die Möglichkeit versagt, selbstbestimmt Geschäfte abzuschließen. Milderes und gleich effektives Mittel ist die nur partielle Versagung der Geschäftsfähigkeit.

18 Hingegen erkennt die h.A.[16] eine **relative Geschäftsunfähigkeit** für (tatsächlich oder rechtlich) **besonders schwierige Geschäfte** nicht an. Zwar lassen sich gleichsam die Argumente aus dem vorherigen Absatz anführen. Es würde dann aber im Einzelfall eine erhebliche, nicht mit dem Rechtsstaatsprinzip zu vereinbarende Rechtsunsicherheit drohen.

II. Willenserklärungen des und Zugang beim Geschäftsunfähigen

19 Die **Willenserklärung eines Geschäftsunfähigen** ist gemäß § 105 Abs. 1 **nichtig**.

20 Empfangsbedürftige Willenserklärungen werden gemäß § 130 Abs. 1 S. 1 erst mit **Zugang** wirksam.[17] § 131 Abs. 1 bestimmt, dass im Falle der **Geschäftsunfähigkeit des Adressaten** die Erklärung dem **gesetzlichen Vertreter** zugehen muss. Die Erklärung muss nach h.M.[18] an ihn gerichtet oder zumindest **für ihn bestimmt** sein und **aus diesem Grund in seinen Machtbereich** gelangen. Ohne eine solche Bestimmung und/oder bei bloß zufällig-faktischem Gelangen in den Machtbereich erfolgt kein Zugang.

Daher geht **beispielsweise** ein Brief dem gesetzlichen Vertreter nicht zu, wenn er bei der Abgabe der Erklärung noch gar nicht zum Vertreter bestellt war und dementsprechend nicht als Adressat benannt ist, selbst wenn er später den Brief in den Händen hält.[19]

III. Volljährige Geschäftsunfähige, § 105 a

21 Auch die Willenserklärung eines volljährigen Geschäftsunfähigen ist gemäß § 105 **grundsätzlich nichtig**. Gemäß § 105 a **gilt** aber ein von ihm geschlossener **Vertrag ausnahmsweise als wirksam**,

14 BGH NJW 1996, 918.
15 BVerfG NJW 2003, 1382; Wolf/Neuner § 34 Rn. 5.
16 BayObLG NJW 1989, 1679; BGH NJW 1970, 1680.
17 Näher zum Zugang von Willenserklärungen AS-Skript BGB AT 1 (2020), Rn. 123 ff.
18 Vgl. Palandt/Ellenberger § 131 Rn. 2 m.w.N.
19 BAG NJW 2011, 872.

- wenn ein **Geschäft des täglichen Lebens** (etwa Lebensmittelerwerb) vorliegt,
- welches ausgehend vom **durchschnittlichen Preis- und Einkommensniveau**[20] mit **geringwertigen Mitteln** bewirkt werden kann,
- soweit **Leistung und Gegenleistung** tatsächlich bereits **bewirkt** wurden und
- **keine erhebliche Gefahr** für Person oder Vermögen des Erklärenden besteht.

Wie die **Rechtsfolge** („gilt ... als wirksam") zu verstehen ist, ist sehr umstritten.[21] 22

- Dem Wortlaut kommt es am nächsten, **Verpflichtung und Verfügung** ab Leistungsbewirkung als **wirksam ex nunc** anzusehen. Beide Vertragsparteien hätten dann wechselseitig sämtliche vertragliche **Primäransprüche**. Ob ihnen auch **sonstige Rechte** (Gestaltungsrechte, Ansprüche auf Gewährleistung und Schadensersatz) zustehen, hängt davon ab, für wie maßgeblich man den weiteren Wortlaut „in Ansehung von Leistung und ... Gegenleistung" hält.
- Eine vertragliche Schadensersatzpflicht des Geschäftsunfähigen könnte aber (trotz seines Schutzes über §§ 276 Abs. 1 S. 2, 827) dem Schutzzweck der §§ 104 ff. BGB zuwiderlaufen. Diesem würde am ehesten eine nur **halbseitige** („hinkende") **Wirksamkeit der Verpflichtungen und Verfügungen zugunsten des Minderjährigen** gerecht. Das würde allerdings den Geschäftsunfähigen in einem sehr hohen Maße bevorteilen. Zudem sehen die §§ 104 ff. nirgends sonst eine solche einseitige Folge vor – insbesondere nach §§ 107, 108 BGB (näher D.) sind Verpflichtungen entweder gar nicht oder sowohl zu Gunsten als auch zu Lasten des Schutzwürdigen wirksam.
- Daher könnten die Verfügungen wirksam und Verpflichtungen unwirksam, aber gleichwohl eine **bereicherungsrechtliche Rückabwicklung der Verfügungen ausgeschlossen** sein, nach dem Vorbild der §§ 656 Abs. 1, 762 Abs. 1. Das erscheint auch interessengerecht: Jede Partei behält die Leistungen, die an sie bewirkt wurden. Weitere vertragliche Ansprüche und Rechte bestehen nicht und Schadensersatzansprüche nur nach Maßgabe der §§ 823 ff. (i.V.m. § 827). Diese Lesart entspricht auch dem Willen des Gesetzgebers, lässt sich aber am wenigsten mit dem Wortlaut der Norm als Ausgangspunkt der Auslegung vereinbaren.

C. Nichtigkeit der Willenserklärung nach § 105 Abs. 2

Nach § 105 Abs. 2 ist auch eine Willenserklärung nichtig, die im Zustand der **Bewusstlosigkeit oder vorübergehender Störung der Geistestätigkeit** (Rausch, Fieberwahn) abgegeben wird. Diese vorübergehenden Zustände schließen die von der dauerhaften Verfassung abhängige Geschäftsfähigkeit nicht aus, es greift aber dieselbe Rechtsfolge. 23

Die Nichtigkeit tritt nur ein, wenn die Störung ein solches Ausmaß erreicht, dass die **freie Willensbestimmung ausgeschlossen** ist. Das ist zwar in § 105 Abs. 2 nicht erwähnt, aber in der systematischen Gesamtschau mit § 104 Nr. 2 zu ergänzen.[22]

20 BR-Drs. 107/02, S. 16.

21 Vgl. zum Folgenden jeweils m.w.N. Palandt/Ellenberger § 105 a Rn. 6 sowie MünchKomm/Spickhoff § 105 a Rn. 19 ff. (1. Ansicht), Casper NJW 2002, 3425 (2. Ansicht) und Staudinger/Klumpp § 105a Rn. 40 ff. unter Verweis auf BT-Drs. 14/9266, S. 43 (3. Ansicht).

22 Palandt/Ellenberger § 105 Rn. 3.

24 Hinsichtlich des **Zugangs** einer empfangsbedürftigen Willenserklärung bei einer solchen Person gilt ausgehend von den üblichen Definitionen des Zugangs:[23]

- Eine **Erklärung unter Anwesenden** wird nicht wirksam, wenn der Empfänger nicht in der Lage ist, sie zu verstehen und der Erklärende dies auch erkennt.
- Eine **Erklärung unter Abwesenden** wird wirksam, sobald sie in den Machtbereich des Empfängers gelangt und üblicherweise zur Kenntnis genommen wird. Mit einem in § 105 Abs. 2 benannten Zustand ist nämlich üblicherweise nicht zu rechnen.

D. Beschränkte Geschäftsfähigkeit, §§ 106 ff.

25 Beschränkt geschäftsfähig sind **Minderjährige nach Vollendung des 7. Lebensjahres** (§§ 2, 106). Sie haben die mit Abstand **größte Examensrelevanz.**

Willenserklärung eines beschränkt geschäftsfähigen Minderjährigen

- Willenserklärung **nur sofort wirksam, soweit**:
  - Teilgeschäftsfähigkeit (§§ 112, 113),
  - vorteilhaft oder neutral (§ 107; Zugang: § 131 Abs. 2 S. 2 Var. 1) oder
  - rechtlich nachteilig, aber Einwilligung (vorheriger Zustimmung) des gesetzlichen Vertreters (§§ 107, 182, 183), welche insbesondere vorliegt bei ...
  - ... Bewirkung der Leistung mit eigenen Mitteln (§ 110, „Taschengeldparagraph")
- **Anderenfalls** sind
  - **einseitige Rechtsgeschäfte endgültig unwirksam** (§ 111) und ihre **Zugänge schwebend unwirksam** (§ 131 Abs. 2 S. 2 Var. 1) sowie
  - **Verträge** hingegen nur **schwebend unwirksam.** Ihre Genehmigung (nachträgliche Zustimmung) führt zur **Wirksamkeit ex tunc** (§§ 108, 182, 184) und ihr Widerruf zur **endgültigen Unwirksamkeit** (§ 109).

Hinweis: *Soweit in den §§ 107 bis 113 und im Folgenden vom* ***„Minderjährigen"*** *die Rede ist, sind nur Minderjährige* ***ab 7 Jahren*** *gemeint, vgl. § 106.*

I. Wirksame Rechtsgeschäfte

26 Die Wirksamkeit der Willenserklärungen ist im Gesetz **differenzierend** geregelt.

1. Teilgeschäftsfähigkeit, §§ 112 u. 113

27 Es kann **für bestimmte Lebensbereiche volle Geschäftsfähigkeit** bestehen:

28 Nach § 112 Abs. 1 S. 1 u. Abs. 2 betrifft das zum einen alle Geschäfte, die ein **selbstständiges Erwerbsgeschäft** mit sich bringt, soweit der gesetzliche Vertreter den Minderjährigen mit Genehmigung des Familiengerichts entsprechend ermächtigt und solange er diese Ermächtigung nicht mit gerichtlicher Genehmigung zurückgenommen hat. Einzig

23 Erman/Arnold § 131 Rn. 11; s. zu den Definitionen AS-Skript BGB AT 1 (2020), Rn. 123 ff.

Rechtsgeschäfte, für die auch der Vertreter der gerichtlichen Genehmigung bedürfte, sind gemäß § 112 Abs. 1 S. 2 ausgenommen.

Beispiel: Ein 17-jähriger, der wirksam zur Entwicklung einer Spiele-App ermächtigt wurde, kann Fachzeitschriften abonnieren, Büroräume anmieten und Programmierer anstellen. Eine Prokura kann er jedoch gemäß §§ 112 Abs. 1 S. 2, 1643 Abs. 1, 1822 Nr. 11 nicht erteilen.

Zum anderen enthält § 113 Abs. 1 eine parallele Regelung für Eingehung, Erfüllung und Aufhebung von **Dienst- und Arbeitsverträgen**. Eine Ermächtigung für einen einzelnen Vertrag gilt im Zweifel gemäß § 113 Abs. 4 auch für artgleiche Verträge. Im Unterschied zu § 112 kann allerdings der gesetzliche Vertreter die Ermächtigung ohne gerichtliche Genehmigung zurücknehmen (§ 113 Abs. 2) und die verweigerte Ermächtigung eines Vormundes (nicht: der Eltern) kann vom Familiengericht ersetzt werden (§ 113 Abs. 3). 29

2. Vorteilhafte und neutrale Rechtsgeschäfte, § 107

Nach dem Wortlaut des §§ 107, 106 bedarf der Minderjährige der Einwilligung seines gesetzlichen Vertreters für alle seine Willenserklärungen, durch die er **nicht lediglich einen Vorteil** erlangt. Der Vorteil muss ein **rechtlicher** sein; eine wirtschaftliche Betrachtung erfolgt nach dem Wortlaut also nicht. 30

Auch **neutrale Geschäfte**, die weder rechtliche Vorteile noch rechtliche Nachteile bringen, sind über den Wortlaut hinaus zustimmungsfrei wirksam (näher Rn. 53 ff.). Im Ergebnis sind daher **nur nachteilhafte Geschäfte einwilligungspflichtig.**

Über **weitere Einschränkungen** des Wortlauts, um den (immerhin) beschränkt geschäftsfähigen Minderjährigen nicht zu sehr zu bevormunden, herrscht Uneinigkeit: 31

- **Manche**[24] wollen nur die **unmittelbaren, gewollten Folgen** betrachten. Mittelbarreflexartige Rechtsnachteile, die nicht gewollt seien, sondern entweder rein faktisch eintreten oder vom Gesetz angeordnet würden, seien hingegen unbeachtlich.

  Beispiele: Polizeipflichtigkeit (brennendes Haus) oder Steuerpflichtigkeit (Kfz-Steuer, Grundsteuer) der vom Geschäft betroffenen Sache

- Insbesondere der **BGH**[25] lehnt diese Differenzierung ab. § 107 solle Nachteile unabhängig von ihrer Ursache abwehren. Auch gesetzliche Anordnungen wie insbesondere eine Schadensersatzpflicht könnten den beschränkt geschäftsfähigen Minderjährigen empfindlich treffen. **Auszunehmen von der Zustimmungspflicht** seien daher – neben neutralen Geschäften – solche Geschäfte, die **zwar einen rechtlichen Nachteil** auslösen, aber **nach ihrer abstrakten Natur typischerweise** – entgegen des Wortlauts „rechtlich" – **keine wirtschaftliche Gefährdung** bewirken.

  Dazu zählen **beispielsweise** die laufenden öffentlichen Lasten (Steuern, Abgaben) der Sache, die nur einen Bruchteil des Werts betragen.[26] Hier kommen also beide Ansichten zum selben Ergebnis.

24 Schulze/Dörner § 107 Rn. 3; deutlich noch Staudinger/Knothe, 2012, § 107 Rn. 7, kritischer Staudinger/Klumpp § 107 Rn.14 ff., 20, m.w.N. zum Diskussionsstand.

25 BGH RÜ 2005, 57; BGH NJW 2005, 1430; Palandt/Ellenberger § 107 Rn. 3.

26 OLG Brandenburg NJW-RR 2014, 1045; BGH NJW 2005, 415.

32 Eine vorteilhafte oder neutrale Erklärung eines anderen **geht** dem beschränkt Geschäftsfähigen gemäß § 131 Abs. 2 S. 2 Var. 1 in Ausnahme zu § 131 Abs. 2 S. 1 i.V.m. Abs. 1 ohne Mitwirkung des gesetzlichen Vertreters **wirksam zu.**[27]

Beispiel: Vertragsangebot eines anderen an den beschränkt Geschäftsfähigen. Dieser wird zu nichts verpflichtet und erhält den Vorteil, zu entscheiden, ob er durch Annahme den Vertrag besiegeln will.

§ 131 gilt für **alle Erklärungen.** Da Verträge aber ohnehin insgesamt an den §§ 107–110 gemessen werden, hat § 131 (letztlich nur) bei **einseitigen empfangsbedürftigen Erklärungen fallentscheidende Relevanz.**

Beispiel: Vater V möchte ein Smartphone erwerben. Sein Sohn S hat hier große Expertise und soll sich daher darum kümmern. V erteilt S entsprechende **Innenvollmacht** (§ 167 Abs. 1 Var. 1).

33 Im Einzelnen ist nach den **verschiedenen Rechtsgeschäften** zu unterscheiden:

a) Verfügungsverträge

34 **Nachteilhaft** sind natürlich Verfügungen[28] **über ein Recht des Minderjährigen**, indem er es überträgt, belastet oder aufhebt. Bei Inhaltsänderungen, der vierten Fallgruppe der Verfügungsdefinition, kommt es auf den Einzelfall an.

35 **Vorteilhaft** ist grundsätzlich der **Erwerb eines Gegenstands von einem Dritten**. Das gilt auch für den **rechtsgrundlosen Erwerb** trotz des Anspruchs aus § 812 Abs. 1, weil dieser gemäß § 818 Abs. 3 auf den noch vorhandenen Wert der rechtsgrundlosen Leistung beschränkt ist. Das sonstige Vermögen des Erwerbers ist nicht gefährdet.[29]

Ausnahmsweise besteht ein **Nachteil**, wenn **mit dem Erwerb eine Haftung** des Erwerbers nicht nur mit dem Gegenstand, sondern auch **persönlich mit seinem sonstigen Vermögen** einhergeht.[30] Examensrelevant sind vor allem Grundstücksgeschäfte:[31]

aa) Erwerb des Eigentums an einem Grundstück

36 Der Erwerb eines **mit einer Grundschuld belasteten Grundstücks** ist **vorteilhaft**, weil bei einer Grundschuld der Grundstückseigentümer gemäß §§ 1192 Abs. 1, 1147 nur mit dem Grundstück und nicht mit dem sonstigen Vermögen haftet.[32]

Ob die (zwar wertabhängigen) **Kosten der Titulierung** zwecks Zwangsvollstreckung in das Grundstück, die grundsätzlich den Grundstückseigentümer treffen, eine andere Beurteilung gebieten, konnte der BGH in der zitierten Entscheidung offenlassen. Es lag bereits ein Titel nach §§ 800 Abs. 1, 794 Abs. 1 Nr. 5 ZPO (auch) gegen den Minderjährigen vor, bevor an ihn übereignet wurde.

37 Der Erwerb eines **vermieteten bzw. verpachteten Grundstücks** ist von **Nachteil**, da der Erwerber gemäß §§ 566 Abs. 1, 581 Abs. 2, 593 b mit dem Eigentumsübergang auch in sämtliche Pflichten aus dem Miet- bzw. Pachtvertrag eintritt. Dazu zählen insbesondere Schadensersatz- und Aufwendungsersatzpflichten (§§ 536 a, 581 Abs. 2, 586 Abs. 2) und die Pflicht zur Rückgewähr von Sicherheiten (§§ 566 a, 581 Abs. 2, 593 b).[33]

---

27 S. zu § 131 Abs. 2 insgesamt AS-Skript BGB AT 1 (2020), Rn. 125.

28 Näher zum Verfügungsbegriff AS-Skript BGB AT 1 (2020), Rn. 23.

29 BGH RÜ 2005, 57.

30 OLG Brandenburg NJW 2014, 1045 (Nachteile im konkreten Fall verneint).

31 Näher zu den sogleich genannten Grundstücksbelastungen AS-Skript Sachenrecht 2 (2019).

32 BGH RÜ 2005, 57.

33 BGH NJW 2005, 1430.

Ebenso ist der Erwerb eines **mit einer Reallast belasteten Grundstücks nachteilhaft**, da der Eigentümer gemäß § 1108 persönlich zur Leistung verpflichtet ist. **38**

Beim Erwerb eines **mit einem Nießbrauch belasteten Grundstücks** kommt es stärker auf den **Einzelfall** an. Den Eigentümer können Verpflichtungen aus § 1049 und aus §§ 1056 i.V.m. 566 ff. treffen, was für einen **Nachteil** spricht. Dass diese Pflichten erst durch bestimmte Verhaltensweisen des Nießbrauchsberechtigten ausgelöst werden, mindert die Schutzbedürftigkeit des Minderjährigen nicht.[34] Der BGH bejaht jedenfalls dann einen **Vorteil**, wenn der Nießbrauchsberechtigte über §§ 1042 S. 2, 1047 hinaus auch die Kosten außergewöhnlicher Grundstückslasten zu tragen hat.[35] **39**

Der Erwerb eines **mit einer Vormerkung belasteten Grundstücks** ist regelmäßig von **Vorteil**. Die Vormerkung sichert gemäß § 883 Abs. 2 zwar zum Nachteil des Erwerbers einen Anspruch, aber einen solchen, der durch Verfügung über das Grundstück (und nicht über das sonstige Vermögen des Grundstückserwerbers) erfüllt werden kann.

Beispielsweise droht dem Minderjährigen, dem ein Grundstück schenkweise mit der Vormerkung eines bedingten Rückübereignungsanspruchs übereignet wird, bei Bedingungseintritt nur der (wenn auch vollständige) Verlust des Grundstücks, aber kein weiterer Nachteil.[36]

bb) Erwerb des Eigentums an einer Eigentumswohnung

Der Erwerb des Eigentums an einer Eigentumswohnung i.S.d. WEG ist von **Nachteil**.[37] **40**
Als **Mitglied der Wohnungseigentümergemeinschaft** treffen den Erwerber nämlich Pflichten. Insbesondere ist er gegenüber den anderen Mitgliedern nach Maßgabe des § 16 Abs. 2 WEG zur Lasten- und Kostentragung sowie nach Maßgabe des § 10 Abs. 8 S. 1 WEG zur Haftung gegenüber Gläubigern der Gemeinschaft verpflichtet.

cc) Erwerb eines Nießbrauchs

Der Erwerb eines Nießbrauchs ist von **Nachteil**, da den Nießbrauchsberechtigten Pflichten zur Erhaltung (§ 1041), Versicherung (§ 1045) und Lastentragung (§ 1047) treffen. **41**

b) Verpflichtungsverträge

Verpflichtungsverträge sind **nachteilhaft**, soweit sie den Minderjährigen **zu einer Leistung verpflichten**. Nachteilig sind demnach:[38] **42**

- **gegenseitig verpflichtende Verträge** wie Kauf-, Miet-, Werkverträge usw.,
- **einseitig den Minderjährigen verpflichtende Verträge**

  Beispiele: Minderjähriger als Schenkender (§ 516)
- und auch die **einseitig den Vertragspartner verpflichtenden Verträge**, wenn gleichwohl eine **Leistungsverpflichtung des Minderjährigen** (oft aufgrund einer

34 Näher zum Meinungsbild m.w.N. Staudinger/Klumpp § 107 Rn. 48; MünchKomm/Spickhoff § 107 Rn. 58.

35 BGH RÜ 2005, 57.

36 OLG Brandenburg NJW-RR 2014, 1045; Böttcher NJW 2015, 2770, 2771 f.

37 BGH RÜ 2010, 749.

38 Vgl. zum Folgenden Brox/Walker § 12 Rn. 15 ff.

disponiblen, aber nicht abbedungenen Vorschrift – sog. unvollkommen zweiseitig verpflichtende Verträge) besteht.

Beispiele: Minderjähriger als Auftraggeber (§ 662) wegen § 670; Minderjähriger als Hinterleger (§ 688, Verwahrung) wegen § 693; Minderjähriger als Gläubiger einer Bürgschaft (§ 765) wegen der cessio legis des § 774 Abs. 1 S. 1 und wegen § 371 (str.)[39]

43 Letztlich ist nur der **Schenkungsvertrag für den Beschenkten** regelmäßig **vorteilhaft**, weil er grundsätzlich zu keiner i.d.S. nachteilhaften Gegenleistung verpflichtet ist. Mögliche Rückgewähransprüche nach §§ 528, 530, 812 ff. sind unbeachtlich, weil sie gemäß § 818 Abs. 3 auf die geschenkte Sache bzw. ihren Wert beschränkt sind. Im Einzelfall können aber selbst hier **nachteilige Zusatzabreden** bestehen.

Beispiel für Nachteil:[40] Vereinbarung eines (wenn auch nur bedingten) Rückabwicklungsanspruchs gegen den Minderjährigen, wenn dieser nicht nur auf Rückübereignung der zuvor geschenkten Sache, sondern auch auf Wert- und/oder Schadensersatz gerichtet ist.

Beispiel für Nachteil:[41] Schenkung unter einer vom Minderjährigen zu erfüllenden Auflage (§ 525)

c) Gesamtbetrachtung oder teleologische Reduktion des § 181

44 Ist eine **Schenkungsverpflichtung des gesetzlichen Vertreters gegenüber dem Minderjährigen** isoliert betrachtet **vorteilhaft**, so ist von Gesetzes wegen bei Zustimmung des gesetzlichen Vertreters sogar eine **nachteilige Verfügung** wirksam. Zwar ist nach **§§ 1629 Abs. 2 S. 1, 1795 Abs. 2, 181** grundsätzlich vorgesehen, dass bei Insichgeschäften anstatt des gesetzlichen Vertreters ein Ergänzungspfleger die **nach § 107 erforderliche Zustimmung** abgeben muss (siehe Rn. 11 ff.). § 181 a.E. bestimmt aber, dass ausnahmsweise bei **Erfüllung einer Verbindlichkeit** (hier: der vorteilhaften und daher ohne Zustimmung wirksamen Schenkung) keine Zustimmung zu der hierfür vorgenommenen Verfügung erforderlich ist.[42]

Es besteht Einigkeit, dass dieses Ergebnis zu **korrigieren** ist, weil anderenfalls der gesetzliche Vertreter (oft: die Eltern) ohne externe Kontrolle nachteilsbehaftete Rechte auf den beschränkt Geschäftsfähigen übertragen könnten:

Fall 1: Geschenkte Belastung

Der verwitwete V schließt mit seinem fünfzehnjährigen Sohn S einen notariellen Schenkungsvertrag über ein Wohngrundstück, wobei S eine eigene Erklärung abgibt. V und S erklären auch die Auflassung. Das Grundstück ist auf fünf Jahre fest an M vermietet. S findet es mega, schon so früh in den Immobilienmarkt einzusteigen, und V ist froh, den nervigen M los zu sein. Sind Schenkung und Auflassung wirksam?

45 A. Der **Schenkungsvertrag** i.S.d. §§ 516 ff. könnte unwirksam sein.

I. V und S haben sich jeweils im eigenen Namen notariell und daher **formwirksam** (§ 311 b Abs. 1 S. 1 und § 518 Abs. 1 S. 1) über eine Schenkung **geeinigt**.

39 Näher zu der Streitfrage bei der Bürgschaft Staudinger/Klumpp § 107 Rn. 27 m.w.N. zu allen Ansichten.

40 Nach BGH RÜ 2005, 57, und OLG Brandenburg NJW-RR 2014, 1045; vgl. Böttcher NJW 2015, 2770, 2771.

41 Nach Erman/Müller § 107 Rn. 5.

42 Vgl. zu § 181 AS-Skript BGB AT 1 (2020), Rn. 393 ff.

II. Die Schenkung könnte **schwebend unwirksam** sein. Sie bedarf gemäß §§ 107, 108 Abs. 1 der **Zustimmung** des gesetzlichen Vertreters des gemäß §§ 2, 106 beschränkt geschäftsfähigen S, wenn sie **nicht lediglich rechtlich vorteilhaft** ist.

Die Schenkung ist, **isoliert** gesehen, **lediglich rechtlich vorteilhaft**. Der Schenkungsvertrag selbst enthält keine den S belastenden Abreden.

Durch den späteren **Erwerb des Eigentums** am Grundstück nach §§ 873, 925 tritt S aber gemäß § 566 Abs. 1 in sämtliche Pflichten des V gegenüber M aus dem Mietvertrag ein. Daher ist der an sich vorteilhafte Eigentumserwerb hier ausnahmsweise für S **rechtlich nachteilhaft**. Sähe man nun die Schenkung als wirksam an, so würde V mit der Übereignung an S lediglich seine darauf gerichtete Verbindlichkeit aus der Schenkung erfüllen. Der von §§ 1629 Abs. 2 S. 1, 1795 Abs. 2, 181 grundsätzlich angeordnete **Ausschluss des V von der Vertretung des S** würde gemäß § 181 a.E. **ausnahmsweise nicht greifen**. V könnte auf diesem Wege auf S unliebsame Vermieterpflichten übertragen, selbst wenn es sich dabei um Schadensersatzpflichten gegenüber M handeln sollte, deren Höhe den Wert des Grundstücks übersteigen. Diese Pflichten müsste S dann aus seinem sonstigen Vermögen erfüllen. Das steht im krassen Gegensatz zum Zweck der §§ 104 ff., den Minderjährigen zu schützen. **Der Gesetzeswortlaut ist zu korrigieren.**

*Derartige Geschäfte werden als **Danaergeschenke** bezeichnet. Die Danaer (Griechen) haben der Sage nach den Trojanern ein hölzernes Pferd geschenkt, in welchem sich Soldaten versteckt hatten. Auf die Warnung des Priesters Laokoon „Timeo Danaos et dona ferentes." (Ich fürchte die Danaer, auch wenn sie Geschenke bringen.) hörte bekanntlich niemand. So gelang die Eroberung Trojas.*

1. Es ist denkbar, eine **Gesamtbetrachtung** von Verpflichtung und Verfügung vorzunehmen.[43] Die **Nachteilhaftigkeit der Verfügung** würde **auf die Verpflichtung zurückschlagen**. Eine solche nachteilhafte Schenkung wäre dann ihrerseits gemäß §§ 107, 108 Abs. 1 nur mit Zustimmung des gesetzlichen Vertreters wirksam. Gesetzlicher Vertreter des S ist zwar grundsätzlich gemäß §§ 1626 Abs. 1 S. 1, 1629 Abs. 1 S. 1 u. 3 der alleinerziehende V. Hinsichtlich Geschäften des S mit V wäre dann aber V auf beiden Seiten beteiligt und er befände sich in einem nicht auflösbaren Interessenkonflikt. Bei einem solchen drohenden Insichgeschäft ist daher ausnahmsweise gemäß §§ 1629 Abs. 2 S. 1, 1795 Abs. 2, 181 nicht V gesetzlicher Vertreter des S, sondern gemäß § 1909 Abs. 1 S. 1 ein Ergänzungspfleger. Die Zustimmung eines Ergänzungspflegers liegt indes nicht vor. Die Schenkung wäre daher unwirksam. 46

   Für diese Lösung spricht, dass ein von § 107 gebotener effektiver Schutz des beschränkt Geschäftsfähigen die wirtschaftlichen Konsequenzen für diesen in ihrer Gesamtheit betrachten muss. Die rechtlichen Prinzipien der Trennung und Abstraktion von Verpflichtung und Verfügung müssen zurückstehen.

2. Eine Gesamtbetrachtung ist gleichwohl (mit der h.M.) **abzulehnen.**[44] Ein Verstoß gegen das Trennungs- und Abstraktionsprinzip als absoluter Grundsatz 47

43 So die früher h.M., BGH NJW 1980, 416; nach wie vor Palandt/Ellenberger § 107 Rn. 6.

44 BGH RÜ 2010, 749; Bork Rn. 1002; Erman/Müller § 107 Rn. 5.

des deutschen Privatrechts kann nur der letzte Ausweg sein. Der Schutz des S kann ebenso effektiv auf einem weniger invasiven Weg erreicht werden. **§ 181 a.E.** enthält nämlich einen **planwidrigen Regelungsüberschuss** für einen Fall, der **nicht der Interessenlage und Schutzrichtung** des § 107 entspricht. Die Norm ist daher insofern **teleologisch zu reduzieren**, dass die Erfüllung einer (wenn auch wirksamen) Verbindlichkeit dann nicht von § 181 ausgenommen und daher dann nicht von der Vertretungsmacht des gesetzlichen Vertreters gedeckt ist, wenn die Erfüllung dem beschränkt geschäftsfähigen Minderjährigen einen **Nachteil i.S.d. § 107 zufügt**.[45]

In der zitierten Entscheidung des **BGH** hatte nicht der gesetzliche Vertreter mit dem Minderjährigen kontrahiert, sondern die Großeltern. Dieser Fall ist nicht von §§ 1795 Abs. 2, 181 erfasst, aber von **§ 1795 Abs. 1 Nr. 1**, der ebenfalls ungeschrieben bei rechtlicher Nachteilhaftigkeit zum Ausschluss von der Vertretung führt.

Der Schenkungsvertrag zwischen V und S ist mithin wirksam.

48 B. Die **Einigung** über den Eigentumsübergang (sog. **Auflassung**) ist gemäß §§ 873 Abs. 1, 925 Abs. 1 S. 1 von V und S erklärt worden. Sie könnte aber gemäß **§§ 107, 108 Abs. 1 schwebend unwirksam** sein. Angesichts der Pflichtenübertragung auf S nach § 566 Abs. 1 ist die Auflassung für S rechtlich nachteilhaft. Sie ist gleichwohl wirksam, wenn der gesetzliche Vertreter des S zugestimmt hat. Dies war abermals grundsätzlich der V, soweit er nicht gemäß §§ 1629 Abs. 2 S. 1, 1795 Abs. 2, 181 ausgeschlossen ist. Nach dem Wortlaut des § 181 a.E. war V trotz seines Interessenkonflikts nicht von der Vertretung des S bei diesem Insichgeschäft ausgeschlossen, wenn die Auflassung nur der Erfüllung einer (lies: wirksamen) Verbindlichkeit diente.

49 I. Nach der **Gesamtbetrachtungslehre** wäre die Schenkung schwebend unwirksam. V wäre daher bereits nach dem Grundsatz des § 181 von der Zustimmung zur Auflassung ausgeschlossen.

Die **Schenkung** würde mit Zustimmung des Ergänzungspflegers wirksam (§§ 108 Abs. 1, 182, 184). Dann wäre § 181 erfüllt und V selbst könnte der Auflassung zustimmen.

II. Nach der hier vertretenen Ansicht liegt eine wirksame Schenkung vor und die Ausnahme des § 181 a.E. würde greifen. Es muss aber die oben dargestellte **teleologische Reduktion** erfolgen. Die **Auflassung** ist daher schwebend unwirksam, bis der Ergänzungspfleger sie genehmigt.

Nach **beiden Ansichten** kann also V dem S nicht ohne Mitwirkung eines Ergänzungspflegers das Eigentum verschaffen. Ein Unterschied besteht in der Frage, welchem Geschäft der Ergänzungspfleger wegen §§ 107, 108 Abs. 1 zustimmen muss.

---

50 ***Hinweis:*** *Im Fall 1 hatte* ***der Minderjährige eine eigene, nach §§ 107, 108 Abs. 1 zustimmungspflichtige Erklärung*** *abgegeben. Es war zu prüfen, ob die Zustimmung des gesetzlichen Vertreters wirksam erteilt wurde. Es wurde also im Rahmen des Merkmals „gesetzlicher Vertreter" der §§ 107, 108 inzident geprüft, ob der gesetzliche Vertreter oder der Ergänzungspfleger die* ***Zustimmung zur Erklärung des Minderjährigen*** *erteilen kann.*

45 BGH NJW 2005, 1430.

Davon zu unterscheiden ist der Fall, dass der ***gesetzliche Vertreter eine eigene Erklärung im Namen des Minderjährigen*** *abgibt. In dieser Konstellation (näher Rn. 6 ff.) spielen die* ***§§ 107, 108 keine Rolle****! Es ist aber im Rahmen des Merkmals „Vertretungsmacht" des § 164 Abs. 1 S. 1 inzident zu prüfen, ob angesichts der §§ 1795 Abs. 2, 181 der gesetzliche Vertreter oder ein Ergänzungspfleger die* ***Erklärung im Namen des Minderjährigen*** *abgeben kann.*

d) Einseitige Rechtsgeschäfte

Einseitige Rechtsgeschäfte können lediglich vorteilhaft oder auch nachteilhaft sein. 51

Beispielsweise lediglich vorteilhaft sind i.d.R. Fristsetzungen (z.B. nach § 281 Abs. 1) sowie die Mahnung nach § 286 Abs. 1 als vorbereitende notwendige Maßnahmen für Sekundäransprüche des Minderjährigen oder die Kündigung eines zinslosen Darlehens durch den Minderjährigen als Darlehensgeber nach § 490 (Rückzahlungsanspruch aus § 488 Abs. 1 S. 2 entsteht).

Beispielsweise auch nachteilhaft ist die Ausübung eines Gestaltungsrechts, soweit der Minderjährige dadurch eigene Ansprüche verliert (z.B. als Darlehensgeber bei Kündigung eines verzinsten Darlehens den Anspruch aus § 488 Abs. 1 S. 2 auf künftige Zinsen) oder die Gegenseite Ansprüche erhält (z.B. aus §§ 812 ff. bei Anfechtung oder aus §§ 346 ff. bei Rücktritt oder Minderung).[46]

Dementsprechend **geht** auch eine einseitige empfangsbedürftige Willenserklärung dem beschränkt Geschäftsfähigen gemäß § 131 Abs. 2 S. 2 Var. 1 in Ausnahme zu § 131 Abs. 2 S. 1 i.V.m. Abs. 1 **wirksam zu**, wenn sie nicht nachteilhaft ist.[47] 52

e) Neutrale Geschäfte

Zustimmungsfrei sind neutrale Geschäfte, die den Minderjährigen **weder verpflichten noch eine Verfügung über sein Vermögen** darstellen, sondern **nur für bzw. gegen einen Dritten wirken**. Der beschränkt Geschäftsfähige erlangt zwar keinen Vorteil, aber auch keinen Nachteil. Er braucht daher nicht geschützt zu werden. Neutral in diesem Sinne sind insbesondere: 53

- Willenserklärungen, die von (§ 164 Abs. 1) bzw. gegenüber (§ 164 Abs. 3) einem **beschränkt Geschäftsfähigen als Vertreter** eines anderen (§ 165) abgegeben werden, unabhängig vom Bestehen der Vertretungsmacht (arg. e § 179 Abs. 3 S. 2),
- **Verfügungen über fremde Rechte** im eigenen Namen **mit Ermächtigung** (§ 185 Abs. 1) und
- **Verfügungen über fremde Rechte** im eigenen Namen **ohne Ermächtigung**. Ob eine solche Verfügung allerdings **wirksam** ist, ist eine andere Frage:

Fall 2: Ehrlichkeit ist eine Zier, doch weiter kommt man ohne ihr

Der 16-jährige M hat sich von F ein Fahrrad geliehen. Da M sein Taschengeld aufbessern will, veräußert er das Fahrrad an D, der M für den Eigentümer hält. Ist D Eigentümer des Fahrrads geworden?

D könnte von M das Eigentum gemäß **§§ 929 S. 1, 932 Abs. 1 S. 1** erworben haben. 54

---

46 Beispiele teilweise m.w.N. aufgelistet bei Erman/Müller § 107 Rn. 4.

47 Vgl. Rn. 32. S. zu § 131 Abs. 2 insgesamt AS-Skript BGB AT 1 (2020), Rn. 125.

1. D und M müssten sich wirksam über den Eigentumsübergang **geeinigt** haben. Die Einigung ist – mangels Zustimmung des gesetzlichen Vertreters des gemäß §§ 2, 106 beschränkt geschäftsfähigen M – gemäß **§§ 107, 108 Abs. 1** schwebend unwirksam, wenn M durch sie „nicht lediglich einen rechtlichen Vorteil erlangt" hat. Kein Schutzbedürfnis des M und daher auch keine Zustimmungspflicht bestehen aber auch bei für M **neutralen Rechtsgeschäften**, sodass letztlich entscheidend ist, ob M einen **rechtlichen Nachteil** erlangt hat.

   a) Die wirksame Übereignung an D würde zum **Eigentumsverlust** des F, aber nicht des M führen.

   b) M wäre sodann dem F zwar aus § 816 Abs. 1 S. 1 und §§ 687 Abs. 2, 681 667 **zur Herausgabe des Erlangten verpflichtet**. Diese Haftung ist aber **auf den von D an M gezahlten Kaufpreis beschränkt**. Nach dem Wortlaut der Normen („erlangt") ist das weitere Vermögen des M vor einem Zugriff durch F geschützt.[48]

   c) Bei einer eventuellen **Haftung** des M **aus § 823 Abs. 1** wird dieser ausreichend **durch § 828 Abs. 2 und 3 geschützt**.[49]

   Die Einigung zwischen D und M ist daher für M rechtlich neutral. Sie ist daher ohne Zustimmung des gesetzlichen Vertreters des M wirksam.

2. M hat D den Besitz an dem Fahrrad übertragen und es ihm daher **übergeben**.

55 3. M war nicht Eigentümer und nicht nach § 185 Abs. 1 oder kraft Gesetzes ermächtigt, also nicht zur Übereignung des Fahrrades **berechtigt**. Aber die diesen Umstand überwindenden Voraussetzungen des **§ 932 Abs. 1 S. 1** liegen vor, insbesondere hielt der nicht bösgläubige D den M für den Eigentümer des Fahrrades.

   a) Gleichwohl könnte entgegen des Wortlauts der Eigentumserwerb des M abzulehnen sein.[50] Die §§ 932 ff. sollen nämlich **den Erwerber nur so stellen, wie er bei Richtigkeit seiner Vorstellung stünde**. Eine weitergehende Besserstellung bezwecken sie nicht. Wäre M wirklich Eigentümer des Fahrrades gewesen, so wäre die Übereignung für M rechtlich nachteilhaft und daher bereits die dingliche Einigung gemäß §§ 107, 108 Abs. 1 schwebend unwirksam. D wäre also selbst dann nicht Eigentümer geworden, wenn seine Vorstellung zuträfe.

   b) Diese Argumentation lässt aber unberücksichtigt, dass zwar die §§ 107, 108 den beschränkt Geschäftsfähigen schützen sollen, aber die **§§ 932 ff.** hingegen **die Interessen des Eigentümers und des Erwerbers zum Ausgleich bringen**. Ausgehend von diesem **Schutzzweck** muss es im Rahmen der §§ 932 ff. nur darauf ankommen, ob der Erwerber (hier D) erkennt, dass es einen schutzwürdigen, vom Veräußerer (hier M) personenverschiedenen Eigentümer (hier F) gibt. Überdies würde anderenfalls das endgültige Schicksal der Übereignung an den Erwerber (hier D) von der Zustimmung des gesetzlichen Vertreters des beschränkt Geschäftsfähigen (hier M) abhängen. Diese Frage fällt aber nicht in seine **Entschei-**

48 Vgl. BGH RÜ 2005, 57; Wolf/Neuner § 34 Rn. 34.

49 Wolf/Neuner § 34 Rn. 34.

50 So Medicus/Petersen AT Rn. 568, BR Rn. 542.

dungskompetenz.[51] Daher bleibt es dabei, dass die Voraussetzungen des § 932 Abs. 1 S. 1 vorliegen.

Das Fahrrad ist auch nicht i.S.d. § 935 Abs. 1 abhandengekommen, sodass D Eigentümer des Fahrrades geworden ist.

3. Einwilligung, § 107

Das rechtlich nachteilhafte Rechtsgeschäft des Minderjährigen ist gemäß § 107 wirksam, soweit es mit Einwilligung des **gesetzlichen Vertreters** vorgenommen wird. Der gesetzliche Vertreter kann die Einwilligung gemäß § 182 Abs. 1 **dem Minderjährigen oder dem anderen Teil gegenüber** erklären. Sie muss gemäß § 183 **vor dem Rechtsgeschäft** ergehen und ist bis zu seiner Vornahme **frei widerruflich**.[52] **56**

Soweit die Vertretungsmacht beschränkt ist und der gesetzliche Vertreter daher für ein Rechtsgeschäft im Namen des Minderjährigen der **Zustimmung des Familiengerichts** bedarf (§§ 1643 Abs. 1, 1821 f.), gelten diese Erfordernisse **auch für die Einwilligung**.[53]

Beispiel: Geben die Eltern bezüglich eines Grundstücks eine eigene Kauferklärung als Erklärungsvertreter des Minderjährigen (§ 164 Abs. 1) ab, so bedarf diese Kauferklärung gemäß § 1643 Abs. 1 i.V.m. § 1821 Abs. 1 Nr. 4 der Zustimmung des Familiengerichts. Gibt der Minderjährige selbst eine Kauferklärung ab, so bedarf diese gemäß § 107 der Einwilligung der Eltern, deren Wirksamkeit wiederum gemäß § 1643 Abs. 1 i.V.m. § 1821 Abs. 1 Nr. 4 von der Zustimmung des Familiengerichts abhängt.

Vgl. ferner das **Beispiel** im Hinweis in Rn. 50.

Die Einwilligung kann – auch außerhalb der in §§ 112 f. genannten Fälle – im Hinblick auf einen abgrenzbaren Kreis von Rechtsgeschäften erteilt werden (**beschränkter Generalkonsens**). Ihre **Auslegung** muss **streng** erfolgen, weil der gesetzliche Vertreter die Geschäfte des Minderjährigen grundsätzlich individuell prüfen soll. Aus diesem Grund ist eine unbeschränkte Generaleinwilligung unzulässig.[54] **57**

Beispiel: Eine 17-jährige wechselt auf eine Schule in einer anderen Stadt. Die Eltern erlauben ihr, die für die Mehrkosten aufgrund der zu überbrückenden Distanz notwendigen Geschäfte im eigenen Namen abzuschließen. Sie solle auch schauen, dass ihre schulischen Leistungen darunter nicht leiden. –
Hierin kann eine konkludente Einwilligung in den Kauf eines Motorrollers, einer Monatskarte für öffentliche Verkehrsmittel oder in die Anmietung einer kleinen Wohnung liegen. Denkbar ist auch der Kauf eines Laptops/Tablets o.ä. nebst mobilem Datenvertrag, um während der Fahrt mit Zug und Bus arbeiten zu können. Maßgeblich sind insbesondere die Entfernung zwischen Schule und Elternhaus sowie ein Vergleich der Kosten und der Fahrtdauer der einzelnen Verkehrsmittel sowie der Mietkosten in der Nähe der Schule. Im Zweifel dürfte insbesondere die Anmietung einer Wohnung mit den wiederkehrenden und erheblichen Zahlungspflichten nicht erfasst sein.

Die Einwilligung zur Benutzung **öffentlicher Verkehrsmittel** erstreckt sich nach h.M. nur auf Fahrten mit gültigem Ticket, **nicht auf Schwarzfahrten**. Allgemeine Geschäftsbedingungen, die zur Zahlung eines erhöhten Beförderungsentgeltes verpflichten, greifen daher mangels eines wirksamen Beförderungsvertrags nicht ein.[55] **58**

---

51 Vgl. Staudinger/Klumpp § 107 Rn. 79; MünchKomm/Spickhoff § 107 Rn. 55; Wolf/Neuner § 34 Rn. 34.

52 Näher zur Einwilligung AS-Skript BGB AT 1 (2020), Rn. 460 ff.

53 MünchKomm/Spickhoff § 107 Rn. 35.

54 Staudinger/Klumpp § 107 Rn. 101 ff.; MünchKomm/Spickhoff § 107 Rn. 22.

55 Palandt/Ellenberger § 107 Rn. 9.; zum Vertrag durch sozialtypisches Verhalten AS-Skript BGB AT 1 (2020), Rn. 216 ff.

59 Soweit hinsichtlich des **Zugangs** eine (konkludente) Einwilligung vorliegt, wird eine an den beschränkt Geschäftsfähigen gerichtete Erklärung gemäß **§ 131 Abs. 2 S. 2 Var. 2** in Ausnahme zu § 131 Abs. 2 S. 1 i.V.m. Abs. 1 bereits wirksam, sobald sie ihm zugeht.[56]

4. Bewirken mit eigenen Mitteln, § 110

60 § 110 trägt als sog. **„Taschengeldparagraph"** dem Umstand Rechnung, dass Minderjährige an ihre künftige Geschäftsfähigkeit mit steigendem Alter und steigender Eigenverantwortung herangeführt werden sollen. Ihr Taschengeld ist ihr „Einkommen", über das sie in gewissem Rahmen frei verfügen können sollen. Ein 17-jähriger soll nicht jedes Mal seiner Eltern um Erlaubnis fragen müssen, bevor er sich eine Kugel Eis kauft.

a) Bewirken der vertragsgemäßen Leistung

61 Der Minderjährige muss (wie bei der Erfüllung nach § 362 Abs. 1) die **gesamte Leistung tatsächlich erbracht** haben. § 110 ist insofern so zu lesen: „gilt als von Anfang an wirksam, (sobald) ... bewirkt (hat)".

Ein Verpflichtungsvertrag mit **Teilzahlungsvereinbarung** wird daher bei unteilbarer Gegenleistung **erst bei Zahlung der letzten Rate wirksam**. Anders ist es, wenn die Gegenleistung teilbar ist.[57]

Beispiele: Ein Kaufvertrag über ein Smartphone wird erst mit Zahlung der letzten Rate wirksam. Ein Postpaid-Mobilfunkvertrag mit Zahlung auf Rechnung wird jeweils bei Bezahlung des monatlichen Betrags für den bezahlten Monat wirksam. Bei Kopplungsgeschäften (Mobilfunkvertrag mit Mindestlaufzeit und hoher Grundgebühr inklusive „Handy für nur 1 €") wird vertreten, dass § 110 regelmäßig nicht greife, weil der gesetzlich Vertreter in diese regelmäßig nicht einwillige bzw. die Mittel zu diesem Zweck nicht überlasse (näher zur Relevanz der Einwilligung sogleich Rn. 65 ff.).[58]

b) Zu diesem Zweck oder zur freien Verfügung überlassene Mittel

62 Dem Minderjährigen müssen die Gegenstände, die er an die Gegenseite „bewirkt" hat, **zu diesem Zweck oder zur freien Verfügung überlassen** worden sein. „Frei" wird ganz überwiegend nicht i.S.v. „vollkommen beliebig" verstanden, sondern es müssen die **Werte und Erziehungsziele des gesetzlichen Vertreters** berücksichtigt werden.

Beispielsweise erfasst § 110 keine „unvernünftigen"[59] Geschäfte wie den Kauf von Bekleidung für Erwachsene durch einen 8-jährigen oder generell den Kauf einer Schusswaffe. Ob hochpreisige Vertragsinhalte erfasst sind, für die das Taschengeld lange gespart werden muss, ist eine Frage des Einzelfalls. Selbst kleine, aber irreversible kosmetische Eingriffe (hier: Tätowierung eines Kreuzes auf Innenseite des Handgelenks für 50 €) werden überwiegend als nicht erfasst angesehen, sei es mangels konkludenter Einwilligung oder aufgrund zweckwidrigen Mitteleinsatzes.[60]

63 **Mittel** sind **alle Vermögensgegenstände**.

Beispiele: Geld (Bar- und Buchgeld, regelmäßige Taschengeldzahlungen und einmalige Geldgeschenke); Sachen (Verkauf oder Tausch der zu Weihnachten erhaltenen Spielekonsole)

---

56 Vgl. auch Rn. 32 u. 52. S. zu § 131 Abs. 2 insgesamt AS-Skript BGB AT 1 (2020), Rn. 125.

57 Palandt/Ellenberger § 107 Rn. 4.

58 Derleder/Thielbar NJW 2006, 3233, 3234 f.

59 Palandt/Ellenberger § 110 Rn. 2.

60 So MünchKomm/Spickhoff § 110 Rn. 31 m.w.N.; § 110 hingegen bejaht von AG München NJW 2012, 2452.

Umstritten ist, ob dazu auch die **eigene Arbeitskraft** zählt, oder ob der Minderjährige diese nur nach Maßgabe der insofern spezielleren §§ 112, 113 einsetzen darf.[61]

Separat zu beurteilen ist, ob der Minderjährige auch **über die Gegenstände verfügen kann**, die er **mit den überlassenen Mitteln erworben** hat. Insofern ist eine **erneute Prüfung** nach denselben Maßstäben des § 110 vorzunehmen.[62] 64

Beispiel: Wenn der Minderjährige nach Maßgabe des § 110 von seinem Taschengeld Turnschuhe von Nike kaufen konnte, dann kann er diese auch gegen gleichwertige Turnschuhe von Adidas tauschen. Er hätte sich schließlich auch sogleich das Modell von Adidas kaufen können.

Klassisches **Gegenbeispiel**[63] ist der im konkreten Fall nach Maßgabe des § 110 zulässige Kauf eines Lotterieloses vom Taschengeld, mit welchem der Minderjährige den Hauptgewinn erzielt und sich von dem Geld einen Luxusroller kauft. Das Reichsgericht hat den Kaufvertrag für unwirksam gehalten. Dafür spricht, dass der Kauf des Rollers direkt vom Taschengeld, wenn überhaupt je so viel angespart worden wäre, nicht von § 110 gedeckt gewesen wäre. Dagegen lässt sich aber einwenden, dass es in der ungewöhnlichen Natur eines Lotterieloses liegt, dass die eingesetzten Mittel vervielfacht werden. Hätte der gesetzliche Vertreter nicht gewollt, dass ein Los gekauft und gegebenenfalls sein Erlös ausgegeben wird, so hätte er das Taschengeld nicht (auch) zwecks eines Loskaufs überlassen dürfen.

c) Rechtsfolgen und Erfordernis der Einwilligung?

Nahezu unstreitig stellt § 110 hinsichtlich der **Verfügung** des Minderjährigen einen **Unterfall des § 107** dar. § 110 spricht die Verfügung mit dem Begriff „Bewirken" an. Zu ihrer Wirksamkeit ist erforderlich, dass der gesetzliche Vertreter zumindest konkludent zugestimmt hat, insbesondere durch Überlassung der Mittel.[64] 65

Hinsichtlich der **Verpflichtung** – nur diese ist mit dem „Vertrag" i.S.d. § 110 gemeint – ist das Meinungsbild hingegen geteilt. Nach der **(wohl noch) h.M.**[65] regelt § 110 auch insofern einen **Unterfall des § 107**, sodass eine (zumindest konkludente) **Einwilligung** des gesetzlichen Vertreters einerseits **erforderlich** aber andererseits auch **maßgeblich** für die Wirksamkeit des Geschäfts sei. Dafür spricht zudem, dass der gesetzliche Vertreter ausnahmslos willentlich steuern können muss, ob ein Geschäft wirksam ist. Das führt zu dem gesplitteten Ergebnis, dass dasselbe Geschäft bei einer ausdrücklichen oder allgemein-konkludenten Einwilligung nach § 107 (Grundnorm) wirksam ist, während § 110 (Spezialnorm) in Fällen „ohne (lies: ausdrückliche) Zustimmung" greift, in denen die Einwilligung konkludent durch die „Überlassung von Mitteln" erteilt wurde. 66

Die **zunehmend vertretene Gegenansicht**[66] sieht § 110 hingegen hinsichtlich der **Verpflichtung** als **Ausnahmefall zu § 107**. Er greife nach seinem Wortlaut in Fällen „ohne (lies: jegliche) Zustimmung". Die Wirksamkeit des Geschäfts ergebe sich alleine aus dem **Realakt des „Bewirkens"** der geschuldeten Leistung (**Konvaleszenz durch Erfüllung**). Dafür spricht ferner, dass bereits die Kombination aus Mittelüberlassung und zweckgemäßer Verwendung beim Vertragspartner ein so starkes Vertrauen hervorruft,

61 Nachweise zum Meinungsstand bei Wolf/Neuner, § 34 in Fn. 99.
62 MünchKomm/Spickhoff § 110 Rn. 32.
63 RG RGZ 74, 234; kritisch Kalscheuer Jura 2011, 44, m.w.N.
64 MünchKomm/Spickhoff § 110 Rn. 2.
65 Palandt/Ellenberger § 110 Rn. 1; Wolf/Neuner § 34 Rn. 42; Faust § 18 Rn. 30 ff.
66 Kalscheuer Jura 2011, 44, 45 f.; Medicus/Petersen AT Rn. 579; zuvor MünchKomm/Schmitt, 7. Aufl. 2015, § 107 Rn. 4; nunmehr eher offenlassend MünchKomm/Spickhoff § 110 Rn. 3 ff. m.w.N. zu allen Ansichten.

dass es auf eine (zumindest konkludente) Einwilligungserklärung nicht ankommen kann. Zudem hätte § 110 nach der Lesart der h.M. kaum eigenständige Bedeutung.

Vereinzelt[67] wird § 110 als **Erweiterung der Geschäftsfähigkeit** wie die §§ 112, 113 angesehen. Dagegen spricht aber, dass § 110 – anders als §§ 112, 113 – die Formulierung „unbeschränkt geschäftsfähig" gerade nicht enthält. Zudem muss § 110 zu Erziehungszwecken eine Zwischenstufe zwischen konkret-geschäftsbezogener Zustimmung (§ 107) und vollständiger Freiheit (§§ 112, 113) abbilden.[68]

67 **Regelmäßig** kommen die Ansichten **zum selben Ergebnis**. Einzelfallbezogene Erwägungen, die die h.M. (spätestens) bei der Auslegung der Einwilligungserklärung anstellt, können die anderen Ansichten beim Merkmal „zu diesem Zweck oder zur freien Verfügung" erörtern. Ein **Unterschied** kann bestehen, wenn der Minderjährige sein **Taschengeld verliert**. Mit der h.M. und der vereinzelten Ansicht lässt sich je nach Einzelfall eine Einwilligung in das Geschäft, gleich mit welchen konkreten Geldscheinen und -münzen es getätigt wird, bejahen. Nach der Gegenansicht müsste man die Wirksamkeit mangels Bewirkens mit den konkret überlassenen Mitteln verneinen.[69]

Klausurhinweis: *Wenn Sie der h.M. folgen, dann sollten Sie § 110 als **lex specialis vor** § 107 als **lex generalis** prüfen.*

II. (Schwebend) unwirksame Rechtsgeschäfte

68 Soweit die Voraussetzungen der §§ 107, 110, 112, 113 nicht erfüllt sind, sind die betroffenen Willenserklärungen bzw. Verträge **(schwebend) unwirksam**.

1. Unwirksamkeit einseitiger Rechtsgeschäfte, § 111

69 Bei einseitigen Rechtsgeschäften ist **Rechtssicherheit** geboten. Sie sind daher gemäß § 111 S. 1 **endgültig unwirksam**, wenn der Minderjährige sie **ohne die erforderliche Einwilligung** vornimmt. Soweit eine Einwilligung nicht erforderlich ist (sei es mangels rechtlichen Nachteils i.S.d. § 107 oder weil die §§ 112, 113 greifen), ist das einseitige Rechtsgeschäft hingegen wirksam.

70 Ebenfalls unwirksam ist gemäß § 111 S. 2 ein **einseitiges empfangsbedürftiges Rechtsgeschäft**, wenn es zwar **mit Einwilligung, aber ohne ihren** (i.S.d. § 126) **schriftlichen Nachweis** vorgenommen und deswegen vom Adressaten unverzüglich (also ohne schuldhaftes Zögern, vgl. § 121 Abs. 1 S. 1) **zurückgewiesen** wird.

Die **Zurückweisung** ist allerdings nach § 111 S. 3 **ausgeschlossen**, wenn der gesetzliche Vertreter den Adressaten zuvor **über die Einwilligung in Kenntnis gesetzt** hat. Es genügt der **Zugang** (also die bloße Möglichkeit der Kenntnisnahme) der Inkenntnissetzung. Ferner ist die Zurückweisung auch bei **Kenntniserlangung** von der Einwilligung **auf jedem anderen Wege** ausgeschlossen, mit Ausnahme ihrer Mitteilung durch den Minderjährigen selbst, denn anderenfalls würde § 111 S. 2 praktisch nie greifen.[70]

---

67 Safferling, Rpfleger 1972, 124, 125.

68 Vgl. MünchKomm/Spickhoff § 107 Rn. 7.

69 Vgl. MünchKomm/Spickhoff § 107 Rn. 6.

70 Zu diesem über den Wortlaut hinausgehenden Verständnis des § 111 S. 3 Erman/Müller § 111 Rn. 4a.

***Hinweis:** Für **Vertreter** enthalten die §§ 174, 180 eine **ähnliche Regelung**.[71] Klassiker ist bei allen drei Normen die Kündigungserklärung ohne gleichzeitige Vorlage der Einwilligungserklärung bzw. der Vollmachtsurkunde.*

Soweit hinsichtlich des **Zugangs** beim beschränkt Geschäftsfähigen kein Ausnahmefall des § 131 Abs. 2 S. 2 vorliegt, wird die an ihn gerichtete einseitige Erklärung gemäß § 131 Abs. 2 S. 1 i.V.m. Abs. 1 erst wirksam, wenn sie dem gesetzlichen Vertreter zugeht.[72] **71**

2. Schwebende Unwirksamkeit von Verträgen, §§ 108, 109

Ist die **Einwilligung** in einen Vertrag **erforderlich** – weil ein Nachteil i.S.d. § 107 besteht und kein Fall der §§ 110, 112, 113 vorliegt – so ist dieser gemäß § 108 Abs. 1 zunächst **schwebend unwirksam**. Der Schwebezustand endet nach Maßgabe der §§ 108, 109. **72**

***Hinweis:** Für **Vertreter** enthalten die §§ 177, 178 eine **ähnliche Regelung**.[73]*

a) Genehmigung oder deren Verweigerung, § 108

Der gesetzliche Vertreter kann die Genehmigung oder deren Verweigerung grundsätzlich **sowohl gegenüber dem Vertragspartner als auch gegenüber dem Minderjährigen** erklären (§ 182 Abs. 1). Mit der Genehmigung wird der Vertrag **rückwirkend wirksam** (§ 184 Abs. 1). Durch die Verweigerung wird der Vertrag **endgültig unwirksam**. **73**

Die Genehmigung kann wie die Einwilligung nur **im Rahmen der Vertretungsmacht** des gesetzlichen Vertreters erteilt werden. Beschränkungen der Vertretungsmacht gemäß §§ 1821, 1822 (§ 1643 Abs. 1) wirken sich auch auf die Genehmigung aus.

Hat der Vertragspartner den gesetzlichen Vertreter **zur Genehmigung aufgefordert**, so kann gemäß § 108 Abs. 2 S. 1 Hs. 1 die Genehmigung **nur dem Vertragspartner gegenüber** erfolgen. Eine bereits dem Minderjährigen gegenüber erklärte Genehmigung oder Verweigerung wird gemäß § 108 Abs. 2 S. 1 Hs. 2 unwirksam. Wird die Genehmigung nicht **innerhalb von zwei Wochen** nach Zugang der Aufforderung erklärt, so gilt sie gemäß § 108 Abs. 2 S. 2 als **verweigert**. **74**

Wird der Minderjährige während des Schwebezustands **volljährig** i.S.d. § 2, so hat er gemäß § 108 Abs. 3 anstatt seines ehemaligen gesetzlichen Vertreters die **Wahl**. Er kann **genehmigen** bzw. dies **verweigern** (§ 108 Abs. 1) oder nach vorheriger Aufforderung die **Verweigerungsfiktion** des § 108 Abs. 2 S. 2 **eintreten lassen. Keinesfalls** wird das Geschäft **ipso iure** mit Eintritt der Volljährigkeit wirksam, denn der Betroffene soll entscheiden dürfen, ob er das Geschäft gelten lassen will. **75**

Soweit der **Zugang** einer Erklärung **beim beschränkt Geschäftsfähigen** von der Billigung des gesetzlichen Vertreters abhängt, lässt § 131 Abs. 2 S. 2 Var. 2 nach seinem Wortlaut nur die Einwilligung, also gemäß § 183 die vorherige Zustimmung gelten. Gleichwohl lässt die **h.M. auch die Genehmigung**, also gemäß § 184 Abs. 1 die nachträgliche Zustimmung, zu. Denn anderenfalls könnte nie die Grundvoraussetzung des **76**

---

71 Siehe zum einseitigen Rechtsgeschäft des Vertreters AS-Skript BGB AT 1 (2020), Rn. 440 ff.

72 Vgl. auch Rn. 32, 52 u. 59. S. zu § 131 Abs. 2 insgesamt AS-Skript BGB AT 1 (2020), Rn. 125.

73 Siehe zum Vertragsschluss ohne Vertretungsmacht AS-Skript BGB AT 1 (2020), Rn. 433 ff.

§ 108 – nämlich ein auf zwei zugegangen Willenserklärungen basierender, wenn auch schwebend unwirksamer Vertrag – herbeigeführt werden. § 108 liefe also leer.[74]

Alternativ wird die Erklärung gegenüber dem beschränkt Geschäftsfähigen gemäß § 131 Abs. 2 S. 1 i.V.m. Abs. 1 auch wirksam, sobald sie **seinem gesetzlichen Vertreter selbst zugeht**. Soweit dies die Eltern sind, genügt gemäß § 1629 Abs. 1 S. 2 Hs. 2 der Zugang bei **einem Elternteil**.

Klausurhinweis: *In einem sauber aufgebauten Gutachten müssen Sie daher die Wirksamkeit des* ***Zugangs der Vertragserklärungen*** *nach § 131, die* ***Wirksamkeit ihrer Abgabe*** *nach § 107 und die* ***Wirksamkeit des Vertrags*** *selbst nach §§ 107, 108* ***trennen****:*

Fall 3: Günstige Briefmarkensammlung

V bietet seine Briefmarkensammlung dem 17-jährigen M für 1.000 € zum Kauf an, davon ausgehend, dass die Eltern des M einverstanden seien. M schlägt ein, leistet eine Anzahlung i.H.v. 500 € und nimmt die Briefmarken mit. Als M seinen bislang ahnungslosen Eltern von dem Geschäft berichtet, brechen diese zwar nicht sofort in Jubel aus. Gleichwohl wollen sie sich die Briefmarken zunächst näher ansehen. Mit Hilfe einer App erkennen sie, dass die Briefmarken deutlich über 1.000 € wert sind. Daraufhin loben sie M ausgiebig für seinen Geschäftssinn und erlauben ihm, die Briefmarken zu behalten. Am nächsten Tag bringt M dem V den restlichen Kaufpreis und erwähnt am Rande, dass seine Eltern „zunächst nicht so begeistert" gewesen seien. V will Klarheit und schreibt daraufhin den Eltern eine SMS mit der Aufforderung, ihm mitzuteilen, ob sie das Erwerbsgeschäft gutheißen. Die Eltern haben keine Lust, dem V dasselbe zu sagen, was sie schon M gesagt hatte, und antworten V daher nicht.

Besteht zwischen V und M ein wirksamer Kaufvertrag? Hat M das Eigentum an der Briefmarkensammlung erlangt? Kann V von M den Wert der Briefmarken ersetzt verlangen, nachdem M sie an X verschenkt hat?

77 A. Zwischen V und M könnte ein **wirksamer Kaufvertrag** bestehen.

I. V und M müssten sich mittels zweier korrespondierender, **empfangsbedürftiger Willenserklärungen** namens Angebot und Annahme über den Abschluss eines Kaufvertrags **geeinigt** haben.

1. Das **Angebot** des V kann dem 17-jährigen und daher gemäß §§ 2, 106 beschränkt Geschäftsfähigen M nur nach Maßgabe des § 131 Abs. 2 **zugegangen** sein. Das Angebot verschaffte M gemäß § 145 den rechtlichen Vorteil, einen Vertrag abschließen zu können, führte aber noch nicht zu dem rechtlichen Nachteil der sich aus § 433 Abs. 2 ergebenden Käuferpflichten. Das Angebot war daher für M **lediglich rechtlich vorteilhaft**. Deswegen ist es M gemäß § 131 Abs. 2 S. 2 Var. 1 in Ausnahme zu § 131 Abs. 2 S. 1 i.V.m. Abs. 1 wirksam zugegangen, obwohl seine Eltern weder das Angebot selbst erhalten noch seinem Zugang bei M zugestimmt haben.

74 Palandt/Ellenberger § 131 Rn. 3; vgl. zu § 131 Abs. 2 auch Rn. 32, 52, 59 u. 71 sowie AS-Skript BGB AT 1 (2020), Rn. 125.

2. Die **Annahme** des M ist dem V zwar zugegangen. Allerdings lässt sie den Kaufvertrag und daher die sich aus § 433 Abs. 2 ergebenden Pflichten des M entstehen, sodass sie für ihn rechtlich nachteilhaft ist. Daher bedurfte M gemäß §§ 107, 182, 183 der vorherigen Zustimmung seines gesetzlichen Vertreters, also gemäß §§ 1626 Abs. 1 S. 1, 1629 Abs. 1 S. 1 u. 2 Hs. 1 seiner Eltern. Die Eltern haben nicht zuvor zugestimmt, daher liegt keine wirksame Annahme und folglich keine wirksame Einigung zwischen M und V vor.

   Hätte **umgekehrt M das Angebot** abgegeben, so wäre dieses als für M nachteilhafte Erklärung (vgl. § 145) zustimmungspflichtig gemäß § 107. Die **Annahme des V** würde zudem M nur nach Maßgabe des § 131 Abs. 2 zugehen, weil sie die Nachteile des § 433 Abs. 2 auslöst.

II. Das bedeutet allerdings nicht zwingend, dass zwischen V und M endgültig keine Einigung besteht. Soweit es sich um Willenserklärungen handelt, die auf einen Vertragsschluss gerichtet sind, greift nämlich nicht § 111 S. 1 mit seiner endgültigen Unwirksamkeit. Vielmehr ist die Einigung gemäß § 108 Abs. 1 (nur) **schwebend unwirksam**. Ihr endgültiges Schicksal hängt nach dieser Norm von der **nachträglichen Genehmigung** der Eltern ab, welche gemäß § 182 Abs. 1 **erteilt oder verweigert** werden kann, und zwar „sowohl dem einen als auch dem anderen Teil gegenüber", also gegenüber M oder gegenüber V. 78

1. Die Eltern könnten **gegenüber M** die Genehmigung verweigert haben, als sie zunächst eher reserviert reagierten, als M ihnen von seinem Kauf berichtete. Die Genehmigung und die Verweigerung sind allerdings einseitige empfangsbedürftige rechtsgestaltende Willenserklärungen, die im Interesse der **Rechtssicherheit eindeutig und endgültig** erklärt werden müssen. Die Eltern baten aber sogleich um die Aushändigung der Briefmarken zwecks Durchsicht. Daher deutet alles darauf hin, dass sie eine endgültige Entscheidung erst nach Bewertung der Briefmarken treffen wollten. Daher haben die Eltern die Genehmigung durch ihre anfängliche reservierte Reaktion **nicht verweigert**.

   Läge eine Verweigerung vor, so hätten die Eltern diese selbst dann **nicht widerrufen** können (sog. **„Dochgenehmigung"**), wenn V von ihr noch nichts erfahren hätte. V und M, letzterer dann mit Einwilligung seiner Eltern, hätten den Kaufvertrag neu schließen müssen.[75]

2. Nach Durchsicht der Briefmarkensammlung haben die Eltern **M gegenüber die Genehmigung** eindeutig und endgültig **erklärt**. Der Vertrag ist damit (zunächst) wirksam geworden.

3. Aufgrund der **Aufforderung des V** gegenüber den Eltern, sich zu entscheiden, ob sie genehmigen wollen, ist diese Genehmigung aber wieder erloschen, § 108 Abs. 2 S. 1 Hs. 2. Die Schaffung eindeutiger Verhältnisse für V geht der Berücksichtigung des nur dem M gegenüber geäußerten Willens der Eltern vor.

4. Auf diese Aufforderung haben die Eltern länger als zwei Wochen geschwiegen, sodass die **Genehmigung als verweigert gilt**, § 108 Abs. 2 S. 2 Hs. 2.

Der Kaufvertrag ist daher endgültig unwirksam.

75 Vgl. Palandt/Ellenberger § 108 Rn. 3 und § 184 Rn. 4; Staudinger/Klumpp § 108 Rn. 32.

79 B. M könnte das **Eigentum** an der Briefmarkensammlung gemäß **§ 929 S. 1** durch Übereignung des V erworben haben.

I. V und M müssten sich wirksam über den Eigentumsübergang **geeinigt** haben.

1. Als V dem M die Briefmarkensammlung aushändigte, brachte er **konkludent** zum Ausdruck, dass er M die Eigentumsübertragung **anbietet**, um seine Verpflichtung aus dem – vermeintlich wirksamen – Kaufvertrag zu erfüllen. Das Angebot des V war für M lediglich vorteilhaft, daher ist es M gemäß § 131 Abs. 2 S. 2 Var. 1 wirksam **zugegangen**.

2. Dieses **Angebot** des V hat M **konkludent** durch das Ergreifen der Sammlung **angenommen**. Die Annahme eröffnete M ausschließlich den Vorteil des Eigentumserwerb der unbelasteten Briefmarkensammlung, daher ist sie – anders als die zugrundeliegende Kauferklärung – gemäß § 107 **auch ohne Einwilligung** der Eltern **von Anfang an wirksam**.

Dementsprechend ist die Einigung über den Eigentumsübergang wirksam.

Hinweis: *Es war also* ***keine Einwilligung „erforderlich" i.S.d. § 108 Abs. 1****, daher muss er hier nicht geprüft werden. Das kann man in einem Nebensatz erwähnen, man kann es aber auch verschweigen.*

II. V hat M die Briefmarken **übergeben**, indem er ihm die tatsächliche Gewalt über die Briefmarken und somit gemäß § 854 Abs. 1 den unmittelbaren Besitz verschaffte. Dies ist ein **Realakt** und kein Rechtsgeschäft, sodass die §§ 104 ff. für den Besitzerwerb und die Besitzübertragung nicht gelten. Es genügt die – bei M vorhandene – **natürliche Fähigkeit**, die tatsächliche Gewalt auszuüben.[76]

III. V war als verfügungsbefugter Eigentümer auch zur Übereignung **berechtigt**.

M hat von V gemäß § 929 S. 1 das Eigentum an den Briefmarken erworben.

80 C. V könnte gegen M einen Anspruch auf **Zahlung von 1.000 €** haben.

I. Ein Schadensersatzanspruch aus **§§ 989, 990 Abs. 1** erfordert zunächst eine **Vindikationslage** i.S.d. §§ 985, 986 Abs. 1 zwischen V und M **im Zeitpunkt des schädigenden Ereignisses**, also der Weggabe der Briefmarken von M an X. Zu diesem Zeitpunkt war V aber **nicht mehr Eigentümer** der Briefmarken (siehe B.). Daher besteht der Anspruch nicht.

II. V könnte gegen M einen Anspruch aus **§§ 812 Abs. 1 S. 1 Var. 1, 818 Abs. 2** auf Wertersatz haben.

1. M **erlangte Eigentum und Besitz** an den Briefmarken **durch Leistung** des V aufgrund eines unwirksamen Kaufvertrags, also **ohne Rechtsgrund**, sodass § 812 Abs. 1 S. 1 Var. 1 erfüllt ist. M hat Eigentum und Besitz nicht mehr inne, sodass er grundsätzlich gemäß § 818 Abs. 2 **Wertersatz** schuldet.

76 S. AS-Skript Sachenrecht 1 (2020), Rn. 22.

2. Jedoch hat M von X keine Gegenleistung erhalten. Daher ist M i.S.d. § 818 Abs. 3 **entreichert**, wenn M nicht ausnahmsweise nach §§ 818 Abs. 4, 819 Abs. 1 **verschärft haftet**, weil die **Unwirksamkeit** des Kaufvertrags **bekannt** war. Beim minderjährigen Schuldner einer **vertragsnahen Leistungskondiktion** ist allerdings nach der Wertung der für die vertragliche Haftung geltenden §§ 104 ff. nicht auf die **Kenntnis** des M, sondern **seiner Eltern** abzustellen.[77] Die Eltern hielten den Kaufvertrag aufgrund ihrer (zunächst in der Tat wirksamen, aber sodann nach § 108 Abs. 2 S. 1 Hs. 2 unwirksamen) Genehmigung für wirksam. Mangels Kenntnis der Eltern von der Unwirksamkeit haftet M daher nicht verschärft, sodass er sich auf Entreicherung berufen kann. Daher hat V gegen M auch aus §§ 812 Abs. 1 S. 1 Var. 1, 818 Abs. 2 keinen Anspruch.

§ 818 Abs. 3 zeigt den eigentlichen **Wert des Abstraktionsprinzips**. Der Entreicherte wird geschützt, sofern er nicht ausnahmsweise nach §§ 818 Abs. 4, 919 Abs. 1 verschärft haftet.

V hat gegen M keinen Zahlungsanspruch.

Übrigens könnte V die **Briefmarken von X gemäß § 822 herausverlangen.**

---

b) Widerruf des Vertrags, § 109

Der Vertragspartner kann gemäß § 109 Abs. 1 S. 1 den Vertrag widerrufen, und zwar gemäß § 109 Abs. 1 S. 2 **dem gesetzlichen Vertreter oder dem Minderjährigen gegenüber**. Er kann dies gemäß § 109 Abs. 1 S. 1 „bis zur Genehmigung" tun, d.h. der Widerruf muss zugehen, **bevor die Genehmigung zugeht**. 81

Die **Aufforderung zur Erklärung über die Genehmigung** nach § 108 Abs. 2 S. 1 Hs. 1 beseitigt gemäß § 108 Abs. 2 S. 1 Hs. 2 eine eventuell zuvor gegenüber dem Minderjährigen erklärte Genehmigung. Dementsprechend **lebt das Widerrufsrecht wieder auf**. Daher kann der Vertragspartner grundsätzlich auch in diesem Fall so lange nach § 109 Abs. 1 widerrufen, bis ihm die (angeforderte) Genehmigung zugeht.[78]

Allerdings kann nach der h.M. im Einzelfall ein zeitlich **unmittelbar anschließender Widerruf rechtsmissbräuchlich** und daher gemäß § 242 unwirksam sein.[79] Das überzeugt allerdings nur dann vollends, wenn der Vertragspartner zur „Abgabe der Genehmigung" auffordert und so den Eindruck erweckt, er wolle den Vertrag gelten lassen. Wenn er hingegen offen zur „Erklärung über die Genehmigung" (Wortlaut des § 108 Abs. 2 S. 1 Hs. 1) auffordert, dann gibt er lediglich zu erkennen, dass ihm an Rechtssicherheit gelegen und eine Genehmigung ebenso recht wie einer Versagung derselbigen ist.

Das Widerrufsrecht kann abhängig vom **Kenntnisstand** des Vertragspartners **bei Vertragsschluss** eingeschränkt sein: 82

- Kannte er die **Minderjährigkeit**, so kann er gemäß § 109 Abs. 2 Hs. 1 **nur** widerrufen, wenn der Minderjährige wahrheitswidrig die nach § 107 erforderliche **Einwilligung behauptet** hat.
- Wusste er zudem, dass **keine Einwilligung** vorliegt, so kann er nicht widerrufen.

---

77 S. sogleich Rn. 90; ausführlich zum Minderjährigen im Bereicherungsrecht AS-Skript Schuldrecht BT 3 (2019), Rn. 177.

78 Palandt/Ellenberger § 109 Rn. 3.

79 Kritisch dazu MünchKomm/Spickhoff, § 109 Rn. 10, m.w.N. zu allen Ansichten.

E. Ausstrahlung in weitere Rechtsbereiche

Fehlt die volle Geschäftsfähigkeit, so wirkt sich dies insbesondere wie folgt aus:

83 ■ Ein **vorvertragliches Schuldverhältnis** i.S.d. § 311 Abs. 2 und eine Haftung nach **§§ 280 Abs. 1, 311 Abs. 2, 241 Abs. 2** werden zum lediglich rechtlichen Vorteil des beschränkt Geschäftsfähigen auch ohne Zustimmung begründet. Zu seinen Lasten entsteht die Haftung hingegen nur, sofern der gesetzliche Vertreter den in § 241 Abs. 2 genannten Handlungen zugestimmt hat.[80] Das gilt allerdings nicht für das in § 109 Abs. 2 beschriebene Verhalten, die Norm ist abschließende Spezialregelung.[81]

84 ■ Entsprechendes gilt für die Haftung des bzw. gegenüber dem beschränkt Geschäftsfähigen aufgrund eines **Rechtsscheins**, der zurechenbar gesetzt und auf den schützenswerterweise vertraut wurde.[82]

85 ■ Für die **Ablaufhemmung** der **Verjährung** enthält § 210 eine Sonderregelung.[83] Für bestimmte Ansprüche einer bzw. gegen eine Person bis zur Vollendung des 21. Lebensjahres ordnen außerdem die §§ 207, 208 i.V.m. § 209 eine **Hemmung** an.

86 ■ Soweit im Rahmen der **Geschäftsführung ohne Auftrag** der **Geschäftsherr** nicht voll geschäftsfähig ist, muss (z.B. im Rahmen der §§ 679, 683) auf den Willen und die Willenserklärungen seines gesetzlichen Vertreters abgestellt werden. Der nicht voll geschäftsfähige **Geschäftsführer** kann Ansprüche aus den §§ 683, 684 haben. Seine Haftung kann sich hingegen gemäß § 682, der nach h.M. abschließend ist und Ansprüche aus den §§ 677 ff. gegen ihn gänzlich ausschließt, nur aus §§ 812 ff. und aus §§ 823 ff. ergeben.[84]

87 ■ Der **Besitz** erfordert neben der objektiven tatsächlichen Herrschaft (vgl. § 854 Abs. 1) die rein **faktische** und nicht rechtsgeschäftliche Erkenntnismöglichkeit, diese Sachherrschaft auszuüben (vgl. § 872). Den Besitz kann daher **selbst der Geschäftsunfähige** ausüben, soweit er diese faktische Einsichtsfähigkeit hat.[85]

88 ■ Auch ein **Rechtserwerb kraft Gesetzes** tritt selbst beim Geschäftsunfähigen ein. Das gilt auch dann, wenn das Gesetz eine Handlung des Erwerbers fordert (z.B. §§ 946 ff.), denn diese ist ein **Realakt**, der keine Geschäftsfähigkeit erfordert.

89 ■ Der **Erwerb eines Rechts** (insbesondere des Eigentums) ist – wie ausgeführt – grundsätzlich rechtlich vorteilhaft und daher **ohne Zustimmung** wirksam. Soweit der Erwerb allerdings geschieht, weil der andere Teil einen Anspruch des nicht voll Geschäftsfähigen erfüllen will, würde dieser Anspruch zum Nachteil des nicht voll Geschäftsfähigen erlöschen (§ 362 Abs. 1). Es besteht daher Einigkeit, dass die **Erfüllungswirkung nur mit Zustimmung** des gesetzlichen Vertreters eintritt. Anderen-

---

80 MünchKomm/Emmerich § 311 Rn. 59.
81 Medicus/Petersen BR Rn. 177.
82 Zur Haftung für den Rechtsschein einer Bevollmächtigung s. bereits AS-Skript BGB AT 1 (2020), Rn. 374 ff.
83 Näher zu § 210 Rn. 575.
84 Näher auch zur a.A. AS-Skript Schuldrecht BT 3 (2019), Rn. 100 ff.
85 S. AS-Skript Sachenrecht 1 (2020), Rn. 22.

falls fehlt die **Empfangszuständigkeit** (entsprechend § 131, h.M.) bzw. eine wirksame Tilgungsbestimmung bzw. eine wirksame Einigung über die Erfüllung.[86]

- Ein wirksamer Rechtserwerb führt dazu, dass auch der beschränkt Geschäftsfähige **„etwas" i.S.d. § 812** erlangt. Allerdings wird bei der Rückabwicklung eines Austauschvertrags ausnahmsweise **nicht die Saldotheorie** angewendet. Es bleibt vielmehr zugunsten des beschränkt Geschäftsfähigen bei der Trennung der wechselseitigen Ansprüche nach der **Zwei-Kondiktionen-Theorie**.[87] **90**

Wenn **beispielsweise** dem voll geschäftsfähigen Käufer die Kaufsache herunterfällt und sich dann herausstellt, dass der Kaufvertrag nichtig ist, dann erhält der Käufer nicht den vollen Kaufpreis zurück. Von seinem Anspruch aus § 812 Abs. 1 S. 1 Var. 1 bzw. S. 2 Var. 1 wird der Wertverlust der Sache abgezogen. Der nicht voll geschäftsfähige Käufer erhält hingegen den vollen Kaufpreis zurück.

- Führt eine **Bösgläubigkeit** zu einer **Haftung** (z.B. nach § 990 Abs. 1 i.V.m. §§ 987, 989 oder nach §§ 819 Abs. 1, 818 Abs. 4), so haftet der **Geschäftsunfähige** nur, soweit der gesetzliche Vertreter bösgläubig ist. Hinsichtlich des **beschränkt Geschäftsfähigen** differenziert die h.M.:[88] **91**
  - Soweit **unwirksame Verträge rückabgewickelt** werden (im Bereicherungsrecht in der Regel durch die **Leistungskondiktion**), so kommt es nach dem Gedanken der §§ 107 ff. auf den Kenntnisstand des gesetzlichen Vertreters an (siehe Fall 3).
  - Die **übrigen Fallgestaltungen** (im Bereicherungsrecht regelmäßig Fälle der **Eingriffskondiktion**) sind oft deliktsähnlich, daher kommt es hier nach dem Gedanken der §§ 828, 829 auf den Kenntnisstand des beschränkt Geschäftsfähigen an, soweit er deliktsfähig ist. Anderenfalls haftet er nicht.
- Die **Deliktsfähigkeit**, also die Haftung für rechtswidrige Realakte, ist nämlich in den §§ 828, 829 geregelt.[89] **92**
- Für ein **Verlöbnis** nach §§ 1297 ff. bedarf der beschränkt Geschäftsfähige angesichts der mit ihm einhergehenden Pflichten der Zustimmung seines gesetzlichen Vertreters. Hinsichtlich der **Ehemündigkeit** gilt, dass gemäß § 1303 S. 2 eine Person vor Vollendung des 16. Lebensjahres die Ehe nicht eingehen **kann**. Eine Person im 17. und 18. Lebensjahr bzw. ohne Geschäftsfähigkeit **darf** bis Eintritt der Volljährigkeit bzw. Geschäftsfähigkeit gemäß §§ 2, 1303 S. 1 bzw. § 1304 die Ehe nicht eingehen. Tut sie es doch so, kann dass das Familiengericht – vorbehaltlich § 1315 Abs. 1 S. 1 Nr. 1 – eine solche Ehe gemäß §§ 1314 Abs. 1, 1313 aufheben.[90] **93**
- Die zustimmungsfreie **Testierfähigkeit** tritt gemäß § 2229 bei geistig gesunden Menschen bereits mit Vollendung des 16. Lebensjahres ein. Einen **Erbvertrag** können allerdings gemäß § 2275 nur voll Geschäftsfähige abschließen.[91] **94**

---

86 BGH RÜ 2015, 620, 621; näher mit Beispielsfall AS-Skript Schuldrecht AT 2 (2020), Rn. 5 ff.

87 BGH RÜ 2015, 620, 622 f.; ausführlich hierzu AS-Skript Schuldrecht BT 3 (2019), Rn. 153 ff., insbesondere Rn. 164.

88 Näher und jeweils mit Beispiel AS-Skript Sachenrecht 1 (2020), Rn. 533 und AS-Skript Schuldrecht BT 3 (2019), Rn. 177.

89 Näher zur Deliktsfähigkeit AS-Skript Schuldrecht BT 4 (2019), Rn. 221 ff.

90 Näher AS-Skript Familienrecht (2020), Rn. 1 u. 6.

91 Näher zur Testierfähigkeit und zum Erbvertrag AS-Skript Erbrecht (2020), Rn. 100 ff. u. 171 ff.

Fehlende Geschäftsfähigkeit

Gesetzliche Vertretung, Beschränkung und Ausschluss

- **Gesetzliche Vertreter:**
  - Dauerhaft geisteskranke Volljährige: **Betreuer** (§§ 1896, 1902)
  - Minderjährige: **Eltern gemeinschaftlich** (§§ 1626 Abs. 1 S. 1, 1629 Abs. 1 S. 1 u. 2 Hs. 1, Untervertretung zulässig) oder **Vormund** (§ 1793)
- **Beschränkung der Vertretungsmacht** (§§ 1643 Abs. 1 u. 2, 1821, 1822)
  - **Betroffene Geschäfte** (Details für Eltern und Vormund nicht deckungsgleich!): hohes Risiko, insbes. bei Grundstücken, sowie erbrechtliche Geschäfte
  - **Ergänzende Zustimmung des Familiengerichts** (§§ 1821 ff, 1643 Abs. 3)
    - **einseitige Geschäfte** ohne vorherige Zustimmung nichtig (§ 1831)
    - **Verträge schwebend unwirksam** (§§ 1828–1830): Genehmigung gegenüber gesetzlichem Vertreter. Dieser entscheidet über Weiterleitung an Vertragspartner; ab hier Ablauf ähnlich wie in §§ 108, 109
- **Ausschluss von der Vertretung** (§§ 1629 Abs. 2 S. 1, 1795)
  - **Betroffene Geschäfte:** bei Interessenkonflikt des Vertreters
  - **Stattdessen Ergänzungspfleger** (§ 1909)
    - **§ 1795 Abs. 1:** Geschäfte unter Verwandten und über gesicherte Forderungen des Vertretenen gegen den gesetzlichen Vertreter nebst Rechtsstreiten; Ausschluss nach Nr. 1 auch dann, wenn nachteilhaftes Geschäft
    - **§ 1795 Abs. 2: § 181** gilt, mitsamt seiner ungeschriebenen Einschränkungen und Erweiterungen (insbesondere: Ausschluss bei nachteilhaftem Geschäft), allerdings ist nach h.M. eine Gestattung nicht möglich

Beschränkte Geschäftsfähigkeit

Lediglich rechtlich vorteilhaft i.S.d. § 107

Durch Vornahme entstehen **keine unmittelbaren Rechtsnachteile** und keine wirtschaftliche Gefährdung. Auch **rechtlich neutrale Geschäfte** sind „rechtlich vorteilhaft"; dazu zählt auch die Übereignung einer fremden Sache, die nach h.M. bei Gutgläubigkeit bzgl. des Eigentums auch im Übrigen wirksam ist.

Verpflichtungsvertrag

(+)	(–)
▪ Schenkung: wenn keine Verpflichtung enthalten (Rückübertragungsverpflichtung).	▪ Einigungsinhalt begründet Verpflichtung (Bsp.: § 433, § 611, § 631) ▪ kraft Gesetz Verpflichtung (Bsp.: § 670, § 693, § 607)

Verfügungsvertrag

(+)	(–)
▪ Verfügung zugunsten des Minderjährigen (Übertragung, Belastung, Aufhebung, Inhaltsänderung eines Rechts) ▪ Erwerb: regelmäßig vorteilhaft	▪ Verfügung zulasten des Minderjährigen ▪ persönliche Verpflichtung (Bsp.: Reallast, § 1108; Vermietung, §§ 535 Abs. 1 S. 2, 566, 578; Wohnungseigentum, §§ 10 Abs. 8, 16 Abs. 2 WEG)

Beachte: Bei **wirksamer Verpflichtung** und **unwirksamer Verfügung** (Bsp.: Schenkung eines belasteten Grundstücks) keine Gesamtbetrachtung, aber **teleologische Reduktion** des § 181 (i.V.m. §§ 1629 Abs. 2, 1795).

Rechtsgeschäfte des beschränkt Geschäftsfähigen

Wirksame Geschäfte	Schwebend unwirksame Verträge	Unwirksame Geschäfte
▪ Rechtlich vorteilhafte oder neutrale Geschäfte, § 107 ▪ Verträge – „Taschengeldparagraph", § 110 – Erwerbsgeschäft, § 112 – Dienst- oder Arbeitsverhältnis, § 113 – mit **Einwilligung**, § 107	Geschäfte, die nicht von vorneherein unwirksam oder wirksam sind ↓	Einseitige, rechtlich nachteilhafte Rechtsgeschäfte: § 111 ▪ ohne Einwilligung ▪ mit Einwilligung, aber ohne ihren Nachweis und ohne sonstige Kenntnis des Adressaten von ihr
Ja: Dann Geschäft endgültig wirksam ←	▪ Genehmigung gegenüber Vertragspartner?	→ Nein: Dann Geschäft endgültig unwirksam
Ja: Geschäft wirksam, **es sei denn, Vertragspartner fordert zur Erklärung über die Genehmigung auf** ←	▪ Genehmigung gegenüber Minderjährigem	Nein: Geschäft unwirksam, **es sei denn, Vertragspartner fordert zur Erklärung über die Genehmigung auf**
→	▪ Nach Aufforderung kann **unabhängig von einer evtl. dem Minderjährigen erteilten Genehmigung gegenüber dem Vertragspartner**	←
die Genehmigung erteilt werden ←		→ die Genehmigung versagt werden → zwei Wochen lang keine Erklärung abgegeben werden
▪ wenn Vertragspartner unwissend oder ▪ wenn Vertragspartner Minderjährigkeit kannte, aber an behauptete Einwilligung glaubte	▪ **Widerruf** des Vertragspartners, bis ihm die Genehmigung zugeht? (Wiederaufleben des Widerrufsrechts im Fall der Aufforderung)	wenn Vertragspartner Minderjährigkeit und fehlende Einwilligung kannte
	Beachte: Bei **Volljährigkeit** tritt Minderjähriger an die Stelle seines gesetzl. Vertreters, d.h. er kann selbst genehmigen, § 108 Abs. 3	

Für den **Zugang** von Erklärungen, deren Adressat nicht voll geschäftsfähig ist, gilt § 131.

2. Abschnitt: Nichtigkeit nach §§ 134, 138

95 Die **Privatautonomie** gilt **nicht uneingeschränkt**. Rechtsgeschäfte, die gesetzlich verboten oder sittenwidrig sind, sind nach Maßgabe des § 134 bzw. des § 138 nichtig.

A. Rangfolge und Konkurrenzen

96 Die **Prüfungsreihenfolge** der Tatbestände lautet: **§ 138 Abs. 2, § 134, § 138 Abs. 1**. § 138 Abs. 2 regelt die zivilrechtliche Behandlung des Spezialfalls des Wuchers. Er ist daher nach h.M. vorrangig zu prüfen, auch vor § 134 i.V.m. § 291 StGB. Im Übrigen wird der allgemein gehaltene § 134 durch das jeweilige Verbotsgesetz mit Spezialität aufgeladen, sodass er § 138 Abs. 1 vorgeht.[92]

Vereinzelt[93] wird hingegen umgekehrt § 134 i.V.m. § 291 StGB für vorrangig vor § 138 Abs. 2 gehalten, sodass dieser gegenstandslos sei. Weshalb der Gesetzgeber dann nicht konsequenterweise § 138 Abs. 2 aufhebt, erklärt diese Ansicht nicht.

Klausurhinweis: *Fällt ein Umstand in den Anwendungsbereich einer der Normen, so sind hinsichtlich* ***desselben Umstands*** *die nachrangigen Normen gesperrt, gleich ob die vorrangige Norm erfüllt ist oder nicht.* ***Weitere Umstände*** *sind hingegen nach der jeweils anzuwendenden Norm separat zu beurteilen.*

Beispiel: Ein Kaufvertrag über ein gestohlenes (Umstand 1) Smartphone ist gemäß § 259 StGB verboten und unterfällt daher § 134. Die Frage, ob der Kaufvertrag zudem sittenwidrig i.S.d. § 138 Abs. 1 ist, stellt sich insofern nicht mehr. Hat der Verkäufer allerdings zudem vom Käufer einen sehr hohen Preis (Umstand 2) verlangt, so ist zusätzlich zunächst § 138 Abs. 2 zu prüfen und § 134 i.V.m. § 291 StGB ist als lex generalis in jedem Fall gesperrt. Scheitert § 138 Abs. 2 am „auffälligen Missverhältnis" (Umstand 2), so ist auch § 138 Abs. 1 in dieser Hinsicht gesperrt. Liegt hingegen ein auffälliges Missverhältnis (Umstand 2), aber kein in § 138 Abs. 2 genanntes Defizit des Käufers (Umstand 3) vor, so ist im Rahmen des § 138 Abs. 1 weiter zu untersuchen, ob der Verkäufer in verwerflicher Gesinnung (Umstand 4) handelte – näher zu dieser ungeschriebenen Fallgruppe des sog. wucherähnlichen Rechtsgeschäfts in Rn. 138 ff.

97 **Derselbe Umstand** kann sowohl als **Täuschung** oder **Drohung** i.S.d. § 123 Abs. 1 ein Anfechtungsrecht begründen als auch die Voraussetzungen des § 138 Abs. 1 und/oder des § 134 i.V.m. §§ 240, 263 StGB erfüllen. Insofern **geht § 123 Abs. 1 vor**, denn die Nichtigkeit soll nicht ipso iure nach §§ 134, 138, sondern nur auf entsprechende Erklärung des Betroffenen nach §§ 142 Abs. 1, 143 eintreten.[94] Aber auch hier gilt, dass weitere **andere Umstände**, die nicht unter § 123 Abs. 1 fallen, separat nach den §§ 134, 138 zu bewerten sind und zur Nichtigkeit ipso iure führen können.

Beispiel:[95] V sendet dem 77-jährigen K in kurzer Zeit eine Vielzahl von Gewinnzusagen nebst Warenangeboten. K bestellt, wie von B beabsichtigt, die Waren in dem Glauben, dies sei als Formalie zur Veranlassung der Gewinnauszahlung nötig. V liefert die Waren, zahlt aber – wie von vornherein geplant – die Gewinne nicht aus und lässt anwaltlich die Kaufpreisansprüche bei K anmahnen. –
1. K hat gegen V gemäß § 661 a einen Anspruch auf **Auszahlung der Gewinne**.
2. Die **Kaufpreise** kann V nicht nach § 433 Abs. 2 Var. 1 verlangen. Die Kaufverträge sind nichtig:
a) Jedes einzelne Schreiben (Umstand 1) erfüllt **§ 123 Abs. Var. 1**. Allerdings hängt insofern gemäß §§ 142 Abs. 1, 143, 123 Abs. 1 die Nichtigkeit der Verträge von Anfechtungserklärungen des K ab.

---

92 MünchKomm/Armbrüster § 134 Rn. 4, § 138 Rn. 4 und Palandt/Ellenberger § 138 Rn. 13; jeweils m.w.N.

93 Jauernig/Mansel § 138 Rn. 19.

94 Erman/Arnold § 134 Rn. 67 bzgl. § 134; MünchKomm § 123 Rn. 100 u. 131 sowie § 138 Rn. 6 bzgl. § 138; zur Anfechtung nach § 123 näher Rn. 303 ff.

95 Nach BGH RÜ 2005, 624.

b) Zudem hat V aber durch die **Vielzahl der Schreiben nebst Einschaltung eines Rechtsanwalts** (Umstand 2) gezielt und systematisch die Fähigkeit des K, freie und wirtschaftlich sinnvolle Entscheidungen zu treffen, insgesamt geschwächt. Dieses Verhalten führt gemäß § 138 Abs. 1 zur Nichtigkeit ipso iure. Dem steht § 661 a nicht entgegen, da dieser alleine darauf ausgelegt ist, K Ansprüche gegen V zu verschaffen, aber nicht umgekehrt.

§ 826 und § 138 haben unterschiedliche Funktionen und stehen daher auch bezüglich desselben Umstands **nebeneinander.**[96] § 138 ordnet die Nichtigkeit eines Geschäfts an. § 826 begründet hingegen eine Schadensersatzpflicht – wobei diese allerdings im Einzelfall gemäß § 249 Abs. 1 auf Aufhebung eines (wirksamen) Vertrags gerichtet sein und daher zum selben wirtschaftlichen Ergebnis führen kann. 98

Eine Haftung aus **§§ 280 Abs. 1, 311 Abs. 2, 241 Abs. 2** (culpa in contrahendo) kann **auch dann** eintreten, wenn **§ 134 oder § 138 nicht erfüllt** sind.

Beispiel:[97] Pflichtverteidiger P ist nur bereit, seinen Mandanten M weiter zu verteidigen, wenn M eine Honorarvereinbarung unterschreibt. M unterschreibt und zahlt das Honorar. –
I. Ein Anspruch des M aus **§ 812 Abs. 1 S. 1 Var. 1 oder aus § 817 S. 1** besteht nur, soweit die Honorarvereinbarung gegen § 134 oder § 138 verstößt (im Originalfall insbesondere § 138 nicht erwiesen).
II. M hat aber dem Grunde nach einen Anspruch aus **§§ 280 Abs. 1, 311 Abs. 2, 241 Abs. 2.** Ein Pflichtverteidiger ist nämlich gemäß §§ 48, 49 BRAO[98] verpflichtet, seinen Mandanten auch ohne Honorarvereinbarung zu verteidigen und ihn hierauf hinzuweisen. Diese Pflicht hat M ohne Exkulpation verletzt. Soweit M bei erfolgtem Hinweis die Vereinbarung nicht unterzeichnet hätte (im Originalfall nicht erwiesen), beläuft sich die Anspruchshöhe auf die Differenz zwischen der vereinbarten und der gesetzlich nach RVG[99] vorgesehenen Vergütung.

B. Gesetzliches Verbot, § 134

Nach § 134 ist ein Rechtsgeschäft, das gegen ein **gesetzliches Verbot** verstößt, nichtig, wenn sich nicht aus dem Gesetz ein anderes ergibt. 99

I. Verbotsgesetz

Gesetz i.S.d. § 134 ist gemäß Art. 2 EGBGB **jede Rechtsnorm**, d.h. nicht nur Gesetze im formellen Sinn, sondern auch Rechtsverordnungen und Gewohnheitsrecht.[100] 100

Verbotsgesetze sind Gesetze, die die Vornahme eines Rechtsgeschäfts **verbieten.** Sie regeln das **rechtliche Dürfen** eines tatsächlich und rechtlich möglichen Rechtsgeschäfts. **Nicht** dazu gehören Gesetze, die **tiefergehender** bereits das **rechtliche Können** verneinen, also das Geschäft für rechtlich unmöglich erklären. Bei ihnen greift nicht die abgeschwächte Rechtsfolge des § 134, sondern die Geschäfte sind immer unwirksam.

Beispiele: § 105; § 118; § 181; § 400; § 1153 Abs. 2

Im Zweifelsfall ist durch **Auslegung** zu ermitteln, ob ein Verbotsgesetz vorliegt. **Grenzfälle** bestehen insbesondere, wenn nicht das Rechtsgeschäft an sich, sondern **lediglich seine Durchführung den Tatbestand der Norm erfüllt.** 101

96 Palandt/Ellenberger § 138 Rn. 17.
97 Nach BGH RÜ 2019, 137.
98 Schönfelder Ergänzungsband Ordnungsziffer 98.
99 Schönfelder Ordnungsziffer 117.
100 Vgl. zum Folgenden Palandt/Ellenberger § 134 Rn. 1 ff.

Beispiel: Gemäß § 1 Abs. 2 Nr. 2 SchwarzArbG[101] leistet **Schwarzarbeit**, wer Dienst- oder Werkleistungen **erbringen** oder **ausführen lässt** und dabei seine steuerlichen Pflichten nicht erfüllt. Darunter fällt u.a. die Ausführung „ohne Rechnung", also ohne Einzug der Umsatzsteuer.
Die bloße **Vereinbarung** eines solchen **Verpflichtungsvertrags** ist zwar vom Wortlaut der Norm nicht erfasst. Gleichwohl ergibt eine Auslegung, dass es sich jedenfalls bei einem beiderseitigen Verstoß um ein Verbotsgesetz handelt. Gemäß § 1 Abs. 1 SchwarzArbG ist der **Zweck des Gesetzes** die Intensivierung der Bekämpfung der Schwarzarbeit. Das Gesetz will **nicht nur den tatsächlichen Vorgang** der Schwarzarbeit eindämmen, sondern zwecks ihrer effektiven Bekämpfung **schon die zugrundeliegenden Rechtsgeschäfte** verbieten. Zur Rechtsfolge eines Verstoßes sogleich in Rn. 111 ff.

II. Objektiver Verstoß gegen das Verbotsgesetz

102 Die Verwirklichung des **objektiven Tatbestands** des Verbotsgesetz genügt, auch bei Straf- und Bußgeldnormen.[102] Eine zivilrechtliche Sanktion muss keine Rücksicht auf das Schuldprinzip (nulla poena sine culpa) nehmen.

Gleichwohl kann die Verwirklichung des **subjektiven Tatbestands** im Einzelfall die Rechtsfolge beeinflussen, namentlich kompensieren, dass ein nur einseitiger Verstoß vorliegt. Dazu sogleich Rn. 105.

103 **Umgehungsgeschäfte** verletzten ein Verbot formal zwar nicht, führen aber den verbotenen Erfolg auf Umwegen herbei. Sie begründen daher einen Verstoß, soweit das **Verbot auch den Umweg zu dem erstrebten Erfolg verbietet**. Auch insofern ist **nicht erforderlich**, dass die Umgehung in **Umgehungsabsicht** erfolgt.[103]

Nach h.M. ergibt sich das zwanglos aus der jeweiligen **Auslegung** des Gesetzes, andere verlangen ergänzend die Heranziehung des sich z.B. in §§ 306 a, 312 k Abs. 1 S. 2 zeigenden **allgemeinen Rechtsgedankens.**[104] Eine rein dogmatische Frage.

Beispiel:[105] Wenn Meister M den Gesellen G in seinem meisterpflichtigen Betrieb formal als Arbeitnehmer „anstellt", tatsächlich den Betrieb aber an G veräußert und in Wahrheit G der neue Betriebsleiter ist, dann liegt eine Umgehung des Meisterzwangs nach §§ 7 u. 1 Abs. 1 HandwO vor. Der „Anstellungsvertrag" ist nichtig.

Umgehungsgeschäfte, die **Normen** umgehen, die ein Geschäft nicht verbieten, sondern im Gegenteil **schützend ausgestalten**, führen hingegen **nicht zur Nichtigkeit**.

Beispiel:[106] Unternehmer U vergütet A, der die Voraussetzungen eines Arbeitnehmers nach § 611 a erfüllt, als (schein-)selbstständigen Werkunternehmer, um den Kündigungsschutz und die Entgeltfortzahlung im Krankheitsfall zu umgehen. –
Der Vertrag ist nicht etwa nach § 134 nichtig. Im Gegenteil ist er in Gestalt eines Arbeitsvertrags wirksam. A hat daher gegenüber U die sich aus dem KSchG und aus dem EntgFG ergebenden Rechte.

III. Rechtsfolgen

104 Die **Nichtigkeit** nach § 134 ist keinesfalls ein Automatismus. Rechtsfolge des Verstoßes ist die Nichtigkeit **nur, „wenn sich nicht aus dem Gesetz ein anderes ergibt"**. Dies ist nach **Sinn und Zweck** des Verbotsgesetzes zu beurteilen. Entscheidend ist, ob das Ge-

---

101 Schönfelder Ergänzungsband Ordnungsziffer 94 b.
102 Staudinger/Sack/Seibl § 134 Rn. 84.
103 MünchKomm/Armbrüster § 134 Rn. 16.
104 Palandt/Ellenberger § 134 Rn. 28; MünchKomm/Armbrüster § 134 Rn. 11 ff.
105 Nach LG Berlin JR 1956, 304.
106 Nach BGH NJW 2018, 1390.

setz sich nicht nur gegen den Abschluss des Rechtsgeschäfts wendet, sondern auch **gegen seine privatrechtliche Wirksamkeit und seinen wirtschaftlichen Erfolg.**[107]

Die Rspr. ist hier stark einzelfallbezogen. Es gibt aber ein paar **verallgemeinerungsfähige Leitlinien** und **aktuelle Beispiele**, die Sie im Examen kennen sollten.

1. Beidseitiger vs. einseitiger Verstoß und Ordnungsvorschriften

Ist **beiden Seiten** ein bestimmtes Verhalten untersagt und haben beide Seiten gegen dieses Verbot verstoßen, so ist das Rechtsgeschäft **grundsätzlich nichtig**. Das gilt insbesondere, wenn das Verbot durch eine beiderseitige **Strafbarkeit** flankiert wird.[108] **105**

Beispiel: Mord und dessen Beauftragung, vgl. §§ 211, 26 StGB

Richtet sich das Verbot hingegen **nur an eine Partei** (oder hat nur eine Partei gegen ein beiderseitiges Verbot verstoßen), so ist das Rechtsgeschäft **grundsätzlich wirksam**.

Beispiel:[109] Angestellte im öffentlichen Dienst und Landesbeamte dürfen gemäß § 10 Abs. 1 BAT bzw. § 42 Abs. 1 BeamtStG tätigkeitsbezogene Geschenke nur mit Zustimmung des Arbeitgebers bzw. Dienstherrn annehmen. Den Schenker trifft dieses Verbot (vorbehaltlich §§ 333, 334 StGB) nicht. Der Schenkungsvertrag ist daher regelmäßig wirksam – anderenfalls stünde die Herausgabepflicht an den Dienstherrn (§ 42 Abs. 2 BeamtStG) auch in unauflösbarer Konkurrenz zum Herausgabeanspruch des Schenkers aus § 812 Abs. 1 S. 1 Var. 1.

Unschädlich sind regelmäßig Verstöße gegen bloße **Ordnungsvorschriften**. Diese sollen nicht den Erfolg des Geschäfts unterbinden, sondern nur seine Vornahme an bestimmten **Orten**, zu bestimmten **Zeiten** oder auf bestimmte **Art und Weise**. Im Einzelfall kann dann sogar ein beidseitiger Verstoß unschädlich sein. **106**

Beispiel: Wer am Ostersonntag Schuhe verkauft, der mag ordnungswidrig handeln (einseitiger Verstoß des Verkäufers gegen z.B. § 13 LÖG NRW). Zivilrechtlich sind die Kaufverträge aber wirksam.

Beispiel:[110] Ein Arzneimittelhersteller vereinbart mit einem Unternehmer, dass dieser Arzneimittel verbotenerweise bewirbt und außerhalb von Apotheken vertreibt. Die Vereinbarung ist trotz beiderseitiger Verstöße wirksam. Sie sanktioniert nur die Art und Weise des per se erlaubten Vertriebs von Arzneimitteln an den Endkunden.

2. Umfang und Reichweite der Nichtigkeit

Auch wenn nur ein Teil des Rechtsgeschäfts gegen das Verbotsgesetz verstößt, ist **grundsätzlich** von seiner **Gesamtnichtigkeit** auszugehen (§ 134: „ist nichtig"). **107**

Die Nichtigkeit tritt nur ein, wenn das Verbotsgesetz schon **bei Vornahme** des Rechtsgeschäfts bestand.[111] Wenn das Verbotsgesetz **nachträglich wegfällt**, wird das Rechtsgeschäft nur dann wirksam, wenn es von den Parteien gemäß § 141 bestätigt wird.[112]

Ausnahmsweise tritt nur **Teilnichtigkeit** des verbotenen Teils ein, wenn sich „aus dem Gesetz ein anderes [ausdrücklich oder nach Sinn und Zweck] ergibt" (§ 134 a.E.). Hiernach richtet sich auch, welche **Regelung anstelle des nichtigen Teils** tritt.

---

107 BGH RÜ 2002, 485.

108 Palandt/Ellenberger § 134 Rn. 8 ff., auch zum Folgenden, m.w.N. zur Rspr.

109 Nach BGH NJW 2000, 1186.

110 Nach BGH NJW 1970, 609 und BGH NJW 1968, 2286.

111 OLG Düsseldorf NJW-RR 1993, 249, 250; offengelassen von BGH NJW 1966, 1265.

112 BGH NJW 1954, 549; OLG Brandenburg MDR 1995, 30; näher zur Bestätigung Rn. 406.

Beispiel:[113] V und M vereinbaren entgegen § 5 Abs. 1 WiStG eine unangemessen hohe Miete. – Der Mietvertrag ist wirksam. Nur die Regelung zur Miethöhe ist unwirksam. M darf also die Wohnräume nutzen (§ 535 Abs. 1), aber er muss entgegen § 535 Abs. 2 nicht die vereinbarte Miete zahlen. Das bedeutet aber nicht, dass M mietfrei wohnt oder nur die ortsübliche Miete schuldet.[114] M schuldet vielmehr die gerade noch zulässige Miete,[115] weil die Norm nur unangemessene Preise verhindern, nicht aber die Preise auf einen konkreten Mittelwert herabsetzen soll. Es findet also, anders als bei der Nichtigkeit nach §§ 307 bis 309, vgl. § 306 Abs. 2 und Rn. 488 ff. – eine geltungserhaltende Reduktion statt!

108 Die Nichtigkeit des schuldrechtlichen **Verpflichtungsgeschäfts lässt das Erfüllungsgeschäft wegen des Abstraktionsprinzips regelmäßig unberührt**. Die Auslegung des Verbotsgesetzes kann aber ergeben, dass **ausnahmsweise auch das dingliche Erfüllungsgeschäft** nichtig sein soll. Das ist insbesondere dann der Fall, wenn das Verbotsgesetz auch unmittelbar die Vermögensverschiebung verhindern soll.[116]

Beispiel: Verkauf und Übereignung von Betäubungsmitteln, § 134 i.V.m. § 29 Abs. 1 Nr. 1 BtMG[117]

Richtet sich hingegen das Verbotsgesetz **gegen das Erfüllungsgeschäft**, so ist **grundsätzlich auch das Verpflichtungsgeschäft** nichtig. Die Verpflichtung, etwas verbotenes zu tun, ist in der Regel selbst auch nichtig.[118]

Beispiel:[119] Eine verfügende Abtretung nach § 398 ist nichtig, soweit sie gemäß § 402 zu einer Auskunftspflicht des alten Gläubigers (Zedent) gegenüber dem neuen Gläubiger (Zessionar) führen würde, mit welcher der Zedent sich nach § 203 StGB strafbar machen würde. Auch ein zu einer solchen verbotenen Abtretung verpflichtender Vertrag (z.B. Kauf einer Arztpraxis oder Anwaltskanzlei) ist nichtig.

3. Weitere Beispiele

109 **Besondere Aktualität** haben die folgenden Beispiele.

a) Steuerhinterziehung, § 370 AO

110 **Steuerrelevante falsche Angaben** haben verschiedenste Erscheinungsformen.

Beispiel:[120] Rückdatierung eines Vertrags, damit er in einem früheren Steuerjahr Wirkung entfaltet.

Bei komplexen Vertragswerken überblicken Parteien ohne Fachwissen oft die steuerrechtlichen Folgen nicht. Ein Vertrag, der eine Steuerhinterziehung auslöst, ist daher nur dann nichtig, wenn die Steuerhinterziehung **Hauptzweck des Vertrags** ist.[121]

Ist dies nicht der Fall, ist **nur die der Steuerhinterziehung dienende Abrede** gemäß § 134 i.V.m. § 370 AO[122] nichtig. Der **restliche Vertrag** beurteilt sich nach **§ 139**. Er ist wirksam, soweit angenommen werden kann, dass er auch bei ordnungsgemäßer Rechnungslegung und Steuerabführung **zu den gleichen Konditionen**, insbesondere mit der gleichen Vergütungsregelung, **abgeschlossen worden wäre**.

---

113 Nach BGH NJW 1984, 722, 723.

114 So allerdings OLG Hamburg NJW 1983, 1004.

115 BGH NJW 1984, 722, 723 f.

116 Palandt/Ellenberger § 134 Rn. 13 m.w.N.

117 Schönfelder Ergänzungsband Ordnungsziffer 86.

118 Palandt/Ellenberger § 134 Rn. 13 m.w.N.

119 Nach BGH NJW 1992, 737 bzgl. der Verpflichtung und BGH RÜ 2010, 210 bzgl. der Verfügung.

120 Nach BGH NJW 2017, 11.

121 BGH RÜ 2008, 409.

122 Schönfelder Ergänzungsband Ordnungsziffer 88 b.

b) Schwarzarbeit ohne Rechnung, § 1 Abs. 2 Nr. 2 SchwarzArbG

Einen (aus der Warte des § 134 betrachteten) Sonderfall der Steuerhinterziehung stellt 111
die Schwarzarbeit dar. Sie **führt in weitaus größerem Umfang zur Nichtigkeit als § 370 AO**. Die folgenden Ausführungen gelten daher nur für die Tatbestände des SchwarzArbG, sie sind auf andere Fälle der Steuerhinterziehung nicht übertragbar.[123]

§ 1 Abs. 2 SchwarzArbG verbietet bestimmte Formen der Schwarzarbeit. Weitaus größte praktische und examenstypische Bedeutung hat die Vereinbarung nach Nr. 2, eine Werkleistung **„ohne Rechnung"** zu erbringen, um **Umsatzsteuer zu hinterziehen**.

Unklar ist, ob der Verstoß **beidseitig oder nur einseitig** ist. 112

Der **Werkunternehmer verstößt** gegen § 1 Abs. 2 Nr. 2 SchwarzArbG, denn er erbringt Werkleistungen, ist Steuerpflichtiger (§ 33 Abs. 1 AO; §§ 13 a Abs. 1 Nr. 1, 1 Abs. 1 Nr. 1 UstG) und verstößt gegen die Pflicht, eine Rechnung auszustellen (§ 14 Abs. 2 S. 1 UStG).

Umstritten ist, ob auch der **Besteller** des Werks gegen § 1 Abs. 2 Nr. 2 SchwarzArbG verstößt. Er hat zwar die Pflicht, Rechnungen aufzubewahren (§ 14 b UStG). Aufbewahrungspflichten führen aber gemäß § 33 Abs. 2 AO nicht dazu, dass eine Person als Steuerpflichtiger anzusehen ist. Teilweise[124] wird dies auf das SchwarzArbG übertragen, sodass der Besteller nicht Steuerpflichtiger sei und nicht gegen § 1 Abs. 2 Nr. 2 SchwarzArbG verstoße. Nach der Gegenansicht[125] könne auch der Besteller gegen § 1 Abs. 2 Nr. 2 SchwarzArbG verstoßen. Schon die Formulierung „wer Dienst- oder Werkleistungen erbringt oder ausführen lässt" zeige, dass das SchwarzArbG grundsätzlich beide Parteien erfassen solle.

Eine Klärung ist meist nicht erforderlich, da **regelmäßig auch ein einseitiger Verstoß gegen § 1 Abs. 2 Nr. 2 SchwarzArbG zur Nichtigkeit führt**. Auf anderem Wege lässt sich nämlich das **Ziel**, die Schwarzarbeit wirkungsvoll zu bekämpfen und zu verhindern (§ 1 Abs. 1 SchwarzArbG), nicht erreichen. Erforderlich ist nur, dass der **Besteller den Verstoß** des Werkunternehmers **kennt** und **bewusst** zum eigenen Vorteil **ausnutzt**.[126]

Bei Schwarzarbeit reicht der einseitige Verstoß des U aus → Recht!

Besteller muss Verstoß kennen und bewusst zum eigenen Vorteil ausnutzen.

Der Zweck des SchwarzArbG gebietet es zudem, die **Rechtsfolge** nicht nur auf die 113
„Ohne-Rechnung-Abrede" zu beschränken. Es tritt vielmehr **Gesamtnichtigkeit des gesamten Werkvertrags** ein, und zwar selbst dann, wenn die „Ohne-Rechnung-Abrede" erst nachträglich getroffen wurde.[127]

In **Klausuren** ist die Nichtigkeit des Werkvertrags in der Regel **in eine Anspruchsprü-** 114
fung einzubetten. Der BGH versagt beiden Parteien weitgehend ihre Ansprüche:[128]

- Ein Anspruch aus **§ 631** auf den **Werklohn** bzw. auf das **Werk** besteht nicht, da der 115
  Werkvertrag gemäß § 134 i.V.m. § 1 Abs. 2 SchwarzArbG nichtig ist.
- Beim Anspruch des Werkunternehmers auf **Aufwendungsersatz** nach Erbringung 116
  des Werks aus **§§ 677, 683, 670** ist generell umstritten, ob die Geschäftsführung ohne Auftrag auf nichtige Verträge anwendbar ist.[129] In der Lit. wird das überwiegend verneint, die §§ 812 ff. seien leges speciales. Nach der Rspr. stehen die Rege-

123 BGH NJW 2017, 11.

124 Stamm NZBau 2014, 131, 132.

125 Jerger NZBau 2014, 415, 416; Stadler JA 2014, 65, 67.

126 BGH RÜ 2013, 409.

127 BGH RÜ 2017, 409.

128 BGH RÜ 2013, 618; BGH RÜ 2014, 409; BGH RÜ 2015, 625; BGH RÜ 2017, 409. Einen ausführlich gutachtlich gelösten Fall zu dieser vor allem die §§ 812 ff. betreffenden Thematik finden Sie im AS-Skript Schuldrecht BT 3 (2019), Rn. 137 ff.

129 Näher AS-Skript Schuldrecht BT 3 (2019), Rn. 72 ff.

lungsbereiche nebeneinander; jedoch dürfe der Geschäftsführer solche Aufwendungen nicht für „erforderlich" (§ 670) halten, die gegen ein Verbotsgesetz verstoßen. Im Ergebnis besteht der Anspruch daher unstreitig nicht.

117 ■ Ein Anspruch beider Parteien auf **Rückgewähr** der rechtsgrundlos aufgewendeten Leistungen (Werklohnzahlung des Bestellers, Arbeiten des Werkunternehmers) aus **§ 812 Abs. 1 S. 1 Var. 1** oder aus **§ 817 S. 1** ist ausgeschlossen, und zwar

- zum einen nach **§ 817 S. 2**. Dieser ist nicht nur auf § 817 S. 1 (Fall des beiderseitigen Verstoßes), sondern erst recht auf § 812 (Verstoß nur des Leistenden) anwendbar. Ferner ist § 817 S. 2 nach der seit 2014 ergangenen Rspr. zum 2004 reformierten SchwarzArbG – anders als etwa im Falle eines Schenkkreises[130] – auch nicht nach § 242 einzuschränken;
- und zum anderen gemäß **§ 814**, soweit der leistenden Partei diese Rechtslage und Rspr. bekannt ist.

118 ■ Wenn der Werkunternehmer beim Besteller Sachen eingebaut hat, kommt ein Anspruch aus **§§ 951 Abs. 1, 812 Abs. 1 S. 1 Var. 1 oder 2** in Betracht. Umstritten ist, ob trotz des Eigentumserwerbs kraft Gesetzes nach §§ 946–950 eine Leistung vorliegt. Bejaht man dies mit dem Argument, der Werkunternehmer leiste „an den gesetzlichen Eigentumserwerb ran", so scheitert der Anspruch bereits daran, dass § 951 nach h.M. nicht auf die Leistungskondiktion verweist.[131] Jedenfalls wäre auch dieser Anspruch gemäß § 817 S. 2 BGB und ggf. gemäß § 814 ausgeschlossen.

119 ■ Der Besteller hat nicht die in **§ 634** aufgezählten **Gewährleistungsansprüche**. Der Werkvertrag ist nichtig und es ist dem Werkunternehmer– anders als nach der früheren Rspr. – auch nicht nach § 242 verwehrt, sich auf diese Nichtigkeit zu berufen. Ein Anspruch aus **§§ 280 Abs. 1, 241 Abs. 2, 311 Abs. 2** ist zwar auch bei nichtigen Verträgen denkbar. Allerdings muss der Besteller nur so gestellt werden, wie er stünde, wenn er mit dem Werkunternehmer nicht verhandelt hätte (negatives Interesse). Die Gewährleistungsansprüche gehören aber zum positiven Interesse.

c) Unerlaubte Erbringung von Rechtsdienstleistungen, § 3 RDG

120 Nach § 3 RDG[132] ist die **selbstständige Erbringung außergerichtlicher Rechtsdienstleistungen** nur soweit zulässig, wie dies gesetzlich erlaubt wird – für Rechtsanwälte z.B. in § 3 Abs. 1 BRAO. Dies hat gemäß § 1 Abs. 1 S. 2 RDG den Zweck, den Rechtssuchenden vor unqualifizierten Rechtsdienstleistungen zu schützen. Dieser Zweck gebietet **bereits bei einseitigem Verstoß** des Beraters die **Nichtigkeit** des **Beratungsvertrags**. Es sollen keine Ansprüche auf und aus unqualifizierte(r) Beratung bestehen.[133]

121 Auch damit einhergehende **Verfügungsgeschäfte** sind **nichtig**.

---

130 Vgl. zur Einschränkung des § 817 S. 2 nach § 242 AS-Skript Schuldrecht BT 3 (2019), Rn. 135 und BGH RÜ 2006, 6.

131 Vgl. ausführlich zu den denkbaren Konstellationen AS-Skript Schuldrecht BT 3 (2019), Rn. 254 ff.

132 Schönfelder Ergänzungsband Ordnungsziffer 99.

133 BGH RÜ 2000, 311; BGH NJW 2005, 2985; BGH ZIP 2005, 1361.

Bei **Abtretungen an Inkassounternehmen (Inkassozessionen)** muss der nicht von § 3 RDG erfasste reine Forderungseinzug von der Erbringung flankierender Rechtsdienstleistungen (insbesondere durch **Legal-Tech-Unternehmen**) abgegrenzt werden.[134]

d) Verstöße gegen das TierSchG

Das **Aussetzen eines Haustieres** entgegen § 3 S. 1 Nr. 3 TierSchG führt gemäß § 134 zur **Nichtigkeit der Eigentumsaufgabe** (Dereliktion) nach § 959. Die Eigentumslage bleibt also unverändert. Das Tier wird daher **nicht herrenlos**, sodass eine Aneignung durch Besitzerwerb nach § 958 ausscheidet. Es ist vielmehr **nur besitzlos**, sodass der Besitzerwerb die Anwendung der Vorschriften der **§§ 965 ff. zum Fund** einläutet.[135] **122**

Die **Übereignung von Wirbeltieren an Minderjährige bis zum vollendeten 16. Lebensjahr** ohne Einwilligung der Erziehungsberechtigten ist gemäß § 11c TierSchG verboten und gemäß § 134 nichtig. **123**

Soweit man den **Erwerb angesichts der Tierhaltungskosten** mit der wohl h.M. als **regelmäßig nachteilig** ansieht, ist die Übereignung ohne Zustimmung des gesetzlichen Vertreters sogar an Minderjährige bis zum vollendeten 18. Lebensjahr gemäß §§ 107, 108 Abs. 1 unwirksam. Dann ist allerdings § 11c TierSchG überflüssig, obwohl dieser gerade den Erwerb vor der Volljährigkeit ermöglichen soll.[136]

C. Sittenwidrigkeit, § 138

Sittenwidrige Geschäfte sind nach Maßgabe des § 138 **nichtig**. **124**

I. Wucher, § 138 Abs. 2

§ 138 Abs. 2 regelt einen vorrangig zu prüfenden **Spezialfall** der Sittenwidrigkeit. **125**

1. Auffälliges Missverhältnis zwischen Leistung und Gegenleistung

§ 138 Abs. 2 fordert ein **objektives** auffälliges Missverhältnis zwischen Leistung und Gegenleistung. Eine Gegenleistung gibt es **nur bei synallagmatischen Verträgen**. **126**

Daher ist § 138 Abs. 2 z.B. bei der **Bürgschaft nicht anwendbar** – zu prüfen bleibt dann § 138 Abs. 1.

Der **objektive, marktübliche Wert** der Leistung und Gegenleistung **bei Vertragsschluss** muss erstens **ermittelt** werden. Es ist stets der **konkrete Wert im Einzelfall** zu ermitteln. Pauschalierte gesetzliche Kataloge haben nur Indizwirkung.[137] Sodann sind die Werte zweitens zu **vergleichen**. Auch insofern kommt es auf eine **Gesamtwürdigung aller Umstände des konkreten Einzelfalls** an.

- Als **ganz grobe Faustregel** liegt die Grenze beim **doppelten Wert**. Nach den Umständen des Einzelfalls kann die Grenze aber auch höher oder niedriger liegen.[138]

  Beispiel: Bei einem Kaufvertrag über einen Pkw im Wert von 10.000 € für einen Kaufpreis von 18.000 € ist die Grenze der Faustformel unterschritten. Wenn aber die Gewährleistungsrechte in weitem (erlaubtem) Umfang ausgeschlossen sind, kann ein auffälliges Missverhältnisses vorliegen.

---

134 Näher AS-Skript Schuldrecht AT 2 (2020), Rn. 404 ff., auch zur Abgrenzung der Inkassozession zum Factoring.

135 BVerwG RÜ 2018, 663.

136 MünchKomm/Spickhoff § 107 Rn. 49 m.w.N.

137 BGH NJW 2016, 10 zu den Anwaltsgebühren nach dem RVG.

138 Staudinger/Sack/Fischinger § 138 Rn. 244.

- Ein **Darlehenszins** ist **regelmäßig auch** dann sittenwidrig, wenn der vereinbarte Zins den marktüblichen Zins um **12 Prozentpunkte** übersteigt.[139]

*Hinweis: Beachten Sie den **Unterschied zwischen Prozent und Prozentpunkten**. Wenn z.B. der Umsatzsteuersatz von 19% auf 20,9% des Nettopreises erhöht wird, dann steigt er nur um 1,9 Prozentpunkte, aber um 10 Prozent.*

Beispiele: Bei einem üblichen Zins von 15% liegt bei Zinssätzen ab ca. 30% bereits nach der Faustregel ein auffälliges Missverhältnis vor. Zudem stehen aber bereits Zinssätze ab 27% (15% + 12%) regelmäßig in einem auffälligen Missverhältnis. Die 12-Prozentpunkte-Regel hat also letztlich nur Relevanz, wenn der marktübliche Zins in Hochzinsphasen über 12% liegt.

127 Wirken **mehrere Personen** mit, so ist analog § 291 Abs. 1 S. 2 StGB die Summe der Leistungen und Gegenleistungen heranzuziehen, sog. **Additionsklausel.**[140]

Beispiel:[141] K kauft bei V eine Heißmangel (Wert: 3.200 €) für 6.900 € (215%, Faustformel verletzt). Zur Finanzierung nimmt K bei B ein Darlehen (üblicher Zins 17% p.a.) zu 26% p.a. auf (Faustformel und 12-Prozentpunkt-Regel nicht verletzt). K muss insgesamt für die Heißmangel inklusive Zinsen ca. 10.500 € aufwenden, während er bei einem Kaufpreis in Höhe des Werts und einem Darlehen zu üblichen Zinsen nur ca. 4.300 € hätte zahlen müssen. Daraus resultiert ein Wertverhältnis von 244% (10.500 € / 4.300 €; Faustformel verletzt), das für beide Verträge gilt. Sowohl Kauf- als auch Darlehensvertrag sind daher gemäß § 138 Abs. 2 nichtig, soweit jeweils die weiteren Voraussetzungen der Norm vorliegen.

2. Defizit des Bewucherten

128 Der Bewucherte muss **bei Vertragsschluss**[142] **objektiv** ein Defizit gehabt haben.[143]

- **Zwangslage**: Zwingendes Bedürfnis nach einer Geld- oder Sachleistung

  Eine bloß **unangenehme Situation genügt nicht**. Dazu zählt **beispielsweise** das Sich-Einschließen in einer Wohnung, soweit normaler Kontakt per Telefon usw. zur Außenwelt besteht, sodass der Vertrag mit einem (stark überteuerten) Schlüsseldienst nicht nach § 138 Abs. 1 nichtig ist.[144]

- **Unerfahrenheit**: Mangel an Lebenserfahrung in geschäftlichen Dingen, insbesondere bei Jugendlichen, älteren Menschen oder geistig Beschränkten
- **Mangelndes Urteilsvermögen**: Unfähigkeit, Leistung und Gegenleistung richtig zu bewerten und Vor- und Nachteile des Geschäfts sachgerecht abzuwägen
- **Erhebliche Willensschwäche**: Unfähigkeit, trotz Urteilsvermögens das Beurteilungsergebnis umzusetzen, insbesondere bei Alkohol- und Drogenabhängigkeit

129 Liegt ein auffälliges Missverhältnis, aber **kein Defizit** vor, so kann gleichwohl § 138 Abs. 1 erfüllt sein (Fallgruppe: **wucherähnliches Rechtsgeschäft**, näher Rn. 138 ff.).

139 Vgl. Palandt/Ellenberger § 138 Rn. 27 m.w.N. zur Rspr., auch zu Sonderfällen.
140 Staudinger/Sack/Fischinger § 138 Rn. 243.
141 Nach BGH NJW 1980, 1155.
142 BGH RÜ 2003, 340, 341.
143 Zu den folgenden Definitionen Palandt/Ellenberger § 138 Rn. 70 ff.
144 AG München, Urt. v. 08.01.2020 – 171 C 7243/19, zitiert nach https://www.justiz.bayern.de/gerichte-und-behoerden/amtsgerichte/muenchen/presse/2020/31.php, abgerufen am 09.11.2020.

3. Unter Ausbeutung des Bewucherten

Der Wucherer muss das Defizit ausbeuten, also **sich objektiv zunutze machen**. Dabei 130
muss er **subjektiv** (Wortlaut § 138 Abs. 1: „unter") **Kenntnis vom auffälligen Missverhältnis und vom Defizit** haben und die Ausbeutung **vorsätzlich** vorgenommen haben. Nicht erforderlich ist eine darüber hinausgehende Ausbeutungsabsicht.[145]

4. Rechtsfolgen

Grundsätzlich tritt **Gesamtnichtigkeit** des **Verpflichtungsgeschäfts** ein.[146] 131

Anders ist es beim **Mietwucher**, weil die Gesamtnichtigkeit nicht dem Schutzinteresse des Mieters entspricht. Wie bei § 134 i.V.m. § 5 Abs. 1 WiStG (s. Rn. 107) ist auch hier umstritten, ob der Vertrag mit der höchstzulässigen Miete[147] oder mit der ortsüblichen Vergleichsmiete[148] aufrechtzuerhalten ist.

Auch das **Verfügungsgeschäft des Bewucherten** ist **nichtig** („gewähren lässt"). Das **Verfügungsgeschäft des Wucherers** ist dagegen wirksam.

Klausurhinweis: Ansprüche des Bewucherten *können sich dann ergeben aus §§ 280 Abs. 1, 241 Abs. 2, 311 Abs. 2, § 985, § 812 Abs. 1 S. 1 Var. 1, § 817 S. 1 und § 826. Der* ***Wucherer*** *ist hingegen regelmäßig auf § 812 Abs. 1 S. 1 Var. 1 und § 817 S. 1 beschränkt und zudem können diesbezüglich die Ausschlussgründe aus § 814 oder § 817 S. 2 greifen.*

II. (Allgemeine) Sittenwidrigkeit, § 138 Abs. 1

Ebenso wie Gesetze unterliegen die guten Sitten **ständigem Wandel**. Im Wirtschaftsle- 132
ben sind die Maßstäbe strenger geworden, während Familien- und Sexualmoral eine deutliche Liberalisierung erfahren haben. Maßgeblich sind die Sitten im **Zeitpunkt der Vornahme des Rechtsgeschäfts**. Schlägt die Sittenwidrigkeit der Verpflichtung auf die Verfügung durch (s. Rn. 149), so ist der Zeitpunkt der Verpflichtung maßgeblich.[149]

Beispiel:[150] Die Erbeinsetzung einer Geliebten durch einen verheirateten Mann (**Mätressentestament**) war zunächst nach ganz h.M. sittenwidrig. Etwa ab 1960 wurde dies nur noch vertreten, wenn die Erbeinsetzung nicht (auch) aus persönlicher Verbundenheit, sondern (ausschließlich) als Gegenleistung für sexuelle Handlungen (**„Hergabe für Hingabe"**) erfolgte. Seit Einführung des ProstG im Jahr 2001 (s. sogleich Rn. 135) hält die h.M. selbst ein solches Testament – gleich welchen Geschlechts die Beteiligten sein mögen – für wirksam.

1. Objektiver Tatbestand

Ein Rechtsgeschäft ist sittenwidrig, wenn es objektiv das **Anstandsgefühl aller billig** 133
und gerecht Denkenden verletzt. Dies kann sich aus Art und Weise des Zustandekommens, aus dem Inhalt, aus der Motivlage oder aus sonstigen Umständen ergeben. Oft sind Teilaspekte nur gemeinsam sittenwidrig. Es kommt daher in besonders hohem Maße auf **eine Gesamtschau aller Umstände des Einzelfalls** an – sowohl die, die **für**,

145 Palandt/Ellenberger § 138 Rn. 74.
146 Vgl. zum Folgenden Palandt/Ellenberger § 138 Rn. 75 m.w.N.
147 So BGH NJW 1984, 722, 723 f.
148 So Staudinger/Sack/Fischinger § 138 Rn. 139.
149 BGH RÜ 2016, 625, Rn. 46 (ergänzend dargestellt in RÜ2 2016, 226).
150 Vgl. Staudinger/Sack/Fischer § 138 Rn. 693 ff. m.w.N.

als auch die, die **gegen** den Verstoß sprechen. Es haben sich insbesondere folgende (teilweise überlappende) **examensrelevante Fallgruppen** herausgebildet:[151]

Klausurhinweis – speziell für § 138 Abs. 1, aber letztlich für jede Subsumtion:[152] *Sie müssen den Sachverhalt unter die allgemeine Definition der Sittenwidrigkeit subsumieren. Wenn die Merkmale (!) einer Fallgruppe (**„Fallgruppe" an sich ist kein Argument!**) erfüllt sind und keine atypischen Umstände vorliegen, sollten Sie die Sittenwidrigkeit durch **Argumentation am Einzelfall** bejahen. In anderen Fällen sind regelmäßig beide Positionen vertretbar, obgleich die Klausurtaktik für die Einnahme einer Position sprechen kann.*

a) Verstoß gegen die herrschende Rechts- und Sozialmoral

134 Der Verstoß gegen die Gesamtheit der **sozialen Wertvorstellungen** und/oder gegen die **rechtsethischen Grundwerte der Rechtsordnung** ist die Fallgruppe, die am engsten an die allgemeine Definition anknüpft.[153] Als „Auffangfallgruppe" erfasst sie alle ungeschriebenen Regeln. Daher ist begrenzend ein **strenger Maßstab** geboten.

Hinweis: *Der **Wille des Gesetz- und auch des Verfassungsgebers** (Stichwort: Grundrechtskonforme Auslegung der unbestimmten Rechtsbegriffe des einfachen Rechts) und daher des gesamten Volkes (Art. 20 Abs. 2 GG) darf zwar durch die (vermeintlich nach Ansicht des Rechtsanwenders) herrschenden Wertvorstellungen **ergänzt, jedoch nicht** leichtfertig durch sie **ersetzt** werden. Bedenken Sie, dass in der Zeit des Nationalsozialismus mehrere Gesetze*[154] *einschneidende Rechtsfolgen an das **„gesunde Volksempfinden"** geknüpft haben. Sie müssen daher hier besonders darauf achten, dass Ihnen nicht eine Argumentation „auf Stammtischniveau" vorgeworfen wird.*[155]

Beispiel (soziale Wertvorstellungen):[156] Die Verschaffung eines Doktorgrads gegen Geldzahlung und ohne Anfertigung einer wissenschaftlichen Arbeit täuscht die Öffentlichkeit in ihrem Vertrauen auf die fachliche und wissenschaftliche Qualifikation, die ein Doktorgrad verbrieft.

Beispiel (rechtsethische Grundwerte):[157] Kaufvertrag über ein Radarmessungswarngerät. –
I. Der Kaufvertrag ist nicht nach **§ 134 i.V.m. § 23 Abs. 1b StVO** nichtig. Diese Norm verbietet nur das Mitsichführen eines solchen Geräts im Straßenverkehr, nicht aber seinen Besitz und Kauf.
II. Der Kaufvertrag ist nach § **138 Abs. 1** nichtig, da der Vertragszweck auf die Verwendung des Radarwarngerätes im Geltungsbereich des § 23 Abs. 1 b StVO und daher auf seine Verletzung gerichtet ist.

135 Inwiefern ein Vertrag über die **entgeltliche Vornahme sexueller Handlungen** gegen die herrschende Rechts- und Sozialmoral verstößt, ist auch nach Einführung des § 1 S. 1 ProstG[158] im Jahr 2002 umstritten geblieben.

- Es besteht Einigkeit, dass gegen den Dienstverpflichteten **kein einklagbarer Anspruch auf Vornahme der sexuellen Handlung** besteht. Eine solche Pflicht würde gegen die Menschenwürde (Art. 1 Abs. 1 GG) verstoßen, welche auch nicht zur Dis-

151 Ausführliche Nachweise zu diesen Fallgruppen und zur Kasuistik bei Palandt/Ellenberger § 138 Rn. 24 ff.
152 Allgemein zur Subsumtionstechnik AS-Basiswissen Methodik der Fallbearbeitung im Studium und Examen (2020), S. 48 ff.
153 Palandt/Ellenberger § 138 Rn. 2 f.
154 Beispiele bei https://de.wikipedia.org/wiki/Gesundes_Volksempfinden (abgerufen am 20.11.2020).
155 Sehr zutreffend Bork Rn. 1180.
156 Nach OLG Koblenz RÜ 1999, 487.
157 Nach BGH RÜ 2010, 69.
158 Schönfelder Ergänzungsband Ordnungsziffer 29 a.

position einer sich wandelnden Sozialmoral steht. Daher liegt insofern ein Verstoß gegen § 138 Abs. 1 vor. Die sexuelle Handlung muss nicht vorgenommen werden.

- Hinsichtlich der **Zahlungspflicht des Beauftragenden** wird teilweise[159] angenommen, sie bestehe von Anfang an (§ 1 S. 1 ProstG „begründet") und erlösche selbst dann nicht, wenn die Handlung verweigert werde, sodass es sich um einen einseitig verpflichtenden Vertrag handele. Andere[160] meinen, die Zahlungspflicht entstehe erst nach Vornahme der Handlung (§ 1 S. 1 ProstG „vorgenommen worden, so").

Am 01.07.2017 ist ergänzend zum ProstG das **ProstSchG**[161] in Kraft getreten. § 2 ProstSchG enthält **Definitionen** u.a. der Begriffe, die auch in § 1 ProstG verwendet werden. Die Frage der **Sittenwidrigkeit** wird durch das ProstSchG **nicht beeinflusst**. Auch enthält insbesondere § 12 ProstSchG **kein gesetzliches Verbot** (§ 134) der eigentlichen Prostitution ohne Erlaubnis, denn die Norm stellt Erlaubnispflichten nur für die Organisation der Prostitution und den Betrieb von Bordellen u.ä. auf.[162]

Ein Vertrag über **Telefonsexdienstleistungen** ist hingegen nicht sittenwidrig.[163]

b) Schädigung der Allgemeinheit oder Dritter

Es ist nicht zwingend erforderlich, dass der Vertragspartner bzw. der Adressat der einseitigen Erklärung unter der Sittenwidrigkeit leidet. Die Sittenwidrigkeit kann sich auch aus der **Schädigung der Allgemeinheit oder eines Dritten** ergeben. **136**

Beispiel (Schädigung der Allgemeinheit):[164] Kaufvertrag über ein Radarmessungswarngerät, vgl. Rn. 134

Beispiel (Schädigung eines Dritten): Verleitung zum Vertragsbruch, näher Rn. 147.

Gegenbeispiel (Schädigung eines Dritten):[165] E vermietet seine Rennbahn an V. V vermietet an M unter. Ein Aufhebungsvertrag zwischen E und V benachteiligt M, weil dieser ohne Möglichkeit der Einflussnahme gemäß § 546 Abs. 2 die Rennbahn an E herausgeben muss. Dies spricht für die Sittenwidrigkeit des Aufhebungsvertrags. Wenn allerdings V den Untermietvertrag mit M ohnehin zeitnah hätte kündigen und diesen so gemäß § 546 Abs. 1 zur Herausgabe verpflichten können, dann ist M regelmäßig nicht schutzwürdig und es liegt regelmäßig keine Sittenwidrigkeit vor.

c) Missbräuchliche Ausnutzung einer Machtposition

Sittenwidrig ist der **Missbrauch** einer **Macht- oder Monopolstellung** zur Erzwingung unangemessener Vertragsbedingungen oder gar eines gesamten **Knebelungsvertrags**, der den Vertragspartner seiner **wirtschaftlichen Dispositionsfreiheit** beraubt. **137**

Beispiel:[166] F erwartet ein Kind ihres Verlobten M. M erklärt, er werde F nur heiraten, wenn sie einen Ehevertrag unterzeichnet, der einseitig den M begünstigt. Anderenfalls könne sie sich schon einmal nach einem anderen Ernährer für ihr Kind umsehen.

Beispiel:[167] Ein Ehevertrag mit isoliert betrachtet noch sittenhaften Regelungen (insbesondere zum Zugewinnausgleich) kann sittenwidrig sein, wenn dem vertraglich benachteiligten Ehegatten ohne die Eheschließung die ausländerrechtliche Ausweisung droht.

---

159 MünchKomm/Armbrüster § 1 ProstG Rn. 7 u. 19.

160 OLG Schleswig NJW 2005, 225; Palandt/Ellenberger Anh. zu § 138, ProstG § 1 Rn. 2.

161 BGBl. I 2016, 2372.

162 Vgl. BT Drs. 18/8556 S. 75.

163 BGH NJW 2008, 140.

164 Nach BGH RÜ 2010, 69.

165 Nach BGH RÜ 2018, 613, ergänzend dargestellt in RÜ2 2018, 217.

166 Nach BGH NJW 2005, 2386.

167 Nach NJW 2018, 1015.

d) Wucherähnliche Rechtsgeschäfte, insbesondere Darlehen

138 Besteht ein **auffälliges Missverhältnis** zwischen Leistung und Gegenleistung (Rn. 126), liegt aber **kein Defizit** beim Bewucherten (Rn. 128) vor, so kann ein gegenseitiger Vertrag gleichwohl gemäß § 138 Abs. 1 nichtig sein, wenn **weitere Umstände hinzutreten.**[168]

Insbesondere bei wucherischen **Darlehen** lässt sich in der Praxis **oft ein Defizit nicht beweisen**.

139 Ein solcher Umstand ist insbesondere das **subjektive** Merkmal der **verwerflichen Gesinnung des Kreditgebers**. Diese liegt insbesondere vor, wenn er die **schwächere Lage des Kreditnehmers bewusst zu seinem Vorteil ausnutzt** oder sich ihrer Erkenntnis zumindest **leichtfertig verschließt**.

Bei einem nicht nur auffälligen, sondern **besonders groben Missverhältnis** wird die **verwerfliche Gesinnung vermutet**. Ein solches ist in der Regel anzunehmen, wenn die eine Leistung doppelt so viel Wert ist wie die andere, bei Grundstücken bereits beim 1,9-fachen (während das auffällige Missverhältnis – wie ausgeführt – aufgrund der Umstände des Einzelfalls bereits bei einer geringeren Diskrepanz vorliegen kann). Die Vermutung ist z.B. widerlegt, wenn der Verkäufer aufgrund eines (falschen) Wertgutachtens über die Kaufsache darauf vertraut hat, dass er einen marktüblichen Preis verlangt.[169]

Beispiel: Der 30-jährige D nimmt bei B ein Darlehen über 30.000 € zu einem effektiven Jahreszins von 12% auf, wobei 5% marktüblich sind. Das Darlehen wird valutiert (d.h. B zahlt an D die 30.000 €). –
I. B hat gegen D keinen Anspruch aus **§ 488 Abs. 1 S. 2** auf Rückzahlung der **Valuta nebst vereinbarter Zinsen**. Es liegt ein auffälliges Missverhältnis (Diskrepanz: 240%, keine dagegensprechenden Umstände) vor. Gleichwohl ist der Darlehensvertrag (§ 488) nicht nach **§ 138 Abs. 2** nichtig, denn es ist nicht ersichtlich, dass bei B ein von § 138 Abs. 2 gefordertes Defizit bei Vertragsschluss vorlag. Der Vertrag ist aber nach **§ 138 Abs. 1** nichtig, denn das Missverhältnis ist besonders grob, sodass die verwerfliche Gesinnung der B als weiterer erforderlicher Umstand vermutet wird. B widerlegt diese Vermutung nicht.
II. B hat aber gegen D dem Grunde nach einen Anspruch aus **§ 812 Abs. 1 S. 1 Var. 1** auf Rückzahlung der ohne Rechtsgrund erlangten **Valuta** i.H.v. 30.000 €. Insofern ist der Anspruch nicht nach § 817 S. 2 ausgeschlossen, denn D hat die Valuta nicht in ihrer Substanz, sondern nur die zeitweilige Nutzungsmöglichkeit erlangt. Das wusste D auch, sodass er sich nach § 819 Abs. 1 nicht auf § 818 Abs. 3 berufen kann. **Zinsen** (auch die marktüblichen) schuldet D hingegen nicht, denn diese hat er nicht zuvor von B „erlangt" i.S.d. § 812. Betrachtet man die Zinsen als Wertersatz (§ 818 Abs. 2) für die Nutzungsmöglichkeit, so ist insofern jedenfalls der Anspruch nach § 817 S. 2 (der auch für § 812 gilt) ausgeschlossen.[170]

140 Bei **Internetauktionen und Versteigerungen** kann **nicht** bereits aus dem besonders groben Missverhältnis von Leistung und Gegenleistung **auf das Vorliegen einer verwerflichen Gesinnung geschlossen werden**. Der Verkäufer hofft auf einen möglichst hohen und der Käufer auf einen möglichst niedrigen Preis. Beide Parteien hoffen also auf ein für sie günstiges Missverhältnis und gehen bewusst und ohne Zwang spiegelbildlich das Risiko eines für sie nachteiligen Missverhältnisses ein.[171]

141 Die Sittenwidrigkeit erstreckt sich **nicht auf Folgeverträge**. Dient ein Darlehen der Ablösung eines – für wirksam gehaltenen – früheren Darlehens, führt die Sittenwidrigkeit des früheren Vertrags allein nicht zur Nichtigkeit des neuen Vertrags.[172]

---

168 Vgl. zum Folgenden BGH RÜ 2007, 565; BGH RÜ 2010, 5; Palandt/Ellenberger § 138 Rn. 34 a m.w.N. zur Rspr.

169 Palandt/Ellenberger § 138 Rn. 34a ff.; MünchKomm/Armbrüster § 138 Rn. 113 ff.

170 Vgl. AS-Skript Schuldrecht BT 3 (2019), Rn. 134; Palandt/Sprau § 817 Rn. 21.

171 Vgl. AS-Skript BGB AT 1 (2020), Rn. 179 ff, unter Verweis auf BGH RÜ 2012, 341; BGH RÜ 2014, 205; BGH RÜ 2015, 205.

172 BGH WM 2002, 955.

e) Sittenwidrige Kreditsicherung

Die darlehensgebende Bank verlangt oft eine **Sicherheit** (z.B. Bürgschaft, Sicherungsübereignung, Grundschuld) **für das Darlehen**. Das bzw. die zugehörigen Geschäft(e) mit dem Sicherungsgeber ist bzw. sind in den folgenden Fallgruppen sittenwidrig: 142

Hinweis: *Insbesondere die letzten beiden Fallgruppen werden im jeweiligen AS-Skript* ***im Zusammenhang mit dem konkreten Sicherungsmittel*** *näher dargestellt. Allgemeine* ***Grundkenntnisse zum Kreditsicherungsrecht*** *finden Sie im AS-Skript Schuldrecht BT 2.*[173]

- Eine **Knebelung** (vgl. allgemein Rn. 137) **des Sicherungsgebers** ist sittenwidrig. 143

- Auch wenn die Schwelle der Knebelung noch nicht erreicht ist, kann das Sicherungsgeschäft sittenwidrig sein, wenn die **anderen Gläubiger des Sicherungsgebers gefährdet** werden. Da die Einholung einer Sicherheit an sich aber nicht verwerflich ist und zudem §§ 129 ff. InsO bzw. das AnfG[174] die anderen Gläubiger ausreichend schützen, müssen **weitere Umstände** hinzutreten. 144

  Beispiel:[175] G lässt sich von E eine Sicherheit gewähren, die E gerade noch so leisten kann, ohne in die Insolvenz zu rutschen. G gefährdet andere Gläubiger des E, wenn G ihnen die Solvenz des E vorgaukelt und sie so davon abhält, E zügig in Anspruch zu nehmen. Dazu kann G entweder dem E Kredite einräumen (**Insolvenzverschleppung**) oder die Sicherheitsgewährung in Form des (nahezu) gesamten Vermögens des E so ausgestalten, dass aus anderem Grund E als solvent erscheint (**sonstige Gläubigerbenachteiligung**). Als **weiterer Umstand** kann z.B. hinzukommen, dass G den E nicht aufgrund nur veralteter allgemeiner Informationen als „chronischen Sanierungsfall" ansieht, sondern aufgrund aktueller Informationen ein konkretes und aktuelles Ausfallrisiko des E erkennt.

- **Schuldbeitritt** und **Bürgschaftsvertrag**[176] sind sittenwidrig,[177] 145
  - wenn eine Inanspruchnahme den Bürgen bzw. den Beitretenden **krass finanziell überfordert**, was regelmäßig der Fall ist, wenn er **nicht einmal die laufenden Zinsen** aus der gesicherten Schuld **begleichen kann**, und
  - wenn **weitere Umstände** seitens des Sicherungsnehmers **hinzutreten**, z.B.:
    - Ausnutzen einer **engen emotionalen Verbundenheit** zwischen Hauptschuldner und Bürgen, welche bei Ehe- oder Lebenspartnern, engen Verwandten oder engen Freunden vermutet wird,
    - **Verharmlosung** von Umfang und Tragweite der **Haftung** oder **Verschweigen** ungewöhnlicher schwerwiegender **Haftungsrisiken**. Ein Dritter wird nur zugerechnet, wenn er Angestellter oder Beauftragter des Sicherungsnehmers ist,[178]
    - und **Überrumpelung** oder **Schaffung einer Zwangslage.**

  Beispiel:[179] Es genügt nicht, wenn der Arbeitgeber seinen Arbeitnehmer um eine Bürgschaft für ein Darlehen zwecks Erhalt der Firma bittet, ohne ihm eine Gegenleistung zu gewähren. Die

---

173 AS-Skript Schuldrecht BT 2 (2020), Rn. 309 ff., inkl. Liste, welches Sicherungsmittel in welchem Skript dargestellt wird.

174 Schönfelder Ordnungsziffern 110 und 111.

175 Nach BGH RÜ 2016, 625 (ergänzend dargestellt in RÜ2 2016, 226).

176 Zur Abgrenzung AS-Skript Schuldrecht BT 2 (2020), Rn. 330 ff. und AS-Skript Schuldrecht AT 2 (2020), Rn. 481 ff.

177 Vgl. zum Folgenden Palandt/Ellenberger § 138 Rn. 37 ff. m.w.N.

178 OLG Brandenburg RÜ 2014, 749.

179 Nach BGH RÜ 2004, 13 und BGH RÜ 2018, 764.

Sittenwidrigkeit ist aber regelmäßig erreicht, wenn der Arbeitgeber bei Verweigerung mit Gehaltsstreichungen und einer (wenn auch betriebsbedingten) Kündigung droht.

Der Vertrag ist hingegen **wirksam**, wenn der **Sicherungsgeber wirtschaftlich betrachtet Mitdarlehensnehmer** ist. Dies ist ungeachtet der formellen Bezeichnung im Vertrag derjenige, der erkennbar ein **eigenes unmittelbares wirtschaftliches Interesse** an der Kreditaufnahme hat und im Wesentlichen **gleichberechtigt mit dem anderen Darlehensnehmer** über Auszahlung und Verwendung der Darlehensvaluta mitentscheiden darf.[180]

Beispiel:[181] Unternehmerin U nimmt bei Bank B ein Darlehen zwecks Bau von Mietwohnungen auf, um sich und ihrem Ehemann E ein Einkommen aus Mietzahlungen zu sichern und um später gemeinsam eine der Wohnungen zu bewohnen. B ist nur zur Auszahlung bereit, wenn der finanziell krass überforderte E „als Mitdarlehensnehmer" unterschreibt, was E auch tut. –
E haftet B nicht, der Vertrag ist insofern sittenwidrig. E ist nämlich finanziell krass überfordert. Er hat ferner den Vertrag nur aus emotionaler Verbundenheit zu U abgeschlossen, was aufgrund der Ehe zwischen E und U vermutet wird. Zudem ist E wirtschaftlich betrachtet auch nicht ein weitgehend schutzlos gestellter Mitdarlehensnehmer mit einer eigenen Schuld gegenüber B, sondern nur als schützenswerter Sicherungsgeber der fremden Schuld der U beigetreten, weil er kein unmittelbares eigenes wirtschaftliches Interesse an dem Darlehen hat. Die bloße Verbesserung des Lebensstandards und der Wohnverhältnisse des E genügen nicht für eine andere Beurteilung.

146 ■ Divergieren der Wert der gesicherten Forderung und der Wert der für sie gestellten Sicherheit zu stark, so liegt eine **Übersicherung** vor.[182]

- Ist sie **anfänglich**, also bereits bei Vertragsschluss angelegt, so ist sie **unnötig und unredlich**. Sowohl der **Sicherungsvertrag**, der als Verpflichtungsgeschäft die Pflichten im Zusammenhang mit der Sicherung festlegt, als auch die sichernde **Verfügung** (z.B. die Sicherungsabtretung einer Forderung oder die Sicherungsübereignung einer Sache) sind nach h.M. **nichtig**.
- Mit Begleichung der Forderung in Raten tritt **unausweichlich** eine **nachträgliche** Übersicherung ein, auch bei Redlichkeit des Darlehensgebers. Die Verträge sind daher wirksam, der Sicherungsgeber hat aber gegen den Sicherungsnehmer einen **ermessensunabhängigen Freigabeanspruch** auf Rückübertragung der Sicherheit. Da die nachträgliche Übersicherung wesentlich vorhersehbarer ist als die anfängliche, liegt allerdings die Grenze für die Divergenz bei ihr niedriger.

147 ■ Gewerbetreibende treten oft der darlehensgebenden Bank zur Sicherheit sämtliche künftige Forderungen gegen ihre Kunden ab (**Globalzession**). Sodann kaufen sie beim Hersteller Waren unter **verlängertem Eigentumsvorbehalt** und auf Raten, um nicht sofort bezahlen zu müssen. Dieser beinhaltet ebenfalls eine Sicherungsabtretung derselben Forderungen. Nach dem **Prioritätsprinzip** ist die Abtretung an die Bank wirksam und an den Hersteller unwirksam. Wenn die Bank dies weiß, dann **verleitet** sie aber den Gewerbetreibenden bei Abschluss des Darlehens zum **Bruch des Vertrags** mit dem Hersteller. Daher ist der Darlehensvertrag sittenwidrig. Die Bank kann dies nur verhindern, indem sie im Darlehensvertrag festschreibt, dass sol-

180 BGH RÜ 2009, 545.

181 Nach BGH RÜ 2017, 284.

182 Näher AS-Skript Schuldrecht AT 2 (2020), Rn. 457 ff.; AS-Skript Sachenrecht 1 (2020), Rn. 316 ff.

che Forderungen, die zur Absicherung des Herstellers erforderlich sind, ipso iure nicht von der Globalzession umfasst sind (**dingliche Teilverzichtsklausel**).[183]

2. Subjektiver Tatbestand

Die **Rspr.** verlangt, dass die objektiv sittenwidrig handelnde Partei die zugrundeliegenden Umstände **kannte oder grob fahrlässig nicht erkannt** hat.[184] **148**

Manche lassen den **objektiven Sittenverstoß genügen.**[185] Subjektive Voraussetzungen seien nur erforderlich, wenn im konkreten Einzelfall die Sittenwidrigkeit gerade auf ihnen beruhe, z.B. beim wucherähnlichen Kreditgeschäft (Rn. 139).

3. Rechtsfolge

Rechtsfolge ist **grundsätzlich** die **Nichtigkeit des gesamten Verpflichtungsgeschäfts.** **149**

Verfügungen sind hingegen grundsätzlich **sittlich neutral** und daher **nur nichtig**, wenn die **Sittenwidrigkeit gerade im Vollzug der Verpflichtung** liegt.[186]

Beispiel: anfängliche Übersicherung (h.M., vgl. Rn. 146)

Ob die Sittenwidrigkeit nur eines Teils des Geschäfts zur **Gesamt- oder Teilnichtigkeit** führt, richtet sich nach **§ 139.**[187] **150**

Beispiel:[188] Vater V bietet seinem Alleinerben und Sohn S an dessen 18. Geburtstag als Überraschung folgenden Vertrag an: S erhält den Sportwagen des V (Wert: 100.000 €), sobald S 25 Jahre alt ist und seine Gesellen- und Meisterprüfung bestanden hat. Dies sei die einzige Chance des S, überhaupt etwas vom Erbe zu bekommen, weil V praktisch zahlungsunfähig sei. S schlägt ein. Das Vermögen des V beträgt in Wahrheit 2.000.000 €. –

1. Der **Verpflichtungsvertrag** ist gemäß § 138 Abs. 1 nichtig. V knebelt den S mit einem stark ungleichgewichtigen Vertrag, nutzt seine geschäftliche Unerfahrenheit aus und überrumpelt ihn anlässlich seines Geburtstages, wobei er diesen auch abgewartet hat, damit weder die Mutter noch das Familiengericht zustimmen müssen.

2. Der **verfügende Erbverzicht** des S gemäß § 2347 ist gleichsam nichtig. Ob man zu diesem Ergebnis über die Annahme eines einheitlichen Geschäfts i.S.d. § 139 (so das OLG Hamm) und/oder über die allgemeine Ausnahme der Sittenwidrigkeit des Verpflichtungsvollzugs gelangt (Rn. 149), ist nicht entscheidend.

183 Näher AS-Skript Schuldrecht AT 2 (2020), Rn. 463 ff.
184 BGH NJW 2009, 842, Rn. 40.
185 Staudinger/Sack/Fischinger § 138 Rn. 74; Bork Rn. 1199.
186 Näher Palandt/Ellenberger § 138 Rn. 19 f.
187 Näher zu § 139 Rn. 393 ff.
188 Nach OLG Hamm RÜ 2017, 205.

Verstoß gegen ein Verbotsgesetz, § 134; Wucher und Sittenwidrigkeit, § 138

Prüfungsreihenfolge: § 138 Abs. 2, § 134, § 138 Abs. 1;
Sperrwirkung bzgl. desselben Umstands, weitere Umstände gesondert prüfen

Gesetzliches Verbot, § 134

- **Verbotsgesetz**: Rechtsnorm, die Rechtsgeschäft generell verbietet („rechtliches Dürfen"); auch Umgehungsgeschäfte sind verboten
- **Beidseitiger Verstoß** führt grundsätzlich zur Nichtigkeit, **einseitiger Verstoß** und Verletzung bloßer **Ordnungsvorschriften** schaden grundsätzlich nicht
- **Rechtsfolge**: Nichtigkeit, „wenn sich nicht aus dem Gesetz ein anderes ergibt", d.h. grundsätzlich Gesamtnichtigkeit. Unwirksame Verpflichtung führt nicht unbedingt zu unwirksamer Verfügung, umgekehrt ist aber die auf eine unwirksame Verfügung gerichtete Verpflichtung in der Regel nichtig.

Wucher, § 138 Abs. 2

- **Auffälliges Missverhältnis** zwischen Leistung und Gegenleistung eines synallagamatischen Vertrags (grob: doppelter Wert oder 12 Prozentpunkte bei Zinsen)
- **Defizit**
- **unter Ausbeutung**, d.h. objektives Zunutzemachen bei Kenntnis von Missverhältnis und Defizit
- **Rechtsfolge**: Grundsätzlich Nichtigkeit der Verpflichtung sowie der Verfügung des Bewucherten und Wirksamkeit der Verfügung des Wucherers

(Allgemeine) Sittenwidrigkeit, § 138 Abs. 1

- **Objektive Verletzung des Anstandsgefühl aller billig und gerecht Denkenden**, nach einer **abwägenden Gesamtschau aller Umstände des Einzelfalls**
- **Fallgruppen:**
  - Verstoß gegen herrschende Rechts- und Sozialmoral
  - Schädigung der Allgemeinheit oder Dritter
  - Missbräuchliche Ausnutzung einer Machtposition
  - Wucherähnliche Rechtsgeschäfte, insbesondere Darlehen
  - Kreditsicherung: Knebelung, Gläubigergefährdung, krasse finanzielle Überforderung bei weiteren Umständen (Ausnahme: Mitdarlehensnehmer), anfängliche Übersicherung, Verleitung zum Vertragsbruch
- **Kenntnis/grob fahrlässige Unkenntnis** (so die Rspr., str.)
- **Rechtsfolge:** Verpflichtung nichtig, Verfügung grds. sittlich neutral; § 139 gilt

3. Abschnitt: Formerfordernisse und Formnichtigkeit

Ein Rechtsgeschäft, das eine **gesetzlich bestimmte Form** nicht einhält, ist gemäß § 125 S. 1 grundsätzlich nichtig. Der Verstoß gegen eine **vertraglich vereinbarte Form** führt gemäß § 125 S. 2 im Zweifel zur Nichtigkeit. Diese Rechtsfolge tritt abgesehen von Ausnahmen (dazu C.) ein, wenn das Formerfordernis (dazu A.) nicht gewahrt ist (dazu B.). Ist das Rechtsgeschäft wirksam, so ist es wie jedes Rechtsgeschäft auszulegen (dazu D.). **151**

Klausurhinweis: *In den ersten Obersatz gehört stets die Rechtsfolge (Nichtigkeit). Der Tatbestand (Verstoß gegen Formerfordernis) kommt erst danach („Der Kaufvertrag könnte gemäß § 125 S. 1 nichtig sein. § 311 b Abs. 1 S. 1 wurde möglicherweise nicht gewahrt ...").*

A. Formerfordernisse

Rechtsgeschäfte sind **grundsätzlich formlos** gültig, arg. e § 125 S. 1 u. 2. Ein **Formerfordernis** ist als Eingriff in die Privatautonomie nur gerechtfertigt, wenn es einem legitimen **Formzweck** dient. Diese sind insbesondere: **152**

- **Warnung und Schutz** vor übereilten oder unüberlegten Erklärungen

  Beispiele: Grundstücksgeschäft, § 311 b Abs. 1; Bürgschaft, § 766

- **Beweisfunktion:** Eindeutigkeit des Erklärungsinhalts, auch im Hinblick auf einen möglichen künftigen Rechtsstreit (vgl. § 416 ZPO)

  Beispiele: Grundstücksgeschäft, § 311 b Abs. 1; Schuldversprechen, § 780; Schenkung, § 518 Abs. 1

- **Belehrung und Beratung** bei **notarieller Beurkundung**, vgl. § 17 BeurkG[189]

  Beispiele: Grundstücksgeschäfte, § 311 b Abs. 1; Schenkung, § 518

- **Publizität**, d.h. Erkennbarkeit des Rechtsgeschäfts für Dritte

  Beispiel: Eheschließung, § 1311

Klausurhinweis: *Sie müssen die Formzwecke zur* ***teleologischen Auslegung*** *nutzen.*

Beispiel: *Die Vollmacht für eine Bürgschaft oder die unwiderrufbare Vollmacht für ein Grundstücksgeschäft sind entgegen § 167 Abs. 2 formbedürftig. Das gebietet der Zweck des § 766 bzw. des § 311 b Abs. 1.*[190]

I. Wichtigste gesetzliche Formerfordernisse

Bestimmte Formerfordernisse sind **regelmäßig Klausurgegenstand.**

1. Überblick

Auf die sogleich aufgezählten Normen wird – mit Ausnahme des unter 2. dargestellten § 311 b Abs. 1 – **in den AS-Skripten im jeweiligen Sachzusammenhang** eingegangen. **153**

189 Schönfelder Ordnungsziffer 23.

190 Vgl. AS-Skript BGB AT 1 (2020), Rn. 360; weiteres Beispiel zu § 518 (nach OLG Brandenburg RÜ 2020, 80) in Rn. 193.

Schuldrecht	Sachenrecht	Familien-/Erbrecht	Gesellschaftsrecht
▪ § 311 b Abs. 1 S. 1 Verpflichtungsvertrag zum Erwerb oder zur Übertragung von Grundstücken – **notarielle Beurkundung** – ▪ § 518 Abs. 1 Schenkungsversprechen – **notarielle Beurkundung** – ▪ § 766 S. 1* Bürgschaftsversprechen – **Schriftform** – weitere Fälle: § 311b Abs. 3, 5; § 492 Abs. 1; § 761; § 780*; § 781*	▪ § 925 Abs. 1 Auflassung – **vor dem Notar** unter gleichzeitiger Anwesenheit – ▪ § 1154 Übertragung der Hypothek – **schriftliche** Abtretungserklärung plus Übergabe des Briefes oder Eintragung im Grundbuch – ▪ § 1155 **öffentlich beglaubigte** Abtretungserklärung plus Übergabe des Briefes	▪ § 1410 Abschluss des Ehevertrags – **notarielle Beurkundung** unter gleichzeitiger Anwesenheit – ▪ § 2247 Testament – ganze Erklärung muss **handschriftlich** geschrieben und **unterschrieben** sein – ▪ § 2276 Erbvertrag – **notarielle Beurkundung** unter gleichzeitiger Anwesenheit –	▪ § 2 Abs. 1 GmbHG GmbH-Vertrag – **notarielle Beurkundung** – ▪ § 15 Abs. 3 u. 4 GmbHG Abtretung von Geschäftsanteilen sowie Verpflichtung dazu – **notarielle Beurkundung** – ▪ § 53 Abs. 2 GmbHG Beschluss über Satzungsänderung – **notarielle Beurkundung** – ▪ § 23 Abs. 1 AktG Satzung der AG – **notarielle Beurkundung** –

* Betrifft nur die Erklärung des Verpflichteten; Ausnahme § 350 HGB.

2. Grundstücksgeschäfte, § 311 b Abs. 1 S. 1

154 Nach § 311 b Abs. 1 S. 1 ist ein Vertrag beurkundungsbedürftig, der eine **Verpflichtung** zur **Übertragung** oder zum **Erwerb** des **Eigentums** an einem **Grundstück** enthält.

Klausurhinweis: *Die mit Abstand* ***meisten examensrelevanten Formprobleme*** *bestehen bezüglich § 311 b Abs. 1. Einige lassen sich auf die übrigen Formvorschriften übertragen (z.B. nachträgliche Änderungen, zusammengesetzte Verträge und Aufhebungen). Ob die Lösung des Problems dann ebenso wie bei § 311 b Abs. 1 S. 1 ausfällt, ist im Einzelfall zu diskutieren.*

a) Übertragungs- bzw. Erwerbsverpflichtung

155 Klassische Verpflichtung zur Übertragung und zum Erwerb des Grundeigentums ist der **Kauf**, vgl. § 433 Abs. 1 S. 1 Var. 2 u. Abs. 2 Var. 2, auch in den Spielarten der §§ 454 ff. Ebenso fallen der **Tausch** (§ 480 i.V.m. § 433 Abs. 1 S. 1 Var. 2 u. Abs. 2 Var. 2) und die (zugleich gemäß § 518 Abs. 1 beurkundungspflichtige) **Schenkung** (§ 516) hierunter.

156 Auch die **bedingte** Eigentumsübertragungs- oder Erwerbsverpflichtung ist formbedürftig.[191] Dazu zählt auch die Vereinbarung eines **Vorkaufsrechts**. Der Kaufvertrag, der zur Eigentumsübertragung verpflichtet, kommt dabei zustande, wenn der Vorkaufsverpflichtete an einen Dritten verkauft und der Vorkaufsberechtigte das Vorkaufsrecht ausübt (doppelte aufschiebende Bedingung, § 158 Abs. 1).

191 Palandt/Grüneberg § 311 b Rn. 11.

- Dementsprechend ist die **Vereinbarung** eines **schuldrechtlichen Vorkaufsrechts** (§§ 463 ff.) zu beurkunden. Die spätere **Ausübung** des Vorkaufsrechts ist dagegen formfrei, § 464 Abs. 1 S. 2, weil die Verpflichtung zur Eigentumsübertragung bereits mit Abschluss des beurkundungspflichtigen Vorkaufsvertrags begründet wurde.[192]
- Die **Verpflichtung**, ein **dingliches Vorkaufsrecht** an einem Grundstück zu bestellen, ist ebenfalls formbedürftig. Die **verfügende Bestellung** des Vorkaufsrechts gemäß §§ 873 Abs. 1, 1094 ist hingegen – wie grundsätzlich jede Verfügung über ein Grundstück – formlos möglich. § 311 b Abs. 1 S. 1 gilt nicht für Verfügungen.[193]

  § 873 Abs. 2 bestimmt lediglich in Ausnahme zu § 130 BGB, dass die (wirksame) Einigung über die Grundstücksverfügung bis zu ihrer Eintragung im Grundbuch widerruflich ist. **§ 925 Abs. 1** stellt nur für die Übereignung ein Formerfordernis auf; auch er verlangt aber keine Beurkundung.[194]

Der **Auftrag** zum Eigentumserwerb gemäß § 662 kann eine Erwerbspflicht sowohl des **157**
Beauftragten als auch des **Auftraggebers** begründen.[195]

Fall 4: Auftrag zum Grundstückserwerb

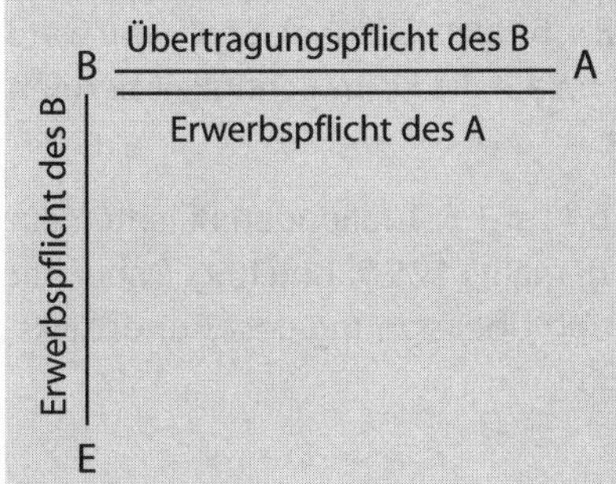

A möchte das Grundstück des E erwerben, ohne sich erkennen zu geben. A beauftragt daher B, als Strohmann gegenüber E aufzutreten. B soll das Grundstück von E erwerben und sodann auf A übertragen. B kauft das Grundstück von E, bezahlt es mit dem ihm zuvor von A gegebenen Geld und wird als Eigentümer im Grundbuch eingetragen. Hat A gegen B einen Anspruch auf Übergabe und Übereignung des Grundstücks?

Ein Anspruch des A gegen B auf Übergabe und Übereignung des Grundstücks kann sich aus **§ 667** ergeben. Der dafür erforderliche, mündlich vereinbarte Auftrag zwischen A und B könnte gemäß **§§ 125 S. 1, 311 b Abs. 1, 128** aus drei Gründen formnichtig sein.

I. **B hatte gegenüber A die Pflicht, das Grundstück von E zu erwerben**. Eine Er- **158**
werbspflicht ist zwar gemäß § 311 b Abs. 1 S. 1 beurkundungsbedürftig. Der Erwerb des B wurde aber im Grundbuch eingetragen, sodass gemäß **§ 311 b Abs. 1 S. 2 Heilung** (näher Rn. 193 ff.) eingetreten und die Formverletzung unbeachtlich ist.

II. **B hatte gegenüber A die Pflicht, A das Grundstück zu übereignen**. Eine vertrag- **159**
lich vereinbarte Pflicht zur Übertragung des Eigentums – also eine Übereignungspflicht – ist gemäß § 311 b Abs. 1 S. 1 formbedürftig. Jedoch traf B die Übereignungspflicht **gemäß § 667** bereits **kraft Gesetzes**. Im Auftrag wird sie **nur** rein **deklaratorisch** erwähnt und nicht vereinbart. Daher besteht insofern kein Formerfordernis.

III. Der Eigentumswechsel von B zu A sollte aber auch erfolgen, damit B nicht die mit **160**
dem Grundeigentum einhergehenden Lasten und Steuern sowie haftungsrechtli-

---

192 OLG Frankfurt NJW-RR 1999, 16; für das Ankaufsrecht BGH NJW-RR 1996, 1167.

193 BGH RÜ 2016, 562, unter Aufgabe seiner bisherigen Rspr.

194 Näher AS-Skript Sachenrecht 2 (2019), Rn. 48 ff.

195 Vgl. Palandt/Grüneberg § 311 b Rn. 18; BGH NJW 1996, 1960; BGH, Urt. v. 14.02.2008 – III ZR 145/07, BeckRS 2008, 03950; näher zum Strohmanngeschäft aus Sicht der §§ 117, 164 ff. AS-Skript BGB AT 1 (2020), Rn. 73, 314, 330 u. 469.

chen Risiken (vgl. § 836) tragen muss. Daher haben A und B sich spiegelbildlich zur Übereignungspflicht des B gegenüber A auch über eine **Erwerbspflicht des A gegenüber B** geeinigt. Diese **konstitutiv** wirkende Einigung war gemäß § 311 b Abs. 1 S. 1 beurkundungsbedürftig. Diese Form wurde weder von A und B eingehalten, noch wurde A im Grundbuch eingetragen, sodass auch **keine Heilung** gemäß § 311 b Abs. 1 S. 2 erfolgte. Daher ist insofern § 311 b Abs. 1 S. 1 verletzt.

Es kann dem Beauftragten (hier B) aber **gemäß § 242 verwehrt** sein, **sich auf die Formnichtigkeit zu berufen** (näher Rn. 198 ff.). Hinsichtlich der Erwerbspflicht des A ist der **Formzweck** zuvorderst, **den A** vor einem übereilten Grundstückserwerb **zu schützen**. Ob **daneben auch B** insofern geschützt werden soll, als er sich gegenüber A dazu verpflichtet, gegenüber E eine Verpflichtung einzugehen, lässt sich durchaus für den Fall diskutieren, dass B dem E den Kaufpreis aus eigenen Mitteln zahlt und sodann darauf angewiesen ist, dass A ihm diese Zahlung gemäß § 670 erstattet. **Vorliegend** hatte B aber dem E den zuvor von A gemäß § 669 erhaltenen **Vorschuss** gezahlt. Das **Vermögen des B befand sich also zu keiner Zeit in Gefahr**. Daher sollte das Formerfordernis ausschließlich A, nicht aber B schützen. Dementsprechend wäre es treuwidrig, wenn der nicht geschützte B sich nun auf die Formnichtigkeit berufen würde. Daher ist ihm dies gemäß § 242 verwehrt.

Somit liegt hinsichtlich keiner der drei unter § 311 b Abs. 1 S. 1 fallenden Pflichten ein beachtlicher Formverstoß vor. Der Auftrag ist nicht gemäß § 125 S. 1 nichtig. Daher hat A gegen B aus § 667 einen Anspruch auf Übergabe und Übereignung des Grundstücks.

---

161 Auch **mittelbare Übertragungs- und Erwerbsverpflichtungen** sind gemäß § 311 b Abs. 1 S. 1 beurkundungspflichtig. Diese finden sich

- bereits nach dem Wortlaut in **Vorverträgen** mit der Verpflichtung, später einen Hauptvertrag über Übertragung oder Erwerb eines Grundstücks abzuschließen

  Hinweis: *Wird die Form des Vorvertrags nicht eingehalten, tritt **bereits mit Abschluss des Hauptvertrags Heilung des Vorvertrags** nach § 311 b Abs. 1 S. 2 ein.*[196]

- und analog § 311 b Abs. 1 S. 1 in Verträgen, die für das Unterbleiben des Grundstücksgeschäfts erhebliche Sanktionen vorsehen und so die Parteien zwar nicht rechtlich, aber **wirtschaftlich binden**.

  Beispiele: Für den Fall des Nichtabschlusses des Grundstücksgeschäfts wird eine Vertragsstrafe, der Verfall der Kaufpreiszahlung oder eine erfolgsunabhängige Maklerprovision versprochen.

  Der **grundlose Abbruch von Vertragsverhandlungen** kann zu einem Anspruch aus **§§ 280 Abs. 1, 311 Abs. 2, 241 Abs. 2** führen. Bei einem unter § 311 b Abs. 1 fallenden Vertrag besteht dieser Anspruch jedoch aus demselben Grund **grundsätzlich nicht**: Vor der notariellen Beurkundung soll kein wirtschaftlicher Druck auf die Verhandelnden aufgebaut werden. **Ausnahmsweise** entsteht ein solcher Anspruch allerdings bei einem **besonders schwerwiegenden Treueverstoß**. Darunter fallen insbesondere das Vorspiegeln einer von Anfang an nicht bestehenden Abschlussbereitschaft sowie die Nichtaufklärung über den Fortfall selbiger.[197]

196 BGH RÜ 2005, 13.

197 BGH RÜ 2020, 273; näher AS-Skript Schuldrecht AT 1 (2020), Rn. 272.

§ 311 b Abs. 1 gilt entsprechend bei **Verpflichtungen zur Übertragung oder zum Erwerb des Anwartschaftsrechts am Eigentum** an einem Grundstück.[198] 162

b) Umfang des Formerfordernisses und § 139

Das Formbedürfnis erstreckt sich nicht nur auf die Übertragungs- oder Erwerbsverpflichtung, sondern auf den **gesamten Vertragsinhalt** einschließlich Nebenabreden. Insbesondere **Beschaffenheitsvereinbarungen** (§ 434 Abs. 1 S. 1) müssen beurkundet werden.[199] Wahrt (irgend-)eine Regelung die Form nicht, so ist allerdings nicht zwingend der gesamte Vertrag nichtig. Sein Schicksal richtet sich vielmehr nach **§ 139**.[200] 163

Beispiel:[201] K kauft von V ein Grundstück für 100.000 €. Bereits vor Abschluss des notariellen Kaufvertrags hatte K an V 80.000 € gegen Quittung gezahlt. Die Vereinbarung, diese Summer auf den Kaufpreis anzurechnen, wurde aber nicht beurkundet. –
I. Die **Vereinbarung über die Anrechnung der Vorauszahlung** ist gemäß §§ 311 b Abs. 1, 128 formbedürftig, weil sie eine Einigung über die Frage enthält, wie der Kaufpreis erbracht werden soll. Sie ist daher gemäß § 125 S. 1 **formnichtig.**
II. Gemäß **§ 139** führt diese Teilnichtigkeit zur Gesamtnichtigkeit des **Kaufvertrags**, wenn K und V ihn nicht auch ohne die Anrechnungsvereinbarung geschlossen hätten. V hat die Zahlung quittiert, sodass K die Anzahlung gerichtsfest beweisen kann. Auch ohne wirksame Anrechnungsvereinbarung wird V daher von K nur noch 20.000 € einklagen können. Daher hätten K und V den Kaufvertrag auch ohne wirksame Anrechnungsvereinbarung abgeschlossen. Er ist daher im Übrigen **wirksam**.

Gegenbeispiel:[202] Der 70-jährige V verkauft sein Grundstück an K. Als Gegenleistung soll K dem V 150.000 €, ein 5-jähriges Wohnrecht und eine monatliche Rente von 1.000 € bis zum Ableben des V schulden. In die notarielle Urkunde wird die Rentenzahlung versehentlich nicht aufgenommen. –
Hinsichtlich der Rentenzahlungspflicht ist die Vereinbarung gemäß §§ 125 S. 1, 311 b Abs. 1, 128 teilnichtig und nach der Grundregel des § 139 Hs. 1 sogar gesamtnichtig. V hätte den Kaufvertrag ohne die Rentenzahlungspflicht nicht abgeschlossen, die drei vereinbarten Gegenleistungen sollten in ihrer Summe den Gegenwert des Grundstücks widerspiegeln. Das war für K auch erkennbar.

Weitergehend unterliegen **zusammengesetzte Verträge**, die rechtlich eine Einheit bilden, komplett dem Formerfordernis. Die **rechtliche Einheit** besteht, wenn das **Grundstücksgeschäft mit der Wirksamkeit des anderen Geschäfts stehen und fallen** soll. 164

Unerheblich ist hingegen, ob umgekehrt das andere Geschäft von der Wirksamkeit des Grundstücksgeschäfts abhängen soll[203] und ob die Vertragsparteien identisch sind.

Beispiel: Brauerei V verkauft dem K notariell ein Grundstück mit einer Gaststätte. In einem privatschriftlichen Vertrag verpflichtet sich der K der V gegenüber zum ausschließlichen Bierbezug von V. –
V hätte den Kaufvertrag ohne den Bierbezugsvertrag nicht abgeschlossen. Der Bierbezugsvertrag ist daher gemäß §§ 311 b Abs. 1 S. 1, 128 beurkundungspflichtig und gemäß § 125 S. 1 formnichtig. Gemäß § 139 Hs. 1 ist daher auch der Kaufvertrag nichtig, denn V hätte ohne die Bezugsverpflichtung das Grundstück nicht verkauft und K konnte dies erkennen.

Beispiel:[204] K will von V ein Grundstück kaufen. Die finanzielle Situation des K ist angespannt, daher schließt V den Vertrag erst ab, nachdem B sich für die Kaufpreisschuld des K verbürgt hat. –
Die Bürgschaftserklärung des B bedarf nicht – wie üblich – nur der Schriftform der §§ 766 S. 1, 126, sondern sogar der notariellen Beurkundung. Der Bürgschaftsvertrag und der Kaufvertrag sind trotz unter-

198 BGH NJW 1982, 1639; näher zum Anwartschaftsrecht am Grundstückseigentum AS-Skript Sachenrecht 2 (2020), Rn. 58 ff.
199 BGH RÜ 2020, 69; näher AS-Skript Schuldrecht BT 1 (2019) Rn. 16.
200 BGH RÜ 2019, 157 mit RÜ-Video 03/2019 unter t1p.de/uim8; näher zu § 139 Rn. 393 ff.
201 Nach BGH NJW 2000, 2100.
202 Nach BGH NJW 1981, 222.
203 BGH NJW-RR 2009, 953; Palandt/Grüneberg § 311 b Rn. 32 ff.
204 Nach Palandt/Grüneberg § 311 b Rn. 34.

schiedlicher Parteien zusammengesetzte Verträge, da V erkennbar ohne die Bürgschaft nicht an K verkauft hätte. Die Vertragserklärung des V gegenüber B ist hingegen (wohl) wie üblich formlos wirksam (§ 766 gilt nur für die Erklärung des B), denn kein Formzweck gebietet insofern eine Form.

c) Abänderung, Ergänzung und Aufhebung

165 § 311 b Abs. 1 S. 1 gilt nicht nur für die Begründung der rechtsgeschäftlichen Verpflichtung, sondern **grundsätzlich** auch für die spätere **Abänderung oder Ergänzung**.

Beispiel:[205] V verkauft dem K ein Grundstück und lässt es auf. Einige Tage später vereinbaren V und K schriftlich ein Wiederkaufsrecht (§§ 456 ff.) des V. Sodann wird K als Eigentümer eingetragen. –
Die Vereinbarung der Wiederkaufsberechtigung verpflichtet V und K zum Erwerb bzw. zur Übertragung des Eigentums an dem Grundstück. Sie ist daher gemäß §§ 125 S. 1, 311 b Abs. 1, 128 formnichtig. Dieser Formmangel wurde auch nicht gemäß § 311 b Abs. 1 S. 2 durch Auflassung an und Eintragung des K geheilt. Die Heilung betrifft nur Erklärungen, die vor Auflassung und Eintragung abgegeben wurden (s. Rn. 193 ff.), das Wiederkaufsrecht wurde aber nach der Auflassung vereinbart

166 Allerdings sind solche Abänderungen **formlos** gültig, die die **beurkundungspflichtigen Pflichten nicht einmal mittelbar verschärfen oder erweitern** oder die der **Beseitigung einer geringen unerwarteten Abwicklungsschwierigkeit** dienen.[206]

Beispiel ohne Pflichtenverschärfung/-erweiterung: Verlängerung einer vertraglichen Rücktrittsfrist

Beispiel ohne Pflichtenverschärfung/-erweiterung:[207] Nachträgliche Vereinbarung einer Nutzungsbeschränkung, etwa in Form eines Milchverarbeitungsverbots – insofern unbeachtlich ist, dass sich bei einem Verstoß aus §§ 346 Abs. 1, 323 Abs. 1 eine Rückübertragungsverpflichtung des Käufers ergeben kann, weil sich diese nicht aus der Vereinbarung, sondern aus dem Gesetz ergibt.

Beispiel für Behebung geringer Abwicklungsschwierigkeiten: kurzfristige Stundung

Gegenbeispiele: Formbedürftig sind dagegen der Erlass, die Herabsetzung oder Erhöhung des Kaufpreises[208] oder erhebliche Veränderungen der vereinbarten Leistungszeit.[209]

167 Nach h.M. ist eine Abänderung ferner **formlos** möglich, sobald die **Auflassungserklärungen nicht mehr widerruflich** sind, etwa aufgrund ihrer Beurkundung (vgl. **§ 873 Abs. 2**). Dem wird zwar entgegengehalten, dass das Formerfordernis so lange bestehen müsse, bis die Verpflichtung, die das Formerfordernis auslöse, vollständig i.S.d. § 362 Abs. 1 erfüllt sei. Dafür sei als **Leistungserfolg** aber der Eigentumsübergang aufgrund der Eintragung im Grundbuch erforderlich, welche erst nach der Auflassung erfolge.[210] Die h.M. führt jedoch an, dass das Formerfordernis nur so lange gelten dürfe, bis die **Leistungshandlung** in Form der unwiderruflichen Auflassungserklärungen erfolgt sei. Denn ab Vornahme der Handlung bestehe kein Bedarf mehr an einer notariellen Beratung der zugehörigen, vorgelagerten Handlungspflicht. Zudem erfasse die heilende Wirkung des § 311 b Abs. 1 S. 2 nur Vereinbarungen vor Auflassung und Eintragung (s. Rn. 193 ff.). Änderungen nach der Auflassung wären bei Bejahung des Formerfordernisses daher unheilbar nichtig. Dies sei aber nicht im Interesse der Parteien.[211]

RÜ-Video 03/19

205 Nach BGH NJW 1996, 452; BGH NJW 1988, 2237.
206 Palandt/Grüneberg § 311 b Rn. 42 f.
207 Nach BGH RÜ 2020, 343.
208 BGH NJW 1982, 434.
209 BGH NJW 1974, 271.
210 Staudinger/Schumacher § 311 b Rn. 207 m.w.N.
211 BGH RÜ 2019, 157 mit RÜ-Video 03/2019 unter t1p.de/uim8; Palandt/Grüneberg § 311 b Rn. 44.

Für die **Aufhebung** eines von § 311 b Abs. 1 S. 1 erfassten Verpflichtungsgeschäfts gilt: **168**

- **Bis zur Auflassung** ist sie formlos möglich, da keine Übereignungs- und keine Erwerbspflicht begründet wird.
- **Nach der Auflassung, aber vor der Eintragung** ist sie formbedürftig, wenn der Auflassungsempfänger die Eintragung beantragt hat oder zu seinen Gunsten eine Auflassungsvormerkung (§ 883) eingetragen ist, weil sie dann das Anwartschaftsrecht des Auflassungsempfängers zerstört.[212]
- **Nach Auflassung und Eintragung** begründet die Aufhebung des Kaufvertrags die Verpflichtung des Käufers zur Rückübertragung, sodass sie formbedürftig ist.[213]

Bei **zusammengesetzten Verträgen** (s. Rn. 164) kann das andere Geschäft nach der für es isoliert betrachtet geltenden Form geändert werden, sobald das Grundstücksgeschäft formwirksam beurkundet wurde.[214] **169**

II. Vertraglich vereinbarte (gewillkürte) Form

Die Parteien können aufgrund der **Vertragsfreiheit** grundsätzlich für ein Rechtsgeschäft eine **strengere** Form als die gesetzlich vorgesehene festlegen. Sie können an die **gesetzlich definierten Formen** (§§ 126 ff.) anknüpfen oder **eigene Formen** definieren. **170**

Für die **Aufhebung** (oder **Veränderung**) einer Formvereinbarung gilt:[215] **171**

- Eine **einfache Formklausel** können die Parteien – wieder aufgrund der Vertragsfreiheit – jederzeit formlos und sogar konkludent aufheben.

  Beispiel: Ein schriftlicher Kaufvertrag zwischen K und V enthält folgende Klausel: „Änderungen dieses Vertrags bedürfen der Schriftform." V liefert 100 kg Pfirsiche Güteklasse B, obwohl Güteklasse A schriftlich vereinbart war. K rügt dies mündlich gegenüber V, der daraufhin sagt, er reduziere den Preis um 15%, woraufhin K die Ware in sein Lager räumt und den reduzierten Preis zahlt. – V und K haben den Vertrag wirksam bezüglich der Kaufsache und des Kaufpreises geändert.

- Bei **doppelten** (auch: **qualifizierten**) **Formklauseln** ist zu differenzieren:

  Beispiel: Im obigen Beispiel lautet die Klausel: „Änderungen dieses Vertrages bedürfen der Schriftform. Das gilt auch für eine Änderung dieser Schriftformklausel."

  - In einem **Individualvertrag** kann eine solche Klausel nur in der vereinbarten Form aufgehoben werden. Anderenfalls wäre § 125 S. 2 weitgehend sinnlos. Die Parteien haben wirksam ihre Privatautonomie beschränkt.
  - Für **Allgemeine Geschäftsbedingungen** gilt gemäß § 305 b ausnahmslos der Vorrang der (formlosen) Individualabrede. In ihnen ist eine solche Klausel daher gemäß § 307 Abs. 3 S. 1 u. Abs. 1 unwirksam, weil sie den unzutreffenden Eindruck erweckt, dieser Vorrang würde nicht gelten.[216]

---

212 MünchKomm/Einsele § 125 Rn. 15; Palandt/Grüneberg § 311 b Rn. 40; näher zum Anwartschaftsrecht am Grundstückseigentum AS-Skript Sachenrecht 2 (2020), Rn. 58 ff.

213 BGH NJW 1994, 3346.

214 Maier-Reimer NJW 2004, 3741, 3745.

215 Vgl. zum Folgenden Palandt/Ellenberger § 125 Rn. 19 m.w.N.

216 BGH NJW 2017, 1017.

B. Wahrung des Formerfordernisses, §§ 126–129

172 Mitunter stellt die Norm, die eine gesetzliche Form **vorschreibt, auch die Anforderungen** an diese Form auf.

Beispiele: § 925 Abs. 1; § 1310; §§ 2231 Nr. 2, 2247 Abs. 1

Die **grundsätzlichen Anforderungen** an die **üblichen gesetzlichen Formen** sowie an die **vertragliche Schriftform** sind aber in den §§ 126–129 geregelt.

Klausurhinweis: *Sie sollten diese Vorschriften stets* ***mitzitieren****. Es schadet nicht, dies bereits zusammen mit der Formvorschrift zu tun (z.B. „§§ 766 S. 1, 126").*

I. Gesetzliche Schriftform, § 126

173 Nach **§ 126 Abs. 1** „muss die Urkunde von dem Aussteller eigenhändig durch Namensunterschrift oder mittels notariell beglaubigten Handzeichens unterzeichnet werden":

174 ■ Der **Inhalt** der Urkunde darf **maschinenschriftlich** sein (beachte § 2247 Abs. 1).

175 ■ **Aussteller** kann **auch ein Erklärungsvertreter** i.S.d. § 164 Abs. 1 sein.[217]

- Unterzeichnet dieser entsprechend dem Wortlaut des § 126 Abs. 1 **mit seinem eigenen Namen**, muss nach dem Offenkundigkeitsprinzip die Vertretung erkennbar sein, sei es durch einen entsprechenden Zusatz („i.V.") oder auf andere Weise.

  Beispiel:[218] A ist Mitglied einer aus A, B und C bestehenden Erbengemeinschaft. Wenn A in der Erbangelegenheit für die Gemeinschaft unterzeichnen will, dann muss er dies „i.V." tun. Anderenfalls wird nicht deutlich, dass er nicht nur für sich selbst unterzeichnen will (vgl. § 164 Abs. 2).

  Gegenbeispiel:[219] A ist Angestellter der V und will in deren Namen einen Mietvertrag unterschreiben. Auf dessen erster Seite werden als Vertragsparteien genannt „V als Vermieterin, M als Mieter". A unterschreibt mit seinem Namen ohne Zusatz auf der Linie „Vermieterin". –
  Die Erklärung wirkt für und gegen V. A will eindeutig keine eigene Erklärung abgegeben.

- Der Vertreter kann auch **mit dem Namen des Vertretenen** unterschreiben.[220]

176 ■ Die **Namensunterschrift** (§ 126 Abs. 1 Var. 1) braucht **nicht lesbar** zu sein. Sie muss nur hinreichend individuell als **Namenswiedergabe** mit der **Absicht einer vollen Unterschriftsleistung** erkennbar sein. Bloße **Handzeichen** (Buchstaben, Kreuze, Striche) sind keine Namensunterschrift.[221] Sie entfalten nur Wirkung, wenn sie notariell beglaubigt werden (§ 126 Abs. 1 Var. 2 i.V.m. §§ 39 ff. BeurkG[222]).

Beispiel: „Müller" kann Namensunterschrift von Karl Müller sein. „K.M." ist aber ein Handzeichen.

177 ■ Es muss **eine einzige Urkunde** vorliegen („die Urkunde"). Bei mehreren Blättern muss die **Einheit der Urkunde zweifelsfrei erkennbar** sein. Das erfordert nicht zwingend eine feste Verbindung aus fortlaufenden Seitenzahlen. Das **Material** muss zum **dauerhaften physischen Festhalten** von Zeichen geeignet sein.[223]

---

217 Ausführlich zur Stellvertretung AS-Skript BGB AT 1 (2020), Rn. 296 ff.
218 Nach BGH RÜ 2008, 422 Rn. 25.
219 Nach BGH RÜ 2008, 422 Rn. 28.
220 Palandt/Ellenberger § 126 Rn. 9.
221 BGH NJW-RR 2007, 351.
222 Schönfelder Ordnungsziffer 23.
223 BGH NJW 2000, 354; Palandt/Ellenberger § 126 Rn. 2.

Die Einheit kann sich **beispielsweise** auch ergeben aus fortlaufenden Seitenzahlen, einheitlicher grafischer Gestaltung und/oder inhaltlichem Textzusammenhang. Anstatt Papier können auch Tierhäute, Schiefertafeln, Plastikfolien, Glasflächen o.ä. verwendet werden.

- Gemäß § 130 Abs. 1 S. 1 muss eine **empfangsbedürftige schriftliche Willenserklärungen** im **Original** zugehen. Eine Kopie o.ä. genügt nicht. 178

Beispiel: Eine Bürgschaftserklärung ist gemäß §§ 125 S. 1, 766 S. 1, 126 (vorbehaltlich § 350 HGB) unwirksam, wenn der Bürge sie zwar auf Papier unterschreibt, dieses aber behält und dem Sicherungsnehmer nur eine Kopie per Post oder einen Scan per Telefax/E-Mail/WhatsApp usw. schickt.

Bedarf ein **Vertrag** der Schriftform, müssen gemäß **§ 126 Abs. 2 S. 1** grundsätzlich beide Parteien auf **ein und derselben (!) Urkunde** unterzeichnen. 179

Werden mehrere **gleichlautende (!) Urkunden** aufgenommen, so genügt es gemäß **§ 126 Abs. 2 S. 2**, dass jede Partei die für die andere Partei bestimmte Urkunde unterzeichnet.

- Jede Urkunde muss dann die **Erklärungen beider Parteien** enthalten,[224] wenn die Parteien nicht – wie üblich – eine gemeinsame Vertragserklärung formulieren.
- Die gleichlautenden Urkunden müssen „für die andere Partei bestimmt“ sein, also der jeweils anderen Partei **im Original zugehen** (vgl. Rn. 178).[225] Das gilt allerdings nur, soweit die Schriftform **Wirksamkeitsvoraussetzung** ist.

Beispiel:[226] V und M verhandeln am Telefon den Wortlaut eines Vertrags. Beide drucken die fertige Textdatei aus, unterschreiben sie, faxen den Ausdruck an den anderen und heften das Original ab. – **I.** Ist der Vertrag nur bei Einhaltung der **Schriftform wirksam** (z.B. § 1154 Abs. 1 S. 1), dann ist kein Vertrag geschlossen worden, weil die Originale nicht wechselseitig zugegangen sind.
II. Ein **Mietvertrag über unbewegliche Sachen** wäre hingegen wirksam. Er kann ohnehin **formlos geschlossen** werden, gemäß §§ 550 S. 1, 578 ist dann lediglich eine Befristung nur eingeschränkt wirksam. **Formzweck** ist alleine die **Beweisbarkeit** des Vertragsinhalts, insbesondere gegenüber dem Erwerber der Mietsache. Hierfür müssen ohnehin beide Urkunden angefordert und verglichen werden, sodass es keine Rolle spielt, welche Urkunde sich wo befindet.

Für **Verbraucherdarlehen** werden §§ 125 S. 1, 126 Abs. 2 von §§ 492 Abs. 1, 494 modifiziert.[227]

Nach § **126 Abs. 3** kann die Schriftform **durch die elektronische Form ersetzt** werden, soweit sich nicht aus dem Gesetz ein anderes ergibt. 180

Beispiele: Bürgschaftserklärung nein (§ 766 S. 2); Verbraucherdarlehensvertrag ja, arg. § 492 Abs. 1[228]

Nach **§ 126 Abs. 4** kann die Schriftform stets **durch die notarielle Beurkundung ersetzt** werden.

II. Elektronische Form, § 126 a

Die elektronische Form wird gemäß § 126 a Abs. 1 dadurch gewahrt, dass der Aussteller der Erklärung dieser seinen **Namen hinzufügt** und das elektronische Dokument mit einer **qualifizierten elektronischen Signatur** versieht. Eine einfache E-Mail ohne ent- 181

224 BGH RÜ 2001, 61.
225 BGH RÜ 2018, 420.
226 Nach BGH RÜ 2018, 420; näher zu § 550 AS-Skript Schuldrecht BT 2 (2020), Rn. 92.
227 Näher AS-Skript Schuldrecht BT 2 (2020), Rn. 32 f. u. 35 f.
228 Palandt/Weidenkaff § 492 Rn. 2.

sprechende Signatur wahrt diese Form daher nicht. § 126 a Abs. 2 enthält für Verträge eine an § 126 Abs. 2 angelehnte Regelung.

Die **Anforderungen** an die Signatur regeln die eIDAS-Verordnung (EU) 910/2014 und ergänzend das Vertrauensdienstegesetz (VDG). Dieses trat im Juli 2017 an die Stelle des Signaturgesetzes (SigG).

III. Textform, § 126 b

182 Die Textform ist **eine Art Schriftform ohne eigenhändige Unterschrift**. Sie setzt gemäß § 126 b S. 1 lesbare Schriftzeichen, die Abgabe auf einem dauerhaften Datenträger und die Erkennbarkeit des Urhebers sowie des Abschlusses der Erklärung voraus.

Der **Abschluss der Erklärung** ist seit Juni 2014 nicht mehr in § 126 b genannt. Er ist aber weiterhin erforderlich, da der Gesetzgeber die Norm inhaltlich nicht verändern wollte.[229] Er kann sich **beispielsweise** aus einem maschinenschriftlichen Namenszug, einer eingescannten Unterschrift oder einer Formulierung wie „elektronisch erstellte und daher nicht unterschrieben" am Ende des Textes ergeben.[230]

183 **Dauerhafter Datenträger** ist gemäß § 126 b S. 2 jedes Medium, das **Speicherung** für einen angemessenen Zeitraum **ermöglicht** sowie **geeignet** ist, die Erklärung **unverändert wiederzugeben**. Gespeicherte Erklärung und Datenträger müssen (auch) **vom Empfänger beherrscht** werden (nicht zwingend: sich in seiner Wohnung befinden). Ob er die Erklärung tatsächlich speichert oder gar ausdruckt ist unerheblich („ermöglicht", „geeignet"). Die Erklärung muss auf diesem Medium vom Erklärenden abgegeben werden, anderenfalls wird sie erst wirksam, wenn der Empfänger sie auf dem von ihm beherrschten Medium dauerhaft (und nicht nur im Arbeitsspeicher) abspeichert.[231]

Beispiele: Papier; digitale Speicher im Machtbereich des Empfängers (USB-Medium, Speicherkarte, CD, DVD, Blu-ray, Festplatte); digitale Speicher in einem Rechenzentrum, auf die der Empfänger zugreifen kann (E-Mail-Postfach, auch wenn der Inhalt nicht auf das Endgerät heruntergeladen wird; „Cloud-Speicher" wie z.B. Dropbox). Die Bereitstellung eines Textes auf einer Homepage des Erklärenden genügt hingegen erst dann, wenn der Empfänger den Text dauerhaft auf den o.a. Medien abspeichert.

IV. Vereinbarte Formen, insbesondere Schriftform, § 127

184 Nach § 127 Abs. 1 gelten für vertraglich vereinbarte Formerfordernisse **im Zweifel** (also wenn nichts abweichendes vereinbart ist) **die gesetzlichen Formerfordernisse.**[232] Gemäß § 127 Abs. 2 S. 1 wir die **Schriftform** gegenüber § 126 **abgeschwächt**:

- Die Erklärung kann **grundsätzlich** auch **„telekommunikativ"**, d.h. auf den unter **§ 126 b** fallenden Wegen (nicht aber durch ein Telefonat) erfolgen. Im Ergebnis bedeutet vertragliche Schriftform also **Textform**!

  Das gilt nur **ausnahmsweise** nicht, wenn ein **anderer Wille der Parteien** anzunehmen ist, etwa wenn sie als **Formzweck** Warnung und Schutz einer Partei vorsehen. Oft streben sie aber nur Beweisbarkeit der Erklärung an, dann genügt die Textform.

  Der Empfänger kann gemäß § 127 Abs. 2 S. 2 die **nachträgliche deklaratorische Beurkundung auf Papier** verlangen. Das dient aber nur Beweiszwecken, die Erklärung ist bereits vorher wirksam.

---

229 Palandt/Ellenberger § 126 b Rn. 5; BT Drs. 17/12637, S. 44.

230 BGH NJW 2011, 295.

231 Palandt/Ellenberger § 126 b Rn. 3; BGH NJW 2010, 3566.

232 Vgl. zum Folgenden Palandt/Ellenberger § 127 Rn. 2 ff.

- Bei **Verträgen** genügt der **Briefwechsel**. Anders als bei § 126 Abs. 2 S. 2 müssen die Erklärungen **nicht identisch** sein, die Annahme ist also durch einen Einzeiler („Einverstanden.“) möglich. Zudem liegt die Betonung auf „Wechsel“ und nicht auf „Brief“, sodass die Erklärungen auch hier **telekommunikativ** abgegeben werden können.

§ 127 Abs. 3 trifft eine vergleichbare Regelung für die **vereinbarte elektronische Form**. Für diese genügt eine **einfache** anstatt einer qualifizierten **elektronischen Signatur**.

Per **AGB** darf für eine empfangsbedürftige Erklärung oder Anzeige (insbesondere: Kündigungserklärung) gemäß § 309 Nr. 13 b) **grundsätzlich keine strengere Form als die Textform** konstitutiv festgelegt werden.[233] Der Gesetzgeber trägt damit dem Umstand Rechnung, dass Laien unter „Schriftform“ in der Regel „Textform“ verstehen (vgl. § 127 Abs. 2). Soweit die AGB aber einem **zu beurkundenden Vertrag** entstammt, ist auch die Festlegung der **Schriftform** zulässig, § 309 Nr. 13 a).

V. Notarielle Beurkundung, BeurkG und §§ 128, 127 a

Die Anforderungen an die notarielle Beurkundung sind zuvorderst im **BeurkG** geregelt. **185**
Mit seiner Unterschrift bestätigt der Notar, dass der Erklärende die Erklärung **inhaltlich tatsächlich abgegeben** und sie **eigenhändig unterschrieben** hat, vgl. § 13 BeurkG.

Nur wesentliche Verfahrensfehler führen zur materiell-rechtlichen **Nichtigkeit**. Das Fehlen der Datums- und Ortsangabe ist z.B. unschädlich (§ 9 Abs. 2 BeurkG).[234]

Hinweis: *Im Verwaltungsrecht (und dazu gehört das BeurkG) gilt, dass **auch eine rechtswidrige Maßnahme wirksam** ist, solange sie **nicht nichtig** ist, vgl. §§ 43 Abs. 2, 44 VwVfG.*

§ 128 erlaubt die **Sukzessivbeurkundung eines Vertrags**. Angebot und Annahme **186**
können also grundsätzlich zeitlich versetzt (auch vor verschiedenen Notaren) abgegeben werden. Der Vertrag wird dann gemäß § 152 S. 1 **ohne Zugang wirksam**. Mitunter fordert allerdings ein **lex specialis** die **gleichzeitige Anwesenheit** der Parteien.

Beispielsweise für die Auflassung ist gemäß § 925 Abs. 1 S. 1 gleichzeitige Anwesenheit erforderlich.

§ 128 gilt **analog § 127 Abs. 1** im Zweifel auch für die **gewillkürte notarielle Beurkundung**.[235]

Ein protokollierter gerichtlicher **Vergleich in der mündlichen Verhandlung** (vgl. § 160 Abs. 3 Nr. 1 **187**
ZPO) ersetzt gemäß § 127 a die notarielle Beurkundung (und mittelbar die Schriftform und die Beglaubigung, §§ 126 Abs. 4, 129 Abs. 2). § 127 a gilt **analog** für **Vergleiche im schriftlichen Verfahren** (vgl. § 278 Abs. 6 ZPO).[236] Die Annahme ist eine **amtsempfangsbedürftige Willenserklärung** i.S.d. § 130 Abs. 3, also kann sie nur bis zum Zugang beim Gericht widerrufen werden.[237] Ein gerichtlicher Vergleichsvorschlag (§ 278 Abs. 6 S. 1 Var. 2 ZPO) kann schriftlich oder (nach Gesetzesänderung zum 01.01.2020) auch in der mündlichen Verhandlung zu Protokoll angenommen werden.[238]

VI. Öffentliche Beglaubigung, § 129

Zur Beglaubigung muss die Erklärung **schriftlich abgefasst** und die **Unterschrift oder** **188**
ein Handzeichen von einem Notar **beglaubigt** werden, § 129 Abs. 1 i.V.m. §§ 39 ff. BeurkG. Sie weist nur die **Identität** des Unterzeichners, also die **Echtheit** der Urkunde nach. Sie bezeugt – anders als die Beurkundung – **nicht den Inhalt** der Erklärung.

Die öffentliche Beglaubigung wird durch die **notarielle Beurkundung** ersetzt, § 129 Abs. 2.

---

233 Vgl. zur Verschärfung dieser Norm zum 01.10.2016 Nissen/Wirtz RÜ 2016, 706, 707.

234 Palandt/Ellenberger § 128 Rn. 1.

235 Palandt/Ellenberger § 128 Rn. 2.

236 BGH RÜ2 2017, 148.

237 BGH RÜ2 2017, 243; näher zu § 130 Abs. 3 mit einem darauf basierenden Beispiel AS-Skript BGB AT 1 (2020), Rn. 145.

238 Bis zum 31.12.2019 war nur eine schriftliche Annahme möglich, vgl. BGH RÜ2 2015, 177.

C. Rechtsfolgen des Formverstoßes

189 Ein Formverstoß führt nach Maßgabe des § 125 in der Regel zur **Nichtigkeit** (dazu I.). Manche Verstöße sind aber **heilbar** oder gemäß § 242 **unbeachtlich** (dazu II.–IV.).

I. Nichtigkeit, § 125 S. 1 u. 2

190 Die Nichteinhaltung der **gesetzlichen Form** führt gemäß § 125 S. 1 **grundsätzlich** zur **Nichtigkeit**. Mitunter regelt ein **lex specialis** aber Abweichendes.

Beispiele für abweichende Rechtsfolgen: § 479 Abs. 2 u. 3; § 494; § 550 S. 1

191 Nach der **Auslegungsregel** des § 125 S. 2 hat die Nichteinhaltung der **vereinbarten Form nur im Zweifel** die **Nichtigkeit** zur Folge. Insbesondere wenn die Form nur zu Beweis-, nicht aber zu Warn- und Schutzzwecken vereinbart ist, tritt keine Nichtigkeit ein.

Beispiel:[239] P kündigt seinen Pachtvertrag mit V nicht wie vereinbart per eingeschriebenem Brief, sondern per E-Mail. –
I. P und V haben die **Schriftform** nur vereinbart, um im beiderseitigen Interesse das Ende des Dauerschuldverhältnisses rechtssicher feststellen zu können. Schutz- und Warnzwecke verfolgten sie nicht. Insofern abweichend von § 126 Abs. 1 **wahrt die E-Mail** daher gemäß § 127 Abs. 1 u. 2 S. 1 **die Form.**
II. Gegen das Erfordernis des **Einschreibens** hat P **zwar verstoßen**. Auch dieses diente **aber** nur Beweiszwecken, daher führt der Verstoß in Ausnahme zu § 125 S. 2 **nicht zur Nichtigkeit**.

Hinweis: *Daher empfiehlt es sich bei der* ***Vertragsgestaltung****, die gewünschte Rechtsfolge im Vertrag* ***ausdrücklich zu benennen****, damit keine „Zweifel" i.S.d. § 125 S. 2 aufkommen.*

192 Sind in einem Vertrag nur bestimmte Abreden formbedürftig, ist **Teilnichtigkeit** gegeben, die nach Maßgabe des **§ 139** zur **Gesamtnichtigkeit** führen kann (näher Rn. 393).

II. Heilung durch Vollzug des Verpflichtungsvertrags

193 Bestimmte Formmängel von **Verpflichtungsverträgen** werden geheilt, soweit die Parteien den Vertrag **vollziehen**. Konkret erfordert dies insbesondere

- die **Erfüllung** im Fall der § 311 b Abs. 1 S. 2; § 766 S. 3; § 15 Abs. 4 S. 2 GmbHG,

  Bei einem **Grundstückskaufvertrag** (§ 311 b Abs. 1) tritt die Erfüllung (§ 362 Abs. 1) der Übereignungspflicht (§ 433 Abs. 1 S. 1 Var. 2) mit Eigentumserwerb, also mit Auflassung und Eintragung (§§ 873, 925) ein. Es ist erforderlich, dass diese **in Erfüllung des formnichtigen Vertrags** erfolgen. Daran fehlt es, wenn der Verkäufer das Grundstück ohne Verpflichtung aus dem Kaufvertrag an einen Dritten übereignet, selbst wenn der Käufer diesen Dritten vermittelt hat.[240]

- durch **Bewirken** des **geschenkten Vermögenswertes** gemäß § 518 Abs. 2

  Auch das Bewirken muss auf Erfüllung gerichtet sein. Es genügt aber die Vornahme der geschuldeten **Handlung**. Der **Erfolg** muss noch nicht eingetreten sein. Bei bedingter oder befristeter Übertragung von beweglichen Sachen (§§ 929 ff., 158 ff.) oder Forderungen (§§ 398, 158 ff.) fallen die Zeitpunkte auseinander.[241] Bei Grundstücksschenkungen ist dies wegen § 925 Abs. 2 nicht denkbar.

  Die **Beweislast** dafür, dass eine Leistung heilend auf eine Schenkung (und nicht rechtsgrundlos) erbracht wurde, trifft den Leistungsempfänger, wenn der Leistende ihn nach § 812 Abs. 1 S. 1 Var. 1 in

---

239 Vgl. Palandt/Ellenberger § 125 Rn. 17; MünchKomm/Einsele § 125 Rn. 69.

240 BGH RÜ 2005, 13.

241 Palandt/Weidenkaff § 518 Rn. 9.

Anspruch nimmt. Diese Umkehrung der üblichen Beweislast ergibt sich aus dem Zweck des § 518 Abs. 1, eine sichere Beweisgrundlage für ein gegenleistungslose Vertragsbeziehung zu bieten.[242]

- und gemäß § 494 Abs. 2 S. 1, soweit der Verbraucher das **Darlehen empfängt oder in Anspruch nimmt**.

Bei dieser Heilung wird allerdings der **Vertragsinhalt modifiziert**, vgl. § 494 Abs. 2 S. 2 u. Abs. 3–6.

Die Heilungswirkung erstreckt sich auf den **gesamten Inhalt** des Rechtsgeschäfts. Sie wirkt nur **ex nunc**. Die Parteien sind allerdings im Zweifel analog § 141 Abs. 2[243] (s. Rn. 406 zu § 141) bzw. aufgrund vermuteter konkludenter Abrede[244] dazu **verpflichtet**, einander so zu stellen **wie sie bei anfänglicher Gültigkeit gestanden hätten**. 194

Soweit eine Formvorschrift nur **entsprechend** oder **analog** angewendet wird, ist in der Regel auch eine in ihr enthaltene Heilungsregelung anzuwenden.[245] 195

Beispiele (vgl. Rn. 156 u. 161): Vorvertrag über den Verkauf eines Grundstücks; Verpflichtungsvertrag über die spätere Bestellung eines dinglichen Vorkaufsrechts.

Die Heilung des Formmangels überwindet **nicht andere Wirksamkeitshindernisse**. 196

Beispiel:[246] V gibt schriftlich ein Angebot auf Abschluss eines Grundstückskaufvertrags ab, befristet auf den 16.06. Am 24.06. lässt K seine Annahme beurkunden. K und V erklären die Auflassung und K wird als Eigentümer eingetragen.
Der Formmangel des Angebots ist gemäß § 311 b Abs. 1 S. 2 geheilt. Gleichwohl besteht angesichts § 148 kein Kaufvertrag. K kann gemäß § 812 Abs. 1 S. 1 Var. 1 Rückauflassung verlangen.

III. Schriftformheilungsklauseln

Gesetzliche Formvorschriften sind grundsätzlich **nicht disponibel**. Die Parteien können die Form daher verschärfen (vgl. Rn. 170), aber nicht abschwächen oder abbedingen. Deswegen ist nach h.M. eine Vertragsklausel – per AGB oder individuell – unwirksam, in welcher die Parteien sich **verpflichten, einen Formmangel nachträglich zu beseitigen**. Daraus folgt wiederum, dass das Rechtsgeschäft trotz der Klausel solange als formwidrig zu behandeln ist, wie Parteien nicht tatsächlich den Formmangel beheben. 197

Beispiel:[247] Die Parteien eines mündlich für fünf Jahre geschlossenen Mietvertrags über Immobilien vereinbaren, jederzeit auf Verlangen einer Partei alles Erforderliche zu tun, um das Formerfordernis der §§ 550, 578 zu wahren. Da diese Normen nicht disponibel sind, die Schriftform nicht gewahrt und die Verpflichtung zu ihrer Wahrung unwirksam ist, gilt der Mietvertrag gemäß § 550 S. 1 für unbestimmte Zeit geschlossen. Daher gilt (bis zur Nachholung der schriftlichen Fixierung) nicht § 542 Abs. 2, sondern § 542 Abs. 1, sodass jede Partei jederzeit ordentlich kündigen kann, auch vor Ablauf von fünf Jahren.

IV. Unzulässiges Berufen auf den Formmangel, § 242

Wenn die Nichtigkeitsanordnung des § 125 in **Ausnahmefällen** zu einem **schlechthin untragbaren Ergebnis** führen würde, kann ein Berufen auf den Formmangel gemäß § 242 als **unzulässige Rechtsausübung** unbeachtlich sein. Dafür genügt es allerdings 198

242 OLG Brandenburg RÜ 2020, 80.
243 So MünchKomm/Einsele § 125 Rn. 51; Palandt/Ellenberger § 125 Rn. 13, m.w.N.
244 So Palandt/Grüneberg § 311 b Rn. 56 m.w.N.
245 Bzgl. § 311 b Abs. 1 BGH RÜ 2005, 13 und Palandt/Grüneberg § 311 b Rn. 52.
246 Nach BGH MDR 2016, 1081.
247 Nach BGH NJW 2017, 3772 und BGH NJW-RR 2018, 1101, m.w.N. zu den anderen Ansichten.

nicht, wenn die Voraussetzungen der ebenfalls unter § 242 fallenden Verwirkung (näher Rn. 577 f.) erfüllt sind. Folgende **Fallgruppen** sind aber anerkannt.[248]

Klausurhinweis: *Wie immer bei § 242 gilt, dass die Rspr. besonders stark auf die Gerechtigkeit im konkreten Einzelfall bedacht ist (vgl. nur die beiden gegensätzlichen Beispiele in Rn. 201). Im Examen müssen Sie den Ihnen vorliegenden Fall unter Beachtung seiner individuellen Umstände lösen. Verstehen Sie das Folgende also nur als grobe Systematisierung, von welcher aus Sie Ihre konkrete Argumentation entwickeln können und müssen.*

1. Existenzgefährdung

199 Gefährdet die Formnichtigkeit der Vereinbarung die **wirtschaftliche Existenz** einer Partei, so ist es der anderen Partei verwehrt, sich auf den Formmangel zu berufen.

Beispiel: E verspricht seinem 20 Jahre alten Sohn S, der seit dem 18. Lebensjahr im Einzelhandelsgeschäft des E tätig ist, am Hochzeitstag schriftlich, das Grundstück nebst Betrieb mit seinem Renteneintritt auf S zu übertragen. Als E in den Ruhestand geht, ist S 41 Jahre alt. Er hat im Vertrauen auf das Versprechen auf eine Berufsausbildung und auf ein Studium verzichtet. –
Gleich ob man das Versprechen als Verpflichtungsvertrag oder lediglich als Vorvertrag sieht, es war gemäß § 311 b Abs. 1 (analog) beurkundungspflichtig. Gemäß § 242 ist es E aber verwehrt, sich auf die Formnichtigkeit nach § 125 S. 1 zu berufen.

2. Schwerer Treueverstoß

200 Ein schwerer Treueverstoß, der die Berufung auf den Formmangel ausschließt, kann sich bei **Abschluss** (dazu a]) oder **Durchführung** (dazu b]) **des Vertrags** manifestieren.[249]

a) Verhinderung des formgerechten Vertragsschlusses

201 Selbst wenn **beide Parteien die Formbedürftigkeit kennen**, kann der Formverstoß beachtlich und der Vertrag daher unwirksam sein, selbst wenn eine Partei ausdrücklich erklärt hat, sie werde sich auch an die formmangelhafte Vereinbarung halten. Unbeachtlich kann der Verstoß hingegen sein, wenn die Partei weitergehend beharrlich und unter Hinweis auf ihre besondere Stellung auf die Missachtung der Form drängt.

Beispiel:[250] V verkauft K sein Grundstück per Handschlag, obwohl beide § 311 b Abs. 1 kennen. Auf sein Wort als „Edelmann" sei schließlich Verlass. –
Der Kaufvertrag ist gemäß § 125 S. 1 unwirksam. Wer sich nicht den Anforderungen des Rechts, sondern nur denen der Ehre unterwirft, der wird vom Recht auch nicht geschützt.

Gegenbeispiel:[251] K war lange bei der V beschäftigt und will nunmehr von ihr ein Grundstück kaufen. K verlangt Beurkundung. G, geschäftsführender Gesellschafter der V, versichert K aber, dass er den Vertrag auch ohne Beurkundung erfüllen werde. K wisse doch aus seiner Zeit bei V, dass auf ihn – G – Verlass sei. Selbst wenn er sterbe, werde V sich an sein Wort halten. V und G genössen hohes Ansehen. –
Der Kaufvertrag ist wirksam. V kann sich gemäß § 242 nicht auf §§ 125 S. 1, 311 b Abs. 1, 128 berufen.

202 Wenn **nur eine Partei das Formerfordernis kennt** und gleichwohl den formgerechten Abschluss des Geschäfts **vorsätzlich verhindert** und beim anderen den **Eindruck der Wirksamkeit** des Geschäfts **erweckt**, dann ist dieses Verhalten in der Regel treuwidrig.

---

248 BGH RÜ 2004, 449; Palandt/Ellenberger § 125 Rn. 29 f.; MünchKomm/Einsele § 125 Rn. 56 ff.

249 Vgl. zum Folgenden MünchKomm/Einsele § 125 Rn. 59 ff.

250 Nach RG RGZ 117, 121.

251 Nach BGH NJW 1968, 39 (mit ablehnender Anmerkung von Reinicke).

Beispiel:[252] Rechtsanwalt R verbürgt sich gegenüber dem G für ein seinem Sohn S zu gewährendes Darlehen. Auf Nachfrage des offensichtlich rechtsunkundigen G erklärt R dem G, die Bürgschaft sei formlos gültig. G glaubt daran, abgesichert zu sein und gewährt dem S das Darlehen. –
Die Bürgschaft ist wirksam. R kann sich gemäß § 242 auf die §§ 125 S. 1, 766 S. 1, 128 nicht berufen. R hat dem erkennbar ahnungslosen G vorsätzlich den Inhalt des § 766 verschwiegen und ihn so zum Formverzicht veranlasst. Hinzu kommt, dass R dies zwar nicht zu seinem eigenen, aber zum Vorteil seines nahen Angehörigen S getan hat.

Manche lassen den Treuwidrigen (anstatt aus dem Vertrag oder nach Wahl der anderen Partei, str.) nach **§§ 280 Abs. 1, 311 Abs. 2, 241 Abs. 2** haften. Nach der Differenzhypothese muss er die andere Partei so stellen, **wie sie stünde, wenn** er die Einhaltung der Form nicht verhindert hätte, wenn also das **Geschäft wirksam wäre**. Gleichwohl geht der Anspruch **nicht auf Erfüllung in Natur** (§ 249 Abs. 1, z.B. Übereignung des Grundstücks), denn ansonsten würde das Ergebnis erzielt, das aufgrund der Formnichtigkeit gerade nicht eintreten soll. Vielmehr ist eine **Entschädigung in Geld** geboten (§ 251 Abs. 1, z.B. in Höhe des Wertes eines vergleichbaren Grundstücks). Bei Mitverschulden der anderen Partei ist § 254 anzuwenden.[253]

Hinweis: *Sowohl die Haftung aus dem formwidrigen Vertrag als auch aus §§ 280 Abs. 1, 311 Abs. 2, 241 Abs. 2 ist die* ***Ausnahme*** *in Extremfällen.* ***Grundsätzlich*** *entsteht ohne Formwahrung auch keine Haftung, anderenfalls wäre § 125 überflüssig. Insbesondere Formvorschriften mit Warn-, Schutz- und Belehrungsfunktion haben gerade den Zweck, den Parteien bis zur letzten Sekunde den Rückzug vom Geschäft ohne Nachteile zu ermöglichen.*

Beispielsweise *ist es nicht treuwidrig und daher nicht haftungsbegründend, wenn der Grundstücksverkäufer dem Kaufinteressenten bei den Verhandlungen zunächst verschweigt, dass er eventuell den* ***Kaufpreis noch erhöhen*** *möchte und dies dann vor Beurkundung tatsächlich tut. Ihn trifft lediglich die Treuepflicht, den Kaufinteressenten* ***umgehend von der Erhöhung zu benachrichtigen****, damit dieser schnellstmöglich Bescheid weiß und seine Planungen und Vermögensdispositionen hierauf ausrichten kann.*[254]

Wenn hingegen **keine Partei das Formerfordernis kennt**, dann können sich in der Re- 203
gel **beide Parteien auf den Formmangel berufen**, selbst wenn eine Partei ihn objektiv verursacht hat. Es fehlt dann an einer subjektiven, für die Treuwidrigkeit erforderlichen Komponente. Stattdessen gebieten sogar die ggf. einschlägigen **Formzwecke** (Warnung, Schutz, Übereilung), beide Parteien vor den Folgen des Geschäfts zu schützen.

b) Treuwidriges Verhalten bei Vertragsdurchführung

Grob treuwidriges Verhalten **während der Vertragsdurchführung** kann zur Unbeacht- 204
lichkeit des Formmangels führen, selbst wenn bei Abschluss kein Treueverstoß vorlag.

Beispiel:[255] V und K schließen einen notariellen Kaufvertrag über ein Grundstück, ohne eine vorherige quittungslose Anzahlung des K zu erwähnen. V verlangt von K zunächst den vollen beurkundeten Kaufpreis. K gelingt es, die Anzahlung zu beweisen. Er zahlt nur den Rest an V. Nun behauptet V, es sei mündlich ein höherer Preis als in der Urkunde angeben vereinbart worden. –
Da die Anzahlung nicht beurkundet worden ist, ist zwar gemäß §§ 125 S. 1, 311 b Abs. 1, 128 die Anrechnungsabrede und – mangels Quittung, vgl. Rn. 163 – nach der Grundregel des § 139 auch der übrige Kaufvertrag nichtig. V kann sich hierauf aber gemäß § 242 nicht berufen. V hat sich bei der Vertragsab-

---

252 Nach BGH DNotZ 1973, 18.

253 Petersen Jura 2005, 168, 170; BGH NJW 1965, 812; vgl. insgesamt AS-Skript Schuldrecht AT 1 (2020), Rn. 276.

254 BGH RÜ 2018, 137.

255 Nach BGH NJW 1983, 563.

wicklung derart treuwidrig verhalten, dass er aus dem Formmangel keinen Vorteil ziehen soll. Zunächst hat V die Vorauszahlung wahrheitswidrig bestritten. Als K diese Lüge widerlegte, ging V zur nächsten Lüge über und behauptete wahrheitswidrig die (mündliche) Vereinbarung eines höheren Kaufpreises.

Beispiel:[256] K verzichtet per Fax auf einen Zahlungsanspruch, um an einer Ausschreibung teilnehmen zu dürfen. K verliert die Ausschreibung und verlangt sodann die Zahlung mit der Begründung, der Verzicht müsse nach energierechtlichen Regeln – was zutrifft – schriftlich erklärt werden. –
Der Anspruch steht K nicht mehr zu. Sein Berufen auf den Formmangel des Verzichts ist treuwidrig, nachdem er von der durch den Verzicht ermöglichten Teilnahme an der Ausschreibung profitiert hat.

Ergänzung des **Beispiels** aus Rn. 197: Die Vermieterin hatte zunächst auf Vereinbarung der Schriftformheilungsklausel gedrängt, um eine Mieterhöhung formell korrekt festzuschreiben. Zwischenzeitlich hat sich eine noch lukrativere Verwendung der Mietsache aufgetan. Daher beruft sie sich nunmehr – grob treuwidrig – auf den Formmangel, um den Mietvertrag zeitnah ordentlich kündigen zu können.[257]

205 Der Beauftragte kann sich auf den **Formmangel des Auftrags** zum Grundstückserwerb nicht berufen, wenn er das Geschäft mit **Mitteln des Auftraggebers** tätigt (s. Rn. 160).

D. Auslegung formbedürftiger Erklärungen

206 Auch formbedürftige Erklärungen sind **auslegungsfähig** und **-bedürftig**.[258]

I. Andeutungstheorie

207 Die Auslegung formbedürftiger Erklärungen erfolgt nach h.M. in **zwei Schritten**.

- Zunächst ist der **wirkliche Wille** des Erklärenden (§ 133) – bei empfangsbedürftigen Erklärungen nach dem **objektiven Empfängerhorizont** (§ 157) – zu ermitteln. Es müssen **alle, auch außerhalb der Urkunde liegenden Umstände** herangezogen werden. Insofern besteht kein Unterschied zur Auslegung einer formlosen Erklärung.
- Sodann ist festzustellen, ob der ermittelte Wille **formgerecht zum Ausdruck gekommen** ist. Nach der h.M.[259] muss auch ein aus Umständen außerhalb der Urkunde ermittelter Wille **in der Urkunde** einen (wenn auch unvollkommenen) Ausdruck gefunden haben (Andeutungstheorie). Dafür spricht jedenfalls hinsichtlich Formvorschriften mit **Beweissicherungszweck**, dass sie ihren Zweck nur erfüllen können, wenn auch die Informationen zur Auslegung verbrieft werden.

  Die **Gegenansicht**[260] fordert diese Andeutung nicht. Sie wendet ein, dass in Grenzfällen nicht feststellbar sei, ob ein Wille (schon bzw. noch nicht) angedeutet werde. Die erhoffte Stärkung der Beweissicherung gehe letztlich **zulasten der Rechtssicherheit**. Zudem sei es inkonsequent, bei übereinstimmender Falschbezeichnung (sogleich Rn. 208 ff.) auf eine Andeutung zu verzichten.

  Konsequenz der h.M. ist die **Zäsurwirkung der Beurkundung**: Mündliche Beschaffenheitsvereinbarungen i.S.d. § 434 Abs. 1 S. 1 über ein Grundstück vor der Beurkundung eines Kaufvertrags sind nur wirksam, wenn sie sodann beurkundet werden. Hingegen müssen Beschaffenheiten i.S.d. § 434 Abs. 1 S. 2 Nr. 1 u. 2 auch dann vorliegen, wenn sie nicht in die Urkunde aufgenommen werden, weil sie nicht kraft (formbedürftiger) Vereinbarung, sondern kraft Gesetzes Vertragsgegenstand sind.[261]

---

256 Nach BGH NVwZ-RR 2020, 600.
257 Nach BGH NJW 2017, 3772.
258 Vgl. AS-Skript BGB AT 1 (2020), Rn. 269 zur Auslegungsfähigkeit und -bedürftigkeit sowie allgemein Rn. 235 ff.
259 BGH NJW 1996, 2792; Staudinger/Hertel § 125 Rn. 87.
260 MünchKomm/Einsele § 125 Rn. 38; Medicus/Petersen AT Rn. 331.
261 BGH RÜ 2018, 549, 551 bzgl. der Trockenheit von Wohnräumen; s. auch Rn. 163 und BGH RÜ 2020, 69.

II. Übereinstimmende Falschbezeichnung (falsa demonstratio)

Stimmt der wirkliche Wille der Parteien überein, so gilt dieser, auch wenn er keine Andeutung gefunden hat oder die Erklärungen sogar einen anderen Willen enthalten (falsa demonstratio non nocet).[262] Dieser Grundsatz gilt auch bei formbedürftigen Erklärungen, es **bedarf dann** also unstreitig **keiner Andeutung** des Willens.[263] **208**

Fall 5: Mitverkaufte Parzelle

V verkauft K ein Anwesen mit Hof- und Gebäudefläche, Acker- und Grünland. Im Grundbuch ist ein Grundstück mit den Parzellen Nr. 31, 32 und 30 aufgeführt. In den notariellen Kaufvertrag wird Parzelle Nr. 30 (Grünland) versehentlich nicht mit aufgenommen. Hat K gegen V einen Anspruch auf Auflassung auch der Parzelle 30?

K hat gegen V aus dem Kaufvertrag i.V.m. **§ 433 Abs. 1 S. 1 Var. 2** einen Anspruch auf Auflassung i.S.d. § 925 S. 1, wenn die **Einigung** sich auch **auf Parzelle 30 bezieht** und der Kaufvertrag nicht nach **§§ 125 S. 1, 311 b Abs. 1 S. 1, 128 formnichtig** ist. **209**

K und V waren sich einig, dass auch Parzelle 30 Gegenstand des Kaufvertrags sein sollte. Es liegt eine versehentliche, **übereinstimmende Falschbezeichnung** (falsa demonstratio) vor. Diese ist **bei nicht formgebundenen Erklärungen unschädlich** (non nocet). Maßgeblich ist alleine der übereinstimmende Parteiwille.

Bei der **Auslegung formgebundener Erklärungen** – wie hier gemäß § 311 b Abs. 1 S. 1 die Kauferklärungen – ist jedoch **grundsätzlich** nur der Wille maßgeblich, der in ihnen zumindest eine **Andeutung** erfahren hat. Dem geht aber **ausnahmsweise** die **Unschädlichkeit** nach der falsa-demonstratio-Regel vor, soweit der **Formzweck** nicht gefährdet wird. **210**

I. Der Zweck des § 311 b Abs. 1 S. 1, die Parteien vor **Übereilung** zu schützen, ist nicht gefährdet. Die Parteien werden vom Notar beraten und über die Rechtsfolgen belehrt (vgl. § 17 BeurkG), gleich wie viele Parzellen in der Urkunde enthalten sind.

II. Zwar wird die spätere Beweisbarkeit des vollständigen Kaufgegenstands geschwächt. Jedoch tritt die **beweisrechtliche Bedeutung der Beurkundung** bei Grundstücksgeschäften weit hinter die Beratungsfunktion zurück. Zur Feststellung des Vertragsinhaltes werden nämlich regelmäßig außerhalb der Urkunde liegende Umstände (wie die tatsächliche Lage der Grundstücke und das Grundbuch) herangezogen. Jedenfalls bei Immobilien, die tatsächlich und laut Grundbuch eine Einheit bilden, ist es zudem extrem unwahrscheinlich, dass die Parteien einzig wegen einer Abweichung in der Kaufurkunde über die erfassten Parzellen in Streit geraten. Um eine Einheit handelt es sich vorliegend bei dem zusammengehörigen, als ein einziges Grundstück im Grundbuch eingetragenen Anwesen.[264]

262 Vgl. AS-Skript BGB AT 1 (2020), Rn. 283 f.

263 Staudinger/Singer § 133 Rn. 34; Palandt/Grüneberg § 311 b Rn. 37.

264 Vgl. zu den Begriffen „Grundstück" und „Parzelle"/„Flurstück" AS-Skript Sachenrecht 2 (2019), Rn. 2.

Die übereinstimmende Falschbezeichnung ist also vorliegend unschädlich. Der Kaufvertrag bezieht sich auch ohne entsprechende Andeutung (auch) auf Parzelle 30 und er ist daher insofern nicht nach §§ 125 S. 1, 311 b Abs. 1 S. 1, 128 formnichtig. K hat daher gegen V einen Anspruch auf Auflassung.

Hinweis: *Auch bei den* ***Auflassungserklärungen*** *ist die übereinstimmende Falschbezeichnung* ***unschädlich****. Das Eigentum geht allerdings gemäß § 873 Abs. 1 nur soweit über, wie die* ***Eintragung*** *im Grundbuch mit der (ausgelegten) Auflassung* ***korrespondiert. Für die Grundbuchlage gilt die falsa-demonstratio-Regel*** *wegen der Publizitätsfunktion des Grundbuchs nämlich* ***nicht.***[265]

III. Vermutung der Vollständigkeit und Richtigkeit

211 Es wird materiell-rechtlich **widerlegbar vermutet**, dass der **Inhalt einer echten**, also von der betreffenden Person stammenden **Urkunde** die Erklärung der Person (sei sie formgebunden oder nicht) sowohl **vollständig** als auch **richtig** wiedergibt.[266]

Beispiel: Weist ein schriftlicher Kaufvertrag über ein Smartphone einen Kaufpreis von 200 € aus, so muss derjenige, der einen abweichenden Kaufpreis behauptet, diesen beweisen.

Das **beweisrechtliche Pendant** zu dieser Vermutung findet sich in **§ 416 ZPO**.

265 Näher dazu mit Beispielsfall AS-Skript Sachenrecht 2 (2019), Rn. 36 ff.

266 BGH NJW 2002, 3164; Hennings/Feige JA 2012, 128 ff.

Formerfordernisse und Formnichtigkeit

Formerfordernisse

- **Formzwecke**: Warnung und Schutz, Beweisbarkeit, Belehrung, Publizität
- **Gesetzliche Formerfordernisse**:
  - §§ 311 b Abs. 1 S. 1, 128: Verpflichtung zur Übertragung oder zum Erwerb eines Grundstücks ist beurkundungsbedürftig. Gilt auch für Auftrag zum Erwerb, bedingte und mittelbare Verpflichtungen und den gesamten Vertragsinhalt, einschließlich aller Nebenabreden.
  - Weitere: z.B. § 518 Abs. 1, § 766, § 925 Abs. 1, § 1154, § 1155, § 2247
- **Vertragliche Formerfordernisse**: mündlich aufhebbar, wenn einfache Klausel oder qualifizierte Klausel in AGB (§ 305 b); nur schriftlich aufhebbar, wenn qualifizierte individuelle Klausel.

Wahrung des Formerfordernisses

- § 126, **gesetzliche Schriftform**: eigenhändig unterzeichnet oder beglaubigtes Handzeichen; Vertreter entweder offenkundig mit eigenem Namen oder mit Namen des Vertretenen; Einheit der Urkunde; Original muss zugehen, § 130 Abs. 1 S. 1; bei Vertrag mehrere identische (!) Urkunden zulässig, diese müssen zugehen (Ausnahme: § 550); ersetzbar durch elektronische Form (soweit nichts anderes bestimmt) und durch Beurkundung
- § 126 a, **elektronische Form**: qualifizierte Signatur erforderlich, normale E-Mail genügt nicht
- § 126 b, **Textform**: lesbar; erkennbarer Aussteller; Abschlussfunktion; dauerhaft speicherbar und wiedergebbar (z.B. Papier; E-Mail; digitales Speichermedium, auch in einer Cloud), Anzeige auf einer Homepage erst nach dem Download
- § 127 Abs. 2, **vertragliche Schriftform**: im Zweifel (nur Beweiszweck) genügt Textform; bei Vertrag Wechsel auch von nicht identischen Erklärungen in Textform zulässig; beachte § 309 Nr. 13 b
- § 128, **notarielle Beurkundung**: Sukzessivbeurkundung zulässig; nur Nichtigkeit schadet
- § 129, **öffentliche Beglaubigung**: weist nur Identität des Unterzeichners nach, nicht den Inhalt

Rechtsfolgen des Formverstoßes

- Nichteinhaltung der Form führt gemäß § 125 S. 1 in aller Regel (beachte aber § 550 S. 1) und gemäß § 125 S. 2 im Zweifel zur **Nichtigkeit**
- **Heilung durch Vollzug des Verpflichtungsvertrags**, z.B. §§ 311 b Abs. 1 S. 2, 766 S. 3, 518 Abs. 2
- Bloß zur Heilung verpflichtende **Schriftformheilungsklausel** genügt nicht
- Nichtigkeit unbeachtlich, **§ 242**: Existenzgefährdung oder besonders schwerer Treueverstoß bei Vertragsschluss oder -durchführung

Auslegung formbedürftiger Willenserklärungen

- **Zwei Schritte**: (h.M.)
  - wirklichen **Willen** (§ 133) nach dem objektiven Empfängerhorizont (§ 157, wenn empfangsbedürftig) **ermitteln**
  - Zumindest **Andeutung** dieses Willens in der Urkunde?
- **Falsa demonstratio** schadet auch hier bzgl. Einigung über Verpflichtung und Verfügung nicht (anders bzgl. der Grundbucheintragung)
- (Widerlegbare) **Vermutung der Vollständigkeit und Richtigkeit**

4. Abschnitt: Nichtigkeit wegen Anfechtung, §§ 142 Abs. 1, 119 ff.

A. Überblick

212 Mit der Anfechtung können sowohl **einseitige Rechtsgeschäfte** als auch **Verträge** angegriffen werden. Objekt der Anfechtung ist dabei nach h.M. aber stets die **einzelne Willenserklärung**.[267] § 142 Abs. 1 bezeichnet zwar das „Rechtsgeschäft" als nichtig, aber nur das „anfechtbare". Und nach den §§ 119 ff. ist die „Willenserklärung" anfechtbar. Wenn allerdings die Willenserklärung nichtig ist, dann ist auch das Rechtsgeschäft und/oder der Vertrag, dessen Voraussetzung sie ist, nichtig.[268]

Die Willenserklärung wird grundsätzlich so behandelt, als habe sie nie gegolten (§ 142 Abs. 1: „von Anfang an nichtig"). Die **Anfechtung wirkt zurück**, sie greift **ex tunc**.

213 **Grundsätzlich** sind zum **Schutz des Erklärungsempfängers** empfangsbedürftige Willenserklärungen mit dem ausgelegten Inhalt aus Sicht eines **objektiven Empfängers wirksam**, vgl. §§ 133, 157. Das gilt selbst dann, wenn die subjektiven Vorstellungen des Erklärenden vom objektiv Erklärten abweichen, solange er nur **subjektiven Handlungswillen** und zumindest **potenzielles Erklärungsbewusstsein** hatte.[269]

Alle anderen subjektiven Umstände, die zu einer **Fehlbildung des konkreten Geschäftswillens** führen (Irrtümer, Motive, Zwangslagen) sind **grundsätzlich irrelevant**. Da die Erklärung in zugegangener Form ausgelegt wird, sind ferner **Verfälschungen auf dem Übertragungsweg** zwischen Abgabe und Zugang grundsätzlich irrelevant.

Beispiel: K kauft eine Kneipe als Vereinslokal. Der Sportverein besucht aber lieber eine andere Kneipe.

Beispiel: M kündigt seinen Wohnungsmietvertrag. Die neue Wohnung wird nicht rechtzeitig frei.

Beispiel: K kauft wenige Stunden vor einem Abiball ein Abendkleid. Verkäufer V, der ihre Not erkennt, verlangt 500 € anstatt der üblichen 400 €. Der Tanzball fällt aus. –
Auch nach § 138 Abs. 1 bzw. 2 besteht übrigens keine Nichtigkeit. Das Missverhältnis ist nicht auffällig.

214 Nur **ausnahmsweise** – **nach Maßgabe der §§ 119, 120, 123** – ist der Erklärende so schutzwürdig, dass er entweder ohne Nachteile (§ 123) oder gegen Schadensersatz (§§ 119 u. 120 i.V.m. § 122) seine Willenserklärung durch Anfechtung vernichten darf.

B. Zulässigkeit der Anfechtung

215 **Grundsätzlich** ist **jede Willenserklärung** und **jede rechtsgeschäftsähnliche Handlung** (da für diese die Regeln über Willenserklärungen entsprechend gelten)[270] nach Maßgabe der §§ 119 ff. anfechtbar.

216 Insbesondere **schließen Schadensersatzansprüche** das Anfechtungsrecht **nicht aus**:

- Die Anfechtung führt gemäß § 142 Abs. 1 zur Nichtigkeit des Schuldverhältnisses, sodass **vertragliche Schadensersatzansprüche** (insbesondere aus §§ 280 ff.) vernichtet werden. Im Ergebnis dringt also nur eines der beiden Rechte durch, der Betroffene hat die **Wahl**, welches Recht er nutzt.

---

267 Vgl. zur Unterscheidung von Rechtsgeschäft und Willenserklärung AS-Skript BGB AT 1 (2020), Rn. 18.

268 Vgl. Staudinger/Roth § 142 Rn. 15, m.w.N.

269 Vgl. zum Mindesttatbestand einer Willenserklärung AS-Skript BGB AT 1 (2020), Rn. 94.

270 Vgl. AS-Skript BGB AT 1 (2020), Rn. 266; Palandt/Ellenberger Überbl. v. § 104 Rn. 7.

- Schadensersatzansprüche aus **§§ 280 Abs. 1, 311 Abs. 2, 241 Abs. 2** bleiben hingegen im Fall der Anfechtung bestehen. **Vorvertragliche Schuldverhältnisse** beruhen nicht auf (anfechtbaren) Willenserklärungen, sondern auf der tatsächlichen Vertragsanbahnung. Keines der beiden Institute verdrängt das andere, denn die Anfechtung schützt die **freie und fehlerlose Willensbildung**, während Schadensersatzansprüche das **Vermögen** schützen, sodass kein Zielkonflikt zwischen der Anfechtung und dem Schadensersatz besteht. Die Tatbestände können also **dem Grunde nach nebeneinander** erfüllt sein.

  Der Anspruch kommt insbes. neben **§ 123** in Betracht. Näher Rn. 308 mit **Beispiel**.

  Die **Höhe** jedes Schadensersatzanspruchs hängt indes davon ab, wie stark das geschützte Rechtsgut geschädigt ist. Es muss daher ein **Vermögensschaden** vorliegen, der über den Nachteil der Abgabe einer mit Willensmängeln behafteten Erklärung hinausgeht, während die **Anfechtung ohne Vermögensschaden zulässig** ist.[271]

  Beispiele: Minderwert der defekten, aber aufgrund Täuschung zum vollen Preis gekauften Sache

  Besteht ein Vermögensschaden, so **können** die **wirtschaftlichen Folgen identisch** sein. Die Anfechtung führt nämlich über § 142 Abs. 1 zur Nichtigkeit der Willenserklärung und somit zum **Wegfall des Vertrags**. Und nach dem Grundsatz der Naturalrestitution (§ 249 Abs. 1) ist der Geschädigte so zu stellen, wie er ohne die vorvertragliche Pflichtverletzung stünde. Hätte er etwa ohne eine Täuschung keine Willenserklärung abgegeben, so muss der Schädiger die Rechtsfolgen der Erklärung ungeschehen machen, z.B. durch **Mitwirkung an der Vertragsaufhebung**.

  Die **Rechtsfolgen können** auch **divergieren**. Der Geschädigte kann nämlich **am Vertrag festhalten**. Dann ist er so zu stellen, dass **seine berechtigten Erwartungen** im Rahmen des Schadensersatzes so weit eintreten, wie der Vertrag es nicht vermag. **Beispielsweise** kann er als Käufer die Kaufsache behalten und den unredlich erlangten Kaufpreisteil vom Verkäufer zurückverlangen.[272]

Vergleiche zum **Konkurrenzverhältnis** von Anfechtung, §§ 280 Abs. 1, 311 Abs. 2, 241 Abs. 2 und Gewährleistung insgesamt das **abschließende Schaubild** in Rn. 355.

Folgende **Besonderheiten** bestehen hinsichtlich der Zulässigkeit der Anfechtung: **217**

I. Familien- und Erbrecht

Sondervorschriften des Erb- und Familienrechts **schließen** die §§ 119 ff. **aus.** **218**

Beispiele:[273] Aufhebung der Ehe (§§ 1313 ff.); Anfechtung der Vaterschaftsanerkennung (§§ 1600 ff.), der Erbschaftsannahme (§§ 1949 ff.) sowie der letztwilligen Verfügungen (§§ 2078, 2080, 2281, 2283).

Motivirrtümer sind im Erbrecht **in größerem Umfang** als in §§ 119 Abs. 2, 123 Abs. 1 Var. 1 beachtlich, vgl. §§ 2078 Abs. 2, 2079, 2308.

II. Einzutragende Gründungs- und Beitrittserklärungen

Gründungs- und Beitrittserklärungen insbesondere zu Kapitalgesellschaften müssen **219** **ins Handelsregister eingetragen** werden, vgl. §§ 36 ff. AktG und §§ 7 f. GmbHG, einschließlich der vom jeweiligen Gesellschafter zu leistenden **Einlagen**. Der Rechtsver-

271 Palandt/Grüneberg § 311 Rn. 13; BGH NZM 2008, 379.
272 BGH RÜ 2018, 416, 419 (Rn. 12).
273 Näher zu diesen Vorschriften AS-Skript Familienrecht (2020) bzw. AS-Skript Erbrecht (2020).

kehr vertraut darauf, dass die Einlagen tatsächlich der Gesellschaft zur Verfügung stehen und er wird in seinem Vertrauen geschützt, vgl. § 15 HGB.[274] Daher sind derartige Erklärungen **nach ihrer Eintragung nicht anfechtbar**, nicht einmal nach § 123.[275]

Nicht einzutragende Gründungs- und Beitrittserklärungen sind hingegen nach den Grundsätzen über die **fehlerhafte Gesellschaft** mit ex-nunc-Wirkung anfechtbar, s. Rn. 1 und 384.

C. Anfechtungsgründe des § 119 Abs. 1

220 § 119 Abs. 1 räumt in **klassischen Fällen des „sich Vertuns"** ein Anfechtungsrecht ein.

I. Nichtübereinstimmung zwischen Erklärtem und Gewolltem

221 § 119 Abs. 1 verlangt, dass das **objektiv Erklärte von dem subjektiv Gewollten abweicht**. „Subjektiv gewollt" i.d.S. ist dabei nicht das insgeheim und rein „innerlich" Gewollte, sondern **was nach außen zum Ausdruck gebracht werden sollte.** Der Wortlaut unterscheidet zwei Fälle:

222 ■ Der Erklärende wollte eine Erklärung dieses Inhalts überhaupt nicht abgeben (**Erklärungsirrtum**, § 119 Abs. 1 Var. 2). Der Erklärende bildet seinen Willen fehlerfrei, scheitert dann aber daran, ihn korrekt in Erklärungszeichen zu verwandeln. **Der Erklärende weiß nicht, was er sagt.**

Beispiele: Winzer W möchte Trauben verkaufen. Er verschreibt sich und bietet K Schrauben an. Später greift W im Supermarkt aus Versehen nach einem Becher saurer Sahne, obwohl er süße Sahne benötigt. An der Frischetheke ordert er Mozzarella, obwohl er Mortadella sagen wollte.

Soll hingegen nicht ein anderer Inhalt, sondern überhaupt nicht erklärt werden, dann fehlt der **innere Handlungswille**. Es liegt keine Willenserklärung vor, der Anfechtung bedarf es nicht.[276]

223 ■ Der Erklärende war über den Inhalt der Erklärung im Irrtum (**Inhaltsirrtum**, § 119 Abs. 1 Var. 1). Er hat zwar genau so gehandelt, wie gewollt, dabei aber seinem Handeln einen anderen Erklärungsgehalt zugemessen. **Der Erklärende weiß, was er sagt, aber er weiß nicht, was er damit sagt.**

Beispiel:[277] K war – lange vor der Corona-Krise, in den 1970er-Jahren – Konrektorin einer Realschule. Sie trug auf einem Bestellformular in der Zeile „Gros Rollen Toilettenpapier" die Zahl „25" ein. K ging dabei davon aus, es müsse sich um einen Fehler in dem Formular handeln und es seien „große Rollen" gemeint. K wusste nicht, dass das Wort „Gros" eine (schon damals) veraltete Mengenangabe für 12 x 12 = 144 ist. K fällt aus allen Wolken, als sie 3600 Rollen Toilettenpapier geliefert bekommt.

Klausurhinweis: *Die Übergänge zwischen beiden Fällen sind fließend. Sie sollten in der Klausur* ***so weit differenzieren, wie es der mitgeteilte Sachverhalt ermöglicht****. Wenn Sie danach zu keinem eindeutigen Ergebnis kommen, können Sie die Einordnung mit Hinweis auf dieselben Rechtsfolgen offenlassen – Lit. und Rspr. tun dies auch.*

---

274 Näher zu § 15 HGB AS-Skript Handelsrecht (2019), Rn. 200.

275 MünchKomm/Armbrüster § 119 Rn. 16 m.w.N.

276 Vgl. AS-Skript BGB AT 1 (2020), Rn. 96 f.

277 Nach LG Hanau NJW 1979, 721.

II. Unbewusstheit

Die Abweichung der Erklärung vom Gewollten muss unbewusst sein. Der Erklärende muss **glauben, den Bedeutungsgehalt zu kennen**. Nur dann irrt er über den Inhalt (§ 119 Abs. 1 Var. 1) bzw. nur dann will er die Erklärung nicht abgeben (§ 119 Abs. 1 Var. 2). 224

Gibt er hingegen eine Erklärung **in dem Wissen** ab, **ihren Inhalt nicht zu kennen**, so kann er **insofern** nicht anfechten.[278] Er irrt nicht und er will die Erklärung abgeben.

Beispiel: Als Student S zum Anfang des Wintersemesters endlich eine Mietwohnung findet, unterschreibt er überglücklich sofort den Mietervertrag des V, ohne diesen näher zu lesen. –
1. Soweit der Mietvertrag von den §§ 535 ff. **abweichende, aber übliche Regelungen** (Kündigungsfristen; Abwälzung von Schönheitsreparaturen) trifft, kann S nicht anfechten, selbst wenn er sie nicht wollte. Er ist insofern bewusst das naheliegende Risiko eingegangen, dass seine Erklärung diesen Inhalt hatte, daher wird er behandelt, als hätte er sie bewusst und somit ohne Irrtum abgegeben.
2. Soweit der Mietvertrag aber **unübliche Regelungen** enthält (Verpflichtung des S, im Garten des Vermieters zu arbeiten), kann S nach § 119 Abs. 1 Var. 2 anfechten. Insofern durfte er darauf vertrauen, dass seine Erklärung nicht auf eine derartige Verpflichtung gerichtet sein wird. Er irrte insofern.

Soweit der Erklärende hingegen den **Inhalt seiner Erklärung kennt** und **bewusst etwas anderes als das Gewollte erklärt**, sind die §§ 116, 117, 118 einschlägig.[279] 225

III. Zeitpunkt des Irrtums und Kausalität

Der Irrtum muss **im Zeitpunkt der Abgabe der Willenserklärung** vorliegen. Irrelevant ist, ob er zuvor oder später (z.B. im Zeitpunkt des Zugangs) bestand bzw. entsteht. 226

Ferner muss anzunehmen sein, dass der Erklärende seine Erklärung bei Kenntnis der Sachlage und verständiger Würdigung des Falles nicht abgegeben hätte. Der Irrtum muss also **hypothetisch kausal** für die Abweichung des Erklärten vom Gewollten sein. 227

Hinweis: *Beide Voraussetzungen lassen sich* ***eindeutig dem Wortlaut des § 119 Abs. 1 entnehmen****. Gleichwohl werden sie oft übersehen. Das führt bestenfalls zu Unvollständigkeiten und schlimmstenfalls, wenn diese Voraussetzungen nicht erfüllt sind, zum falschen Ergebnis. Auch erleichtern sie das Verständnis: Die Problematik des Kalkulationsirrtums (Rn. 243) beispielsweise entzündet sich an dem Merkmal „im Zeitpunkt der Abgabe".*

IV. Fallgruppen des Irrtums nach § 119 Abs. 1

Zu § 119 Abs. 1 haben sich insbesondere folgende **Fallgruppen** herausgebildet:[280] 228

Hinweis: *Wie immer bei Fallgruppen gilt, dass natürlich* ***auch atypische Fälle*** *den Tatbestand erfüllen können. Sowohl typische als auch atypische Fälle müssen Sie unter die Ausführungen zu I. bis III. subsumieren.* ***„Fallgruppe" ist kein Argument.***

1. Irrtum über die Bestandteile des Rechtsgeschäfts

Oft bezieht sich der Irrtum auf die **tatbestandlichen Bestandteile** des Rechtsgeschäfts. 229

278 Palandt/Ellenberger § 119 Rn. 9.

279 Näher zu den §§ 116, 117, 118 AS-Skript BGB AT 1 (2020), Rn. 70 ff.

280 Vgl. den Überblick bei Palandt/Ellenberger § 119 Rn. 10 ff.

Der Irrtum kann die **vertragswesentlichen Bestandteile** (essentialia negotii) oder **andere Bestandteile** (accidentalia negotii) betreffen. § 119 Abs. 1 Hs. 1 differenziert hier nicht. Je nebensächlicher der Bezugspunkt des Irrtums ist, umso eher kann aber die **hypothetische Kausalität** (§ 119 Abs. 1 Hs. 2) fehlen.

Die **Fallgruppen** haben sich vornehmlich zu den **vertragswesentlichen Bestandteilen** herausgebildet, denn vor allem über diese gerät man in der Praxis in Streit.

a) Irrtum über den Vertragspartner bzw. den Erklärungsgegner

230 Der Erklärende kann über die Person irren, die **auf der Gegenseite** steht.

Beispiel: A will seine Wohnung streichen lassen. Er verhandelt mit Maler Michel, Hauptstr. 15 und mit Maler Michel, Albertstr. 15. Beide geben ein Angebot ab. A will den Erstgenannten engagieren, richtet aber aus Versehen seine Annahme an „Maler Michel, Albertstraße“. –
Aus der Sicht eines objektiven Empfängers (§§ 133, 157) ist die Annahme des A an den Maler aus der Albertstr. gerichtet und mit dem Zugang bei diesem wirksam geworden. A kann gemäß §§ 142 Abs. 1, 119 Abs. 1 Var. 1 seine Erklärung vernichten. Dann würde er nach Maßgabe des § 122 Schadensersatz schulden.

b) Irrtum über die Vertragsart

231 Der Erklärende kann über die Vertragsart, also über die Charakteristik des Vertrags, wie sie sich aus den **gegenseitigen oder einseitigen Vertragspflichten** ergibt, irren.

Fall 6: Geschenkt, gekauft?

Das junge Studentenehepaar S inseriert: „Wer überlässt mittellosem Studentenehepaar Möbel zur Einrichtung einer Mansarde?“ Junggeselle A, der vor kurzem eine Menge gebrauchter Möbel geerbt hat, teilt S seine Adresse mit. S fahren zu A, der erklärt, sie sollten sich aus dem Keller aussuchen, was sie wollen. Den S gefallen ein Bücherregal, ein Bettgestell und eine verstaubte Kommode. Mit Einverständnis des A transportieren sie die Möbel ab. Einige Wochen später erhalten sie von A eine Rechnung über 350 €. Als S dem A mitteilen, sie seien davon ausgegangen, dass A ihnen die Möbel geschenkt habe, antwortet A empört, das könne doch nicht ihr Ernst sein. Er verlangt Bezahlung oder Rückgabe der Möbel. Zu Recht?

232 A. Ein Anspruch des A gegen S auf **Zahlung von 350 €** gemäß **§ 433 Abs. 2 Var. 1** besteht, wenn S und A sich darüber geeinigt haben, dass A die Möbel den S gegen Zahlung aufgrund eines **Kaufs** gemäß § 433 Abs. 1 S. 1 übergeben und übereignen soll. Diese Einigung kann beim Abtransport **konkludent** zustande gekommen sein. Dann müsste aber ein **Angebot** auf Abschluss eines Kaufvertrags vorliegen.

Als die S dem A die ausgesuchten **Möbel zeigten**, brachten sie zum Ausdruck, dass sie Eigentum und Besitz an den Möbeln erwerben wollten. Ob sie für die Möbel zahlen wollten oder nicht, also ob sie einen Kaufvertrag oder einen Schenkungsvertrag abschließen wollten, blieb unklar. Ihr Verhalten ist daher **nach dem Horizont eines objektiven Empfängers** nach §§ 133, 157 auszulegen.

Einem Empfänger in der Position des A war wegen des Inserats bekannt, dass S mittellose Studenten waren. Zudem wusste er, dass die S eine „Überlassung“ der Möbel wünschten. Zudem waren Anzahl und Art der Möbel auch nicht derart wertvoll, dass mit ihrer Überlassung an mittellose Studenten nur gegen Zahlung zu rechnen war. Da nicht ausdrücklich von einem Kauf die Rede war, ist das Verhalten der S daher als **Angebot auf Abschluss eines Schenkungsvertrags** i.S.d. § 516 zu verstehen.

Bereits mangels Angebots der S auf Abschluss eines Kaufvertrags besteht kein solcher und daher auch kein Anspruch des A aus § 433 Abs. 2 Var. 1 gegen S.

Aufbauhinweis: Überflüssig und daher falsch *wäre es, bereits hier zu prüfen, ob ein* ***Schenkungsvertrag*** *vorliegt, denn aus einem solchen ergibt sich nicht der in § 433 Abs. 2 Var. 1 benannte Zahlungsanspruch. Mit dem nötigen Überblick wissen Sie, dass Sie den Schenkungsvertrag weiter unten, im Rahmen des § 812, prüfen werden.*

B. A könnte gegen S einen Anspruch auf **Herausgabe** der Möbel aus **§ 985** haben. Zweifelhaft ist aber bereits, ob A derzeit noch **Eigentümer** der Möbel ist. **233**

I. A und S haben sich konkludent über die Übereignung an S **geeinigt**, A hat den S die Möbel **übergeben** und als verfügungsbefugter Eigentümer war A auch zur Übereignung **berechtigt**. A hat die Möbel an S gemäß **§ 929 S. 1 übereignet**. **234**

II. Gemäß **§ 142 Abs. 1** ist die dingliche Einigungserklärung des A und mithin die gesamte Übereignung allerdings **ex tunc unwirksam**, wenn A seine Erklärung erfolgreich angefochten hat. Dann hätte A sein Eigentum zu keinem Zeitpunkt verloren und wäre daher auch derzeit noch Eigentümer der Möbel. **235**

Aufbauhinweis: *Die* ***Rechtsfolge gehört an den Anfang****. Nennen Sie daher § 142 Abs. 1 zuerst, wenn Sie die Nichtigkeit aufgrund Anfechtung prüfen.*

A hat zwar die Anfechtung gegenüber S **konkludent erklärt** (vgl. § 143 Abs. 1 u. 2), ihm muss aber auch ein **Anfechtungsgrund** zur Seite stehen. In Betracht kommt allenfalls ein **Erklärungs- oder Inhaltsirrtum** nach § 119 Abs. 1. Das setzt voraus, dass A entweder kein Eigentum übertragen wollte, oder dass A die Reichweite seiner verfügenden Erklärung nicht überblickte. Ob A sich bereits beim Abschluss des Verpflichtungsvertrags, der der Übereignung zugrunde liegt, irrte, ist hingegen wegen des Trennungs- und Abstraktionsprinzips irrelevant.

Derselbe Irrtum **kann** zur Anfechtbarkeit sowohl von Verpflichtungs- als auch Verfügungsgeschäft führen (**Fehleridentität**). Das **muss** aber **nicht** sein. Es ist für beide Geschäfte getrennt zu prüfen, ob sie nichtig sind.[281]

1. A hatte aber den Willen zur Übereignung, er hat sich insbesondere **nicht versprochen**. Auch war ihm **bewusst**, dass seine Erklärung **zum Eigentumsverlust führen** wird. Ein Fall des § 119 Abs. 1 liegt daher insofern nicht vor.

Das wäre anders, wenn A seine **Übereignungserklärung auflösend bedingt** (§ 158 Abs. 2) vom **Bestehen eines Kaufvertrags** hätte **abhängig** machen wollen oder ein **einheitliches Rechtsgeschäft** i.S.d. § 139 gewollt hätte und es versäumt hätte, diesen Willen zum Ausdruck zu bringen. Eine solche Vorgehensweise durchbricht das Trennungs- und Abstraktionsprinzip, sie ist aber zulässig. Allerdings muss dies objektiv **ausdrücklich geäußert** werden und es müssen für einen solchen subjektiven Willen **klare Anhaltspunkte** bestehen.[282] Vorlie-

281 Vgl. AS-Skript BGB AT 1 (2020), Rn. 30 ff., insbesondere Rn. 34 zu § 119 Abs. 1.

282 Vgl. AS-Skript BGB AT 1 (2020), Rn. 27 ff.

gend fehlt es aber sowohl an einer objektiven Äußerung als auch an subjektiven Anhaltspunkten seitens des A. Objektiver und subjektiver Erklärungstatbestand decken sich also, daher liegt kein Irrtum vor.

Aufbauhinweis: *Wenn die Parteien eine wirksame Vereinbarung zur Durchbrechung des Trennungs- und Abstraktionsprinzips schließen, dann müssen Sie diesen Schritt mitgehen und* ***bei der Wirksamkeit der Verfügung inzident die Wirksamkeit der Verpflichtung prüfen****.*

2. **Motivirrtümer** berechtigen nach § 119 Abs. 1 nie und nach §§ 119 Abs. 2, 123 Abs. 1 Var. 1 nur zur Anfechtung, wenn sie sich auf eine verkehrswesentliche Eigenschaft beziehen oder auf einer Täuschung beruhen. Die Vorstellung des A, dass ein wirksamer Kaufvertrag bestehe, erfüllt keine dieser Voraussetzungen. Sie ist daher anfechtungsrechtlich **unbeachtlich**.

Mangels Anfechtungsgrundes hat A daher seine dingliche Erklärung nicht nach § 142 Abs. 1 vernichtet. Die Übereignung der Möbel an S ist wirksam. A ist kein Eigentümer mehr, sodass ihm der Herausgabeanspruch aus § 985 nicht zusteht.

236 C. A könnte gegen S ein Anspruch aus **§ 812 Abs. 1 S. 1 Var. 1** zustehen.

I. Die S haben **Eigentum** und **unmittelbaren Besitz** an den Möbeln **erlangt**.

II. Dies geschah bewusst und zum Zwecke der Erfüllung eines (vermeintlichen) Verpflichtungsvertrags zwischen S und A, also durch **Leistung**.

III. Die Leistung könnte **ohne Rechtsgrund** erfolgt sein. Zwischen S und A besteht, zwar kein Kaufvertrag, es könnte aber ein **Schenkungsvertrag** gegeben sein.

237 1. S und A müssen sich über eine Schenkung i.S.d. § 516 **geeinigt** haben. Die S haben, wie ausgeführt, dem A aus objektiver Sicht den Abschluss eines Schenkungsvertrags **angeboten**. Als A den Abtransport widerspruchslos zuließ, konnte sein Verhalten aus objektiver Sicht nur als **Annahme** verstanden werden. Mithin haben S und A sich über einen Schenkungsvertrag geeinigt.

Unerheblich für den objektiven Inhalt der Erklärung des A ist, dass er einen Kaufvertrag abschließen **wollte** – das wird erst im Rahmen der Anfechtung relevant, s. sogleich 3. Ferner liegt **kein Totaldissens** vor. Für diesen müssen sich die objektiven Erklärungsinhalte nicht decken. Hier haben aber A und S einen **Konsens** über einen Schenkungsvertrag erzielt.[283]

238 2. Das mündliche Schenkungsversprechen des A war zunächst gemäß § 125 S. 1 **formnichtig**, denn gemäß § 518 Abs. 1 S. 1 muss es notariell beurkundet werden. Dieser Formmangel wurde aber gemäß § 518 Abs. 2 **geheilt**, als A die Möbel an S übergab und übereignete und so die versprochene Leistung bewirkte.

239 3. Das Schenkungsversprechen könnte gleichwohl aufgrund einer **Anfechtung** gemäß § 142 Abs. 1 **ex tunc** nichtig sein.

a) **Anfechtungsgrund** kann ein **Inhaltsirrtum** des A i.S.d. **§ 119 Abs. 1 Var. 1** sein. Das Erklärte und das Gewollte müssen aufgrund des Umstands auseinanderfallen, dass A von einem falschen Inhalt seiner Erklärung ausging.

283 Vgl. zum Dissens AS-Skript BGB AT 1 (2020), Rn. 193 ff.

Objektiv erklärte A, die Möbel **verschenken** zu wollen. **Subjektiv** wollte A zum Ausdruck bringen, die Möbel **verkaufen** zu wollen. Er ging irrtümlich und unbewusst davon aus, dies auch erklärt zu haben. A wusste, was er erklärte, aber nicht, was er damit erklärte. Dieser Erklärungsirrtum lag auch im **Zeitpunkt** der Abgabe der Erklärung vor und A **hätte die Erklärung nicht abgegeben**, wenn er ihren objektiven Erklärungsgehalt gekannt hätte.

Mithin steht A der Anfechtungsgrund des § 119 Abs. 1 Var. 1 zur Seite.

b) Indem A zu erkennen gab, dass er aufgrund dieses Irrtums seine Erklärung nicht gelten lassen will, gab er konkludent eine **Anfechtungserklärung** gegenüber den S als richtige **Anfechtungsgegner** ab, § 143 Abs. 1 u. 2.

c) Dies tat er auch ohne schuldhaftes Zögern, also unverzüglich und somit innerhalb der **Anfechtungsfrist** des § 121 Abs. 1 S. 1.

Mithin hat A seine Schenkungserklärung durch Anfechtung gemäß § 142 Abs. 1 vernichtet. Es besteht keine Schenkung und somit kein Rechtsgrund. A kann von S gemäß § 812 Abs. 1 S. 1 Var. 1 Herausgabe und Rückübereignung der Möbel verlangen.

A schuldet dann aber den S, wonach nicht gefragt ist, nach Maßgabe des **§ 122 Schadensersatz**.

---

c) Irrtum über den Vertragsgegenstand

Der Erklärende kann über den **Gegenstand des Vertrags** irren. **240**

Beispiel: A sieht sich im Internet Geräte zur Digitalisierung von VHS-Videokassetten an. Er entscheidet sich für das Modell DO-PE 69 der Firma Kampmann, das u.a. W-LAN-fähig ist. Wenn A beim Befüllen seines digitalen Warenkorbs aus Versehen auf ein Gerät ohne W-LAN-Fähigkeit klickt und dieses bestellt, so kann er seine Erklärung wegen „digitalen Vergreifens" gemäß § 119 Abs. 1 Var. 2 anfechten.

d) Irrtum über den Preis

Bei Irrtümern über den Preis ist exakt zu untersuchen, ob der Irrtum im entscheidenden **Zeitpunkt**, nämlich „bei der Abgabe" (vgl. Rn. 226) der Erklärung bestand. **241**

aa) Preisirrtum bei Erklärungsabgabe

Bei einem entgeltlichen Vertrag berechtigt auch ein Irrtum über den Preis zur Anfechtung, wenn er **bei Abgabe der Erklärung (noch) vorliegt**. **242**

Beispiel: Rechtsanwalt R will in die Honorarvereinbarung einen Stundensatz von 210 € eintragen. Er vertippt sich aber und gibt 120 € ein. R kann gemäß § 119 Abs. 1 Var. 2 anfechten.

Beispiel: Auf einer Messe in Berlin stellt V einen Geländewagen aus. K erklärt, der Wagen sei perfekt für seine Farm nahe Sydney und für Fahrten ins Outback. V und K einigen sich auf einen Kaufpreis von „40.000 Dollar". K meinte 40.000 australische Dollar. V meinte US-Dollar. –
Objektiv haben V und K sich über australische Dollar geeinigt, denn aufgrund der Äußerung des K war deutlich, dass nicht über (in Deutschland üblicherweise mit „Dollar" gemeinte) US-Dollar, sondern über australische Dollar verhandelt wurde. K hat erklärt, was er erklären wollte. K kann daher nicht anfechten. V unterlag bei Abgabe der Erklärung einem Inhaltsirrtum und kann nach § 119 Abs. 1 Var. 1 anfechten.

bb) Kalkulationsirrtum

243 Wenn der Erklärende eine Zahl (insbesondere einen Preis) nennt, die er nennen will, dann irrt er **bei Abgabe der Erklärung** nicht. Wenn er allerdings **bei der vorherigen Willensbildung**, also bei der Berechnung der Zahl, irrt, dann kann ein solcher Kalkulationsirrtum insbesondere unter folgenden rechtlichen Gesichtspunkten relevant sein:[284]

- **Auslegung,**
- **Anfechtung,**
- Anspruch aus **§§ 280 Abs. 1, 311 Abs. 2, 241 Abs. 2,**
- Vertragsanpassung, hilfsweise Kündigung bzw. Rücktritt nach **§ 313** [285] und/oder
- Einwand nach **§ 242.**

244 Ob und wie diese Gesichtspunkte eingreifen, **hängt davon ab, ob**

- ein **interner** oder ein **externer Kalkulationsirrtum** vorliegt,
- und ob der **Erklärungsgegner den Irrtum erkannt** hat oder es sich sogar um einen **gemeinsamen Irrtum** der Parteien handelt.

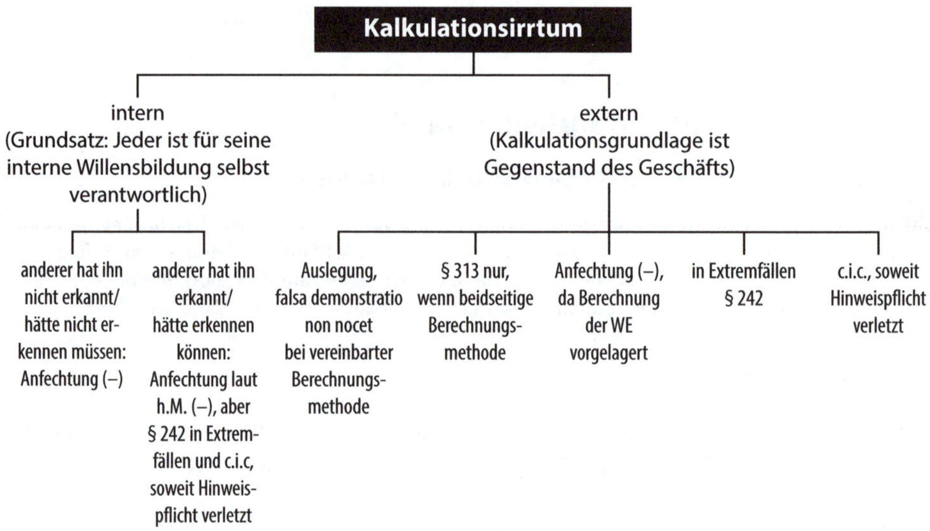

(1) Interner Kalkulationsirrtum

245 Ein interner Kalkulationsirrtum liegt vor, wenn die fehlerhafte **Kalkulation nicht zum Gegenstand der Vertragsverhandlungen** gemacht wurde. Der Erklärende kalkuliert für sich und **äußert nur das Ergebnis** der Kalkulation gegenüber dem anderen Teil.

- Er ist folgenlos, wenn der Vertragspartner ihn **nicht erkannt** hat und ihn auch **nicht** (i.S.d. § 122 Abs. 2) **hätte erkennen müssen.** Es gilt der Grundsatz des § 157, dass zum Schutz des Empfängers das objektiv Erklärte maßgeblich ist.

284 Vgl. die Auflistung bei Palandt/Ellenberger § 119 Rn. 19.

285 Näher zu § 313 AS-Skript Schuldrecht AT 2 (2020), Rn. 137 ff., insbesondere Rn. 161 ff. zum externen Kalkulationsirrtum.

- **Kennt** der Vertragspartner den Irrtum oder hätte er ihn **erkennen müssen**, dann hat der Erklärende nach h.M. gleichwohl kein Anfechtungsrecht. Im Einzelfall können aber § 242 oder ein Anspruch aus §§ 280 Abs. 1, 311 Abs. 2, 241 Abs. 2 greifen:

Fall 7: Berechnungsfehler der Software

Tischler U schließt mit B am 15.04. einen Vertrag über Tischlerarbeiten in einem Neubau zu einem Gesamtpreis von 200.000 € ab. Die Konkurrenz hatte B zuvor Angebote zwischen 180.000 € und 225.000 € gemacht. Am 18.04. schreibt U dem B, dass infolge eines Softwarefehlers die Transport- und Montagekosten in Höhe von 30.000 € nicht einberechnet wurden und er deswegen nicht am Vertrag festhalten könne. B hatte diesen Fehler bei Vertragsschluss erkannt, U aber nicht darauf angesprochen.

Ist U zur Durchführung der Arbeiten gegen Zahlung von 200.000 € verpflichtet?

Ein Anspruch des B gegen U auf Durchführung der Arbeiten gegen eine Zahlung von 200.000 € kann sich aus einem **Werkvertrag i.V.m. § 631 Abs. 1** ergeben.

1. U und B haben sich über Tischlerarbeiten gegen eine Zahlung von 200.000 € **geeinigt**. Eine Auslegung des Vertrags nach §§ 133, 157 aus Sicht eines mit der Verkehrsanschauung vertrauten Dritten ergibt, dass die **Transport- und Montagekosten** bei einem derartigen Vertrag **im Gesamtpreis enthalten** sind, wenn die Parteien nichts anderes vereinbaren. Das gilt selbst dann, wenn eine Partei erkennt, dass die andere Partei diese Kosten nicht in die Kalkulation aufnimmt, denn dies ändert nichts an der alleine für die Einigung erforderlichen Willensübereinstimmung.[286] 246

2. U kann seine Erklärung gemäß § 142 Abs. 1 durch **Anfechtung** vernichten, wenn das falsche Kalkulationsergebnis, dessen Berechnungsmethode U dem B nicht offenbart hatte, also sein **interner Kalkulationsirrtum** ihn dazu berechtigt. 247

   U hat, wie gewollt, einen Preis von 200.000 € in seine Erklärung aufgenommen, sodass kein unter § 119 Abs. 1 Var. 2 fallendes Verschreiben, also kein **Erklärungsirrtum** im **Zeitpunkt der Abgabe der Erklärung** vorliegt. Es könnte ein **Inhaltsirrtum** nach § 119 Abs. 1 Var. 1, also ein Irrtum über die Bedeutung der Erklärung gegeben sein. Auch dieser muss aber **im Zeitpunkt der Abgabe der Erklärung** vorliegen. Bloße Motive, die den Erklärenden im Vorfeld der Abgabe beeinflussen, sind – mit Ausnahme der hier nicht erfüllten §§ 119 Abs. 2, 123 Abs. 1 Var. 1 – unbeachtlich.

   Teilweise[287] wird gleichwohl angenommen, ein interner Kalkulationsirrtum stelle **stets** oder zumindest, wenn – wie hier B – die **andere Seite ihn erkennt**, kein bloßes Motiv dar. Die Kalkulation werde zum Erklärungsinhalt, auch wenn sie bereits vor Abgabe der Erklärung abgeschlossen ist. § 119 Abs. 1 erfasse auch diesen (zeitlich) **erweiterten Inhaltsirrtum**.

   Andere[288] lehnen zwar die Figur des erweiterten Inhaltsirrtums ab, wenden aber mit gleichem Ergebnis **§ 119 Abs. 1 analog oder § 119 Abs. 2 analog** an.

---

286 BGH NJW-RR 1995, 1360.

287 Habersack JuS 1992, 548.

288 Kindl WM 1999, 2198, 2206 f. (§ 119 Abs. 2 analog); Singer JZ 1999, 342, 347 (§ 119 Abs. 1 analog).

Zu Recht lehnt aber die **h.M.**[289] eine direkte oder analoge Anwendung des § 119 Abs. 1 ab. Es müsse bei den Grundsätzen bleiben, dass Motivirrtümer (abgesehen von §§ 119 Abs. 2, 123 Abs. 1 Var. 1) unbeachtlich sind und dass der Irrtum im Zeitpunkt der Abgabe der Erklärung vorliegen muss. Zudem ist denjenigen, die die Kenntnis des Empfängers als Voraussetzung der Anfechtung verlangen, entgegenzuhalten, dass dann die Anfechtungsfrist des § 121 Abs. 1 mit der Kenntnis des Erklärenden von der Kenntnis des Empfängers zu laufen beginnen würde. Diese Aneinanderreihung subjektiver Umstände würde zu erheblicher Rechtsunsicherheit führen.

Mithin kann U mangels Anfechtungsgrundes nicht anfechten.

248 3. Nach Maßgabe des **§ 313 Abs. 2 i.V.m. Abs. 1** könnte U von B **Vertragsanpassung** hinsichtlich des von B geschuldeten Entgelts verlangen. Die falsche Kalkulation ist aber **nicht gemeinsame Geschäftsgrundlage** von U und B gewesen. Sie war vielmehr **nur einseitige Geschäftsgrundlage** des U. Dass B die Kalkulation einschließlich ihres Fehlers kannte, macht sie noch nicht zu seiner eigenen Geschäftsgrundlage. Mithin kann U keine Vertragsanpassung verlangen.

249 4. U könnte der **Einwand der unzulässigen Rechtsausübung** aus **§ 242** zustehen. Allein die Kenntnis des B von dem Kalkulationsirrtum begründet aber diesen Einwand nicht. Er greift nur in extremen Ausnahmefällen, z.B. wenn die Vertragsdurchführung dem Anbietenden wegen eines **erheblichen Fehlbetrags schlechthin unzumutbar** ist und ihn in **erhebliche wirtschaftliche Schwierigkeiten** bringt. Grundsätzlich gilt, dass eine falsche Kalkulation in den Risikobereich des Kalkulierenden fällt.[290]

U hat sich nur um 15% verrechnet und es ist nicht ersichtlich, dass ihm hierdurch erhebliche Schwierigkeiten drohen. Der Einwand des § 242 steht U nicht zu.

250 5. Hätte U gegen B einen Schadensersatzanspruch aus **§§ 280 Abs. 1, 311 Abs. 2 Nr. 1, 241 Abs. 2** i.H.v. 30.000 €, dann könnte er die Erfüllung des Anspruchs des B aus § 631 Abs. 1 gemäß **§ 273** bis zur Erfüllung dieses Anspruchs **zurückhalten.**

Zwischen den Parteien bestand **aufgrund ihrer Vertragsverhandlungen ein vorvertragliches Schuldverhältnis** i.S.d. § 311 Abs. 2 Nr. 1, aufgrund dessen den B gewisse **Hinweispflichten** gegenüber U trafen.

Die **Grenze für die Erforderlichkeit eines Hinweises** ist aufgrund der bereits bestehenden vertragsähnlichen Nähe der Parteien (§ 311 Abs. 2) niedriger als für den zuvor dargestellten Einwand nach § 242 anzusetzen. Daher kann eine Hinweispflicht **ohne existenzielle Gefährdung** des U anzunehmen sein. Gleichwohl muss auch hier ein **erheblicher Fehlbetrag** vorliegen, bei welchem ein wirtschaftlich denkender Mensch den Vertrag keinesfalls abgeschlossen hätte. Denn grundsätzlich gilt, dass der Erklärende das Risiko einer Fehlkalkulation selbst trägt. Er hat es in der Hand, korrekt zu kalkulieren. Die andere Seite ist nicht dazu verpflichtet, auf jede kleine, für sie günstige Diskrepanz hinzuweisen.[291]

289 BGH NJW 1998, 3192; Staudinger/Singer § 119 Rn. 51; Bork Rn. 837.

290 BGH NJW 1998, 3192.

291 BGH RÜ 2015, 69.

Die zitierte Entscheidung des BGH erging zu einem **öffentlichem Vergabeverfahren**, bei welchem die Parteien in besonderem Maße zur Vereinbarung angemessener Preise angehalten sind. Dann müssen diese Grundsätze **erst recht** im vorliegenden, auf dem **freien Markt** spielenden Fall gelten.

Vorliegend ist der Fehlbetrag nicht erheblich, zumal die Berechnung des U auch bei inkludierten Nebenkosten (230.000 €) nicht wesentlich von den Angeboten der Konkurrenz (bis zu 225.000 €) abweicht. Daher traf B keine Hinweispflicht, die er verletzt haben könnte. U hat daher keinen Anspruch gegen B aus §§ 280 Abs. 1, 311 Abs. 2 Nr. 1, 241 Abs. 2 und daher kein Zurückbehaltungsrecht aus § 273.

Mithin kann B von U gemäß § 631 Abs. 1 die Durchführung der Arbeiten einschließlich Transport- und Materialkosten für 200.000 € verlangen.

Hätte B den internen Kalkulationsirrtum **nicht gekannt**, so wäre der Fall „erst recht" wie aufgezeigt zu lösen. Selbst die Autoren, die bei einem erkannten Kalkulationsirrtum eine **Anfechtung analog § 119 Abs. 1 oder § 119 Abs. 2** zulassen wollen, lehnen die Analogie ab, zumindest solange die Unkenntnis nicht grob fahrlässig ist.[292] Soweit man ohnehin mit der h.M. die Anfechtbarkeit selbst bei Kenntnis des Irrtums ablehnt, wirkt sich diese Feinheit nicht aus.

---

(2) Externer (offener) Kalkulationsirrtum

Ein externer oder offener Kalkulationsirrtum liegt vor, wenn die Parteien die fehlerhafte **251**
Kalkulation **zum Gegenstand des Vertrags** gemacht haben.

(a) Vorrang der Auslegung des Vertrags

Wie bei jeder empfangsbedürftigen Willenserklärung ist zunächst zu prüfen, ob nach ei- **252**
ner Auslegung aus Sicht eines objektiven Empfängers der **wahre Wille** der Parteien (vgl. § 133) übereinstimmend nicht auf das falsch kalkulierte Ergebnis, sondern auf einen anderen Wert gerichtet ist. Da die **übereinstimmende Falschbezeichnung nicht schadet** (falsa demonstratio non nocet),[293] ist dann **das wirklich Gewollte vereinbart**.

Während der wahre Wille des Kalkulierenden in aller Regel auf diesen anderen Wert gerichtet ist, ist der **Wille des Gegenübers** regelmäßig auf das ausgeworfene (falsch kalkulierte) Ergebnis gerichtet. Eine **einvernehmliche Einigung** über die falsche Berechnungsmethode muss sich daher aus den besonderen Umständen des Falls ergeben. **Der Wille des Gegenübers muss darauf gerichtet sein, sich das Risiko einer falschen Kalkulation mit dem Kalkulierenden zu teilen.**[294]

Beispiel: Radiohersteller V verkauft an die Handelskette K 350 Radios. In den Vorgesprächen hatten V und K einen Stückpreis von „knapp unter 500 €" ins Auge gefasst. Im Vertrag ist folgende Preisangabe enthalten: „350 Radios zum Stückpreis von 475 € = 66.250 €." Richtiges Ergebnis wäre 166.250 €. – V und K haben sich auf den korrekt berechneten Kaufpreis, also auf 166.250 € geeinigt. Sie haben einvernehmlich vereinbart, dass der Kaufpreis sich aus der Multiplikation der Stückzahl mit dem Stückpreis zusammensetzen soll. Die falsch errechnete Gesamtsumme ist eine unbeachtliche Falschbezeichnung.

---

292 Kindl WM 1999, 2198, 2206; Singer JZ 1999, 342, 349.

293 Vgl. zur falsa-demonstratio-Regel AS-Skript BGB AT 1 (2020), Rn. 283 f.

294 Vgl. Staudinger/Singer § 119 Rn. 61.

Beispiel: V und K vereinbaren, dass K dem V sein gebrauchtes Handy der Marke „Standard", Modell „0-8-15" zu 50% der aktuellen UVP des Herstellers abkauft. Sie schauen gemeinsam in die Preisliste und entnehmen ihr eine UVP von 600 €. K zahlt an V 300 € und nimmt das Handy mit. Später bemerkt V, dass K und V in die Zeile zum Modell „0-7-14" geschaut haben. Die korrekte UVP lag bei 640 €. –
V kann von K Zahlung weiterer 20 € verlangen. Sie haben übereinstimmend vereinbart, dass der Kaufpreis die Hälfte des (korrekten) Listenpreises, also 640 € / 2 = 320 € betragen soll.

253 Fehler in der Preiskalkulation können in Ausnahmefällen auch im Wege der **ergänzenden Vertragsauslegung**[295] zu korrigieren sein.

Beispiel:[296] V verkauft dem K ein Bergwerk zum Preis von 2,5 Mio. €. K ist vorsteuerabzugsberechtigt, d.h. er kann Umsatzsteuer, die er an andere zahlt, von der selbst eingenommenen Umsatzsteuer, die er ans Finanzamt abführen muss, abziehen (§§ 15, 15 a UStG). V genießt hingegen dieses Privileg nicht. K und V gehen aber ohnehin davon aus, dass das Geschäft nicht umsatzsteuerpflichtig ist, daher treffen sie diesbezüglich auch keine Vereinbarung. Als V feststellt, dass er doch Umsatzsteuer abführen muss, verlangt er von K über die 2,5 Mio. € hinaus eine weitergehende Zahlung in Höhe der Umsatzsteuer. –
I. Grundsätzlich schließt ein vereinbarter Kaufpreis die hierauf zu entrichtende Umsatzsteuer mit ein, falls nicht etwas anderes vereinbart wurde oder sich ein abweichender Handelsbrauch ergibt. Demnach könnte V von K keine zusätzliche Zahlung verlangen.
II. Da aber weder das Gesetz noch der Vertrag die Frage regelt, was geschieht, wenn sich herausstellt, dass der Kaufpreis falsch kalkuliert ist, ist der Vertrag **ergänzend auszulegen**. Maßgeblich ist der **hypothetische Parteiwille**, also was die Parteien **redlicherweise vereinbart hätten**, wenn sie das Problem gesehen hätten. Dann hätte V auf eine höhere Zahlungspflicht des K bestanden, damit im Ergebnis dem V 2,5 Mio. € für sich verbleiben. K hätte sich diesem Ansinnen nicht verschlossen, denn die Umsatzsteuer, die er an V zusätzlich zahlt, muss K nicht mehr an das Finanzamt abführen, sodass dem K im Ergebnis kein wirtschaftlicher Schaden entstünde. Daher kann V zusätzliche Zahlung von K verlangen.

(b) Störung der Geschäftsgrundlage, § 313

254 Wenn die Parteien sich **nicht im Vorfeld auf eine Berechnungsmethode einigen**, aber übereinstimmend eine solche ihrem Vertrag **stillschweigend und übereinstimmend zu Grunde legen**, dann ist der Vertrag gemäß § 313 anzupassen, hilfsweise ist der Rücktritt bzw. die Kündigung zulässig.[297]

Beispiel:[298] V verkauft K Aktien für 400 € pro Stück. Dabei gehen V und K davon aus, dass dieser Preis dem Börsenkurs entspricht. Tatsächlich betrug der Börsenkurs im Verkaufszeitpunkt aber 520 €. –
I. Es ist ein **Kaufvertrag** mit einem Kaufpreis von 400 € pro Aktie zustande gekommen. Die Parteien haben ausdrücklich einen Kaufpreis von 400 € genannt. Die Erklärungen enthalten keine Bezugnahme auf den Börsenkurs, welche eine dahingehende **Auslegung** gegen den Wortlaut rechtfertigen könnte. Die Übereinstimmung von Kaufpreis und Börsenkurs ist nur eine gemeinsame Vorstellung der Parteien.
II. Eine **Anfechtung** gemäß § 119 Abs. 1 scheidet aus, denn V hat erklärt, die Aktien zum Stückpreis von 400 € zu verkaufen und er wollte diese Erklärung auch abgeben. Sein Motivirrtum ist unbeachtlich.
III. Die Übereinstimmung von Kauf- und Börsenpreis war Geschäftsgrundlage. Die Diskrepanz fällt nicht nur in die Risikosphäre einer Partei, denn K und V wollten beide kein spekulatives Geschäft abschließen. Zudem ist es V bei einer Diskrepanz von über 25% nicht zumutbar, an dem Vertrag unverändert festzuhalten. V kann daher nach **§ 313** Anpassung des Vertrags verlangen und hilfsweise zurücktreten.

(c) Anfechtung

255 Die Frage, ob die Gegenseite das Vorliegen eines Anfechtungsgrundes erkennt, wirkt sich zwar auf die Schadensersatzpflicht aus (vgl. § 122 Abs. 2), nicht aber auf die Anfecht-

---

295 Näher zur ergänzenden Vertragsauslegung AS-Skript BGB AT 1 (2020), Rn. 291 ff.

296 Nach BGH NJW-RR 2000, 1652.

297 Näher zu § 313 AS-Skript Schuldrecht AT 2 (2020), Rn. 137 ff., insbesondere Rn. 161 ff. zum externen Kalkulationsirrtum.

298 Nach Wolf/Neuner § 41 Rn. 78, m.w.N.

barkeit selbst. Daher wird die Anfechtung beim externen Kalkulationsirrtum von der h.M. ebenso **abgelehnt** wie beim internen Kalkulationsirrtum (s. Rn. 247).[299]

(d) Unzulässige Rechtsausübung, § 242

Der Erklärende kann auch hier den Einwand der unzulässigen Rechtsausübung aus § 242 256
erheben, wenn der Vertragspartner im Zeitpunkt des Vertragsschlusses **wusste, dass der Erklärende einem Kalkulationsirrtum unterliegt** (was beim offenen Kalkulationsirrtum eher der Fall sein kann als beim verdeckten) und ihm die Durchführung des Vertrags **schlechthin unzumutbar** ist.[300]

(e) Anspruch aus §§ 280 Abs. 1, 241 Abs. 2, 311 Abs. 2

Hat der Erklärungsempfänger den Kalkulationsirrtum erkannt oder hätte er ihn erkennen können (was beim offenen Kalkulationsirrtum eher der Fall sein kann als beim ver- 257
deckten), so trifft ihn eine **Pflicht zur Aufklärung**. Verletzt er diese Pflicht, ist er gemäß §§ 280 Abs. 1, 241 Abs. 2, 311 Abs. 2 zum Schadensersatz verpflichtet.

e) Irrtum bei einseitigen Rechtsgeschäften

Auch **einseitige Rechtsgeschäfte** einschließlich der Anfechtungserklärung selbst sind 258
anfechtbar, wenn sich der Erklärende in einem Irrtum gemäß § 119 Abs. 1 befand.

Beispiel: K will den Kaufpreis mindern, erklärt aber den Rücktritt. Hat er sich versprochen, so kann er nach § 119 Abs. 1 Var. 2 anfechten. Hat er über die Bedeutung des Wortes „Rücktritt" geirrt, kann er gemäß § 119 Abs. 1 Var. 1 (vgl. hierzu auch Rn. 262) anfechten.

Beispiel: M ficht seinen Mietvertrag an, wollte aber eigentlich kündigen. M kann seine Anfechtungserklärung gemäß § 119 Abs. 1 – je nach Ablauf der Willensbildung Var. 1 oder Var. 2 – anfechten.

2. Irrtum über Rechtsfolgen, insbesondere des Schweigens und des Rechtsscheins

Willenserklärungen sind auf den Eintritt von gewollten Rechtsfolgen gerichtet. **Im wei-** 259
teren Sinn ist daher **jeder Irrtum** ein Rechtsfolgenirrtum.[301] Der **Irrtumsbegriff des § 119 Abs. 1** ist aber **enger**. Er erfasst solche Rechtsfolgenirrtümer **nicht**, die sich als – außerhalb der §§ 119 Abs. 2, 123 Abs. 1 Var. 1 unbeachtliche – **Motivirrtümer** darstellen.

Unstreitig liegt ein Irrtum nach § 119 Abs. 1 vor, wenn der Erklärende gerade über die **Rechtsfolge** irrt, die er **unmittelbar** mit seiner Erklärung **auslösen** wollte.

Beispiel: V verkauft K einen gebrauchten Staubsauger. V und K sind sich einig, dass V eine „Garantie" übernimmt. V geht davon aus, dass „Garantie" die Bezeichnung für die gesetzlichen, in § 439 aufgezählten Gewährleistungsrechte ist. V kann daher seine Garantieerklärung anfechten.

Der Erklärende kann sich aber auch über Umstände irren, die nicht direkter Zweck der 260
Erklärung sind oder sein sollen, sondern **kraft Gesetzes** oder aufgrund **ergänzender Auslegung** als **weitere Rechtsfolgen** eintreten (**Rechtsfolgenirrtum i.e.S.**).

---

299 Vgl. Palandt/Ellenberger § 119 Rn. 19 m.w.N.

300 BGH, Urt. v. 27.11.2007 – X ZR 111/04, Rn. 18, BeckRS 2008, 00816.

301 Vgl. zum Folgenden MünchKomm/Armbrüster § 119 Rn. 80 ff.; Palandt/Ellenberger § 119 Rn. 15 f.

261 ■ **Teilweise**[302] wird eine Anwendung des § 119 Abs. 1 auf den Rechtsfolgenirrtum i.e.S. **abgelehnt**, weil die (nur) aufgrund Gesetzes eintretenden Rechtsfolgen nicht von dem Willen des Erklärenden erfasst seien.

262 ■ Nach der **h.M.**[303] ist der Rechtsfolgenirrtum i.e.S. ein **Inhaltsirrtum, wenn** das vorgenommene Rechtsgeschäft **wesentlich andere als die beabsichtigten Wirkungen** erzeuge. Denn eine so wesentliche Abweichung müsse anfechtbar sein, wenn sie nicht gewollt sei. Zudem hätte der Erklärende in diesem Fall seine Erklärung nicht abgegeben, wenn er die wesentliche Abweichung gekannt hätte (§ 119 Abs. 1 Hs. 2) Hingegen sei der nicht erkannte Eintritt **zusätzlicher und mittelbarer Rechtswirkungen kein Inhaltsirrtum**, sondern ein (nicht unter § 119 Abs. 2 fallender und daher) unbeachtlicher Motivirrtum.

Beispiel:[304] Der E hat seinen Sohn S als Alleinerben eingesetzt. Als E verstirbt, stellt S fest, dass das Erbe durch Vermächtnisse und Auflagen erheblich beschränkt ist. Gleichwohl erklärt S die Annahme der Erbschaft, weil er meint, bei einer Ausschlagung des Erbes würde er seinen Anspruch auf den Pflichtteil verlieren. Später erfährt er, dass er im Gegenteil gemäß § 2303 Abs. 1 S. 1 nur bei einer Ausschlagung des Erbes den Pflichtteil verlangen kann. Da S das Recht zur Ausschlagung durch die Annahme der Erbschaft gemäß § 1943 Hs. 1 verloren hat, erklärt S die Anfechtung der Annahme der Erbschaft. –
I. Das **Erbrecht** enthält **keine besonderen Anfechtungsgründe** in den §§ 1954 ff. (sondern nur Vorschriften zu Form, Frist und Wirkung der Anfechtung) und der spezielle Anfechtungsgrund des § 2308 ist nicht einschlägig, denn die Beschränkungen der Erbschaft sind nicht entfallen.
II. S kann unstreitig gemäß **§ 119 Abs. 1 Var. 1** anfechten, wenn er die **unmittelbare Rechtsfolge** der Annahme der Erbschaft nicht gewollt hat. Dies ist aber gemäß § 1943 nur der Fortfall des Ausschlagungsrechts. Es ist nicht ersichtlich, dass S diesen Fortfall nicht gewollt hat und dass S die Annahme nicht erklärt hätte, wenn er gewusst hätte, dass sein Ausschlagungsrecht erlischt.
III. S irrte darüber, inwiefern sich die **Ausschlagung** einer Erbschaft auf den **Pflichtteilsanspruch** auswirkt. Dogmatisch betrachtet ist das zwar nur eine **mittelbare**, über § 2303 Abs. 1 S. 1 erzeugte Rechtsfolge. Aus Sicht des Betroffenen ist sie aber gleichwohl **wesentlich**. Zudem ging S insofern von der **gegenteiligen** Rechtsfolge aus. Letztlich handelt es sich um ein einheitliches Wahlrecht, das sich sowohl auf die Erbenstellung (§ 1943) und zugleich auf den Pflichtteilsanspruch (§ 2303) auswirkt. S kann daher (nach h.M.) gemäß **§ 119 Abs. 1 Var. 1** anfechten.

263 Soweit **Schweigen als Willenserklärung** gilt oder **Rechtsscheinstatbestände** Rechtsfolgen auslösen, kann der Schweigende bzw. vom Rechtsschein Benachteiligte

- **nicht** nach § 119 Abs. 1 mit der Begründung **anfechten**, er habe nicht gewusst, dass **diese rechtsfolgenauslösende Wirkung** bestehe – insofern handelt es sich um einen unbeachtlichen Motivirrtum über zusätzliche Rechtswirkungen –
- aber nach §§ 119, 120, 123 wegen **sonstiger Umstände**, die **ebenso** eine Erklärung **durch aktives Tun** beeinflussen könnten wie insbesondere Tatsachenirrtümer,
  - das **Schweigen** nach h.M. **anfechten,**[305]
  - während die **Anfechtbarkeit des Rechtsscheins höchst umstritten** ist.[306]

---

302 MünchKomm/Armbrüster § 119 Rn. 82.

303 BGH RÜ 2006, 561; NJW 2008, 2442.

304 Nach BGH RÜ 2006, 561; nunmehr zustimmend Staudinger/Otte § 1954 Rn. 7 f.; anders noch Staudinger/Otte [2008] § 1954 Rn. 7.

305 MünchKomm/Armbrüster § 119 Rn. 72 ff.; Palandt/Ellenberger Einf. v. § 116 Rn. 12; näher zum Schweigen als Willenserklärung AS-Skript BGB AT 1 (2020), Rn. 220 ff.

306 Näher zur Streitfrage der Anfechtung der Rechtsscheinstatbestände AS-Skript BGB AT 1 (2020), Rn. 376 ff., 381, 389 und zu ihren allgemeinen Grundsätzen a.a.O. Rn. 110.

Beispiel zum Schweigen: G hat einen Anspruch gegen S aus § 488 Abs. 1 S. 2, der mit einer Hypothek am Grundstück des S gesichert ist. S übereignet das Grundstück an E. Sie vereinbaren nach § 415 eine Schuldübernahme.[307] S fordert G zur Genehmigung auf. G schweigt und nimmt ein Jahr später S aus § 488 Abs. 1 S. 2 in Anspruch. S verweigert die Zahlung. G müsse sich wegen seiner Genehmigung an E halten. G sagt, er habe weder die Folgen des Schweigens noch die Vermögenslage des E gekannt. – In Ausnahme zu § 415 Abs. 2 S. 1 gilt das Schweigen des G gemäß § 416 Abs. 1 S. 2 Hs. 1 als Genehmigung, da die Forderung durch eine Hypothek gesichert ist. Diese Genehmigung kann G nicht nach § 119 Abs. 1 mit der Begründung anfechten, er habe den Bedeutungsgehalt des Schweigens nicht gekannt. Der Irrtum über die Bonität des E, also die verkehrswesentliche Eigenschaft der Person des E, berechtigt den G hingegen (wie bei einer Erklärung) zur Anfechtung nach § 119 Abs. 2 Var. 1 (vgl. Rn. 290).

Bei Schuldübernahme in Zusammenhang mit Hypothek an § 416 I 2 denken.

3. Irrtum bei der invitatio ad offerendum und automatisierten Erklärungen

Ein Irrtum bei der Aufforderung, ein Angebot abzugeben,[308] berechtigt zur Anfechtung, **264**
wenn der **Irrtum bei Abgabe der Annahmeerklärung noch fortwirkt**. Insbesondere in diesem Zusammenhang kann sich die Frage stellen, wie Fehler in einer **automatisierten Erklärung** anfechtungsrechtlich zu behandeln sind.

Hinweis: *Vom* ***Kalkulationsirrtum im Vorfeld der Abgabe*** *der Erklärung unterscheidet sich dieser Fall dadurch, dass der* ***Irrtum bei „Abgabe" der invitatio*** *besteht und daher – wäre die invitatio eine Willenserklärung – zur Anfechtung der invitatio berechtigen würde.*

Fall 8: Automatisierte Erklärungen

K bestellt über das Internet bei V ein Notebook. Auf der Homepage des V wird als Preis 150 € angezeigt. Wenige Augenblicke nachdem K die Bestellmaske ausgefüllt und abgesendet hat, erhält er folgende automatisch erzeugte E-Mail:

„Sehr geehrter Kunde, Ihr Auftrag wird jetzt von unserer Versandabteilung bearbeitet. ... Wir bedanken uns für den Auftrag ..."

Später entdeckt V, dass der Preis falsch angezeigt wurde, er sollte eigentlich 1.500 € lauten. V erklärt dem K sofort die Anfechtung. Muss V das Notebook liefern, wenn

1. V sich bei der Eingabe der Preise vertippt hatte bzw.
2. die Software des V die korrekten Eingaben des V falsch umgesetzt hatte?

Frage 1: Vertippen **265**

K hat gegen V einen Anspruch auf Lieferung des Notebooks aus **§ 433 Abs. 1 S. 1**, wenn zwischen K und V ein wirksamer Kaufvertrag besteht.

I. K und V müssten sich nach Maßgabe der §§ 145 ff. **geeinigt** haben.

1. Die Anpreisung des Notebooks auf der Homepage ist nur dann eine Willenserklä- **266**
rung des **V** in Form eines **Angebots**, wenn V hierbei bereits **Rechtsbindungswillen** hatte. V wollte nicht aufgrund vielfacher Bestellungen mehr Kaufverträge abschließen als er Notebooks auf Lager hatte bzw. beschaffen konnte. Diese Gefahr lässt sich allerdings ausschließen, indem die Homepage so programmiert wird,

307 Näher zur Schuldübernahme nach §§ 414 ff. AS-Skript Schuldrecht AT 2 (2020), Rn. 466 ff.

308 Vgl. zur invitatio ad offerendum AS-Skript BGB AT 1 (2020), Rn. 43 ff. und zu ihrer Auswirkung auf die Annahme Rn. 285 ff.

dass sie bei Erschöpfung des Vorrats den Verkauf einstellt. Jedenfalls wollte V aber nicht mit jedem beliebigen Käufer kontrahieren, vielmehr wollte V sich im Einzelfall vorbehalten, den Vertragsschluss mangels Bonität abzulehnen. Es liegt daher nur eine Aufforderung zur Angebotsabgabe ohne Rechtsbindungswillen (sog. **invitatio ad offerendum**) vor. V hat kein Angebot abgegeben.

267 2. **K** ist der Aufforderung des V mit seiner Bestellung nachgekommen. Er hat mithin ein **Angebot** zu 150 € abgegeben, das dem V auch zugegangen ist.

268 3. **V** könnte das Angebot mit der E-Mail als Willenserklärung **angenommen** haben.

Dem steht nicht entgegen, dass die Mail **automatisch generiert** wurde, denn diese Generierung fand nur statt, weil V zuvor **willentlich durch menschliches Handeln** seine Software entsprechend **programmiert** hatte.[309]

Allerdings darf die E-Mail **nicht nur eine Bestellbestätigung**, also eine **reine Wissenserklärung** hinsichtlich des Eingangs der Bestellung enthalten, sondern aus ihr muss der **Wille** des V **zum Vertragsschluss** hervorgehen.

a) **Regelmäßig** ist die reine Bestellbestätigung eine unverbindliche Wissenserklärung. Der Verkäufer kann so dem Käufer eine schnelle Rückmeldung geben und gleichzeitig den Vertragsschluss **in Ruhe überdenken**. Zudem ist er nach § 312 i Abs. 1 S. 1 Nr. 3 zur unverzüglichen Bestätigung **verpflichtet**.[310]

b) Die **konkrete Erklärung** des V geht allerdings über eine bloße Bestätigung hinaus. Die Angabe, der „Auftrag" werde „bearbeitet" mag man noch als doppeldeutig ansehen, aber die Erwähnung der „Versandabteilung" zeigt deutlich, dass V einen Kaufvertrag wünscht und **bereits die Erfüllung seines Pflichtenprogramms** aus § 433 Abs. 1 S. 1 **begonnen** hat.[311]

Also hat V die Annahme (automatisiert) erklärt. Es besteht eine Einigung zu 150 €.

269 II. V könnte aber gemäß § 142 Abs. 1 seine Annahme und dadurch den gesamten Vertrag rückwirkend durch **Anfechtung** beseitigt haben.[312] V hat die Anfechtung gemäß § 143 Abs. 1 u. 2 gegenüber K **unverzüglich** i.S.d. § 121 Abs. 1 S. 1 **erklärt**.

Als **Anfechtungsgrund** kommt nur ein **Erklärungsirrtum** i.S.d. § 119 Abs. 1 Var. 2 infrage. Das erfordert, dass V eine Annahme zu 150 € überhaupt nicht abgeben wollte und sie bei Kenntnis der wahren Sachlage nicht abgegeben hätte.

Zwar ist das **Vertippen** die moderne Variante des Versprechens oder Verschreibens als klassische Fälle des Erklärungsirrtums. Allerdings vertippte V sich **nicht**, wie von § 119 Abs. 1 gefordert, **bei Abgabe** der (automatisiert erklärten) Annahme, sondern vorher. Irrtümer im Vorfeld der Abgabe sind aber in der Regel bloße **Motivirrtümer**, die – mit Ausnahme der hier nicht erfüllten §§ 119 Abs. 2, 123 Abs. 1 Var. 1 – nicht zur Anfechtung berechtigen.

309 Vgl. Staudinger/Singer § 119 Rn. 36.

310 Vgl. zur Bestellbestätigung AS-Skript BGB AT 1 (2020), Rn. 49.

311 Vgl. BGH RÜ 2005, 173.

312 Vgl. insgesamt zum Folgenden BGH RÜ 2005, 173; OLG Frankfurt RÜ 2003, 148.

Jedoch liegt es **im Wesen automatisierter Erklärungen**, dass bei Ihnen die Willensbildung vor Abgabe erfolgt, denn soll sie bei Abgabe erfolgen, dann bedürfte es der Automatisierung nicht. Zudem wirkt sich die vorherige Programmierung des automatisierten Systems unmittelbar auf den Inhalt der Erklärung aus. Die Erklärung entsteht **technisch durch zwei Akte**, die **juristisch als eine Einheit** anzusehen sind.

Hinzu kommt, dass V sich nicht irgendwann im Vorfeld der Abgabe der Annahme, sondern gerade **bei Entäußerung der invitatio ad offerendum** vertippt hat. Diese anerkannte Rechtsfigur **soll den Erklärenden vor einer vorschnellen Bindung schützen**, indem sie als Argument für den fehlenden Rechtsbindungswillen herangezogen wird. Dann ist es konsequent, gleichsam dem Erklärenden den **Schutz der Anfechtung** zuzubilligen, wenn sein Irrtum bei der invitatio – wie hier – unverändert bei Abgabe der automatisierten Annahme fortbesteht.

Mithin unterlag V einem Erklärungsirrtum. Er hat daher seine Annahme gemäß §§ 142 Abs. 1, 119 Abs. 1 Var. 2 und dadurch den Kaufvertrag rückwirkend vernichtet. K hat gegen V keinen Lieferanspruch aus § 433 Abs. 1 S. 1.

Frage 2: Fehler der Software des V 270

Wie bei Frage 1 hat V gegen K keinen Lieferanspruch aus § 433 Abs. 1 S. 1, wenn V auch in dieser Konstellation ein **Anfechtungsgrund** zur Seite steht.[313]

I. **§ 120** verlangt eine **unrichtige Übermittlung** durch die hierfür verwendete **Einrichtung**. Die Übermittlung **beginnt** aber erst dort, wo die Erklärung den **Machtbereich des Erklärenden verlässt**. Die falsche Preisangabe entstand aber aufgrund der Software des V, also in seinem Machtbereich. Daher ist § 120 nicht einschlägig. 271

II. Ein **Erklärungsirrtum** des V i.S.d. **§ 119 Abs. 1 Var. 2** muss bei Abgabe der Annahme bzw. – wie bei Frage 1 ausgeführt – bei Entäußerung der invitatio vorliegen. Der **Entäußerungsprozess** dauert dabei so lange an, wie die Erklärung bzw. die invitatio sich **noch im Machtbereich des Erklärenden** befindet. Es macht daher keinen Unterschied, ob der Erklärende sich – wie bei Frage 1 – bei der Eingabe der Erklärung bzw. der invitatio in seine Software vertippt, oder ob – wie hier – die zu seinem Machtbereich zählende Software seine Eingabe verfälscht. 272

§ 120 wäre einschlägig, wenn die Preisangabe nach ihrer Absendung durch V durch die **Software eines Dritten**, z.B. in einem Rechenzentrum, verfälscht worden wäre. Insofern gehen also § 119 Abs. 1 Var. 2 (Vertippen [Frage 1] und Fehler der eigene Software [Frage 2] im eigenen Machtbereich) u. § 120 (Fehler der fremden Software im Machtbereich des Dritten) nahtlos ineinander über.

V hat also wirksam nach § 119 Abs. 1 S. 1 Var. 2 angefochten. Seine Annahmeerklärung und der Kaufvertrag insgesamt sind gemäß § 142 Abs. 1 von Anfang an nichtig. K kann von V daher keine Lieferung gemäß § 433 Abs. 1 S. 1 verlangen.

Hätte statt der Software **V selbst sich verkalkuliert**, so läge ein interner Kalkulationsirrtum vor Abgabe der Erklärung (dazu Rn. 245 ff.) vor. Das mag inkonsequent erscheinen, deckt sich aber mit dem Wortlaut des § 119 Abs. 1 („bei der Abgabe") und entspricht der Linie der Rspr.

---

313 Vgl. insgesamt zum Folgenden BGH RÜ 2005, 173.

Anfechtung, § 119 Abs. 1 Var. 1 und 2, Kalkulationsirrtum

Grundsätzliches

- Grundsätzlich ist **jede Willenserklärung** und **rechtsgeschäftsähnliche Handlung** anfechtbar mit Wirkung **ex tunc. §§ 280 Abs. 1, 241 Abs. 2, 311 Abs. 2** daneben möglich, soweit Vermögensschaden.
- **Sonderregeln** im Erb- und Familienrecht; **Gründungs- und Beitrittserklärungen** nur anfechtbar, wenn nicht eintragungspflichtig und dann nur ex nunc

Inhaltsirrtum und Erklärungsirrtum, § 119 Abs. 1 Var. 1 u. 2

- **Unbewusste Nichtübereinstimmung von Erklärtem und mit der Erklärung Gewolltem,** z.B. bzgl. einer Person, des Vertragstyps, des Vertragsgegenstands oder eines sonstigen Vertragsbestandteils, des Entgelts oder des Inhalts einer einseitigen Erklärung; **im Zeitpunkt der Abgabe** und **hypothetische Kausalität**
- **Inhaltsirrtum** über den Bedeutungsgehalt (wissen, was man sagt, aber nicht wissen, was man damit sagt), § 119 Abs. 1 Var. 1; **Erklärungsirrtum** bei der Entäußerung (nicht wissen, was man sagt), § 119 Abs. 1 Var. 2
- **Motivirrtümer** im Vorfeld der Erklärung hingegen unbeachtlich; Ausnahmen §§ 119 Abs. 2, 123 Abs. 1 Var. 1 und Sondernormen insbesondere im Erbrecht
- Irrtum bzgl. **unmittelbarer Rechtsfolge** berechtigt zur Anfechtung. Irrtum bzgl. **mittelbarer oder zusätzlicher Rechtsfolge** berechtigt nach h.M. nur zur Anfechtung, wenn die Rechtsfolge wesentlich anders ist.
- Irrtum über **Rechtsfolge des Schweigens** oder **eines Rechtsscheins** berechtigt nicht zur Anfechtung. Irrtum über **Inhalt** einer so entstandenen Erklärung berechtigt beim Schweigen zur Anfechtung (h.M.); beim Rechtsschein ist dies sehr streitig.
- Irrtum bei **invitatio ad offerendum** berechtigt zur Anfechtung, wenn er aufgrund der Automatisierung der Annahmeerklärung bei ihrer Abgabe durch den Automaten **noch fortwirkt. Verfälschung** der invitatio oder einer Erklärung **durch eigene Software** = § 119 Abs. 1 Var. 2, **durch fremde Software** = § 120

Kalkulationsirrtum

- **interner Kalkulationsirrtum** (Berechnung nicht Vertragsgegenstand, nur ihr Ergebnis)
  - Selbst bei Kenntnis des Adressaten **keine Anfechtung** (h.M.), da unbeachtlicher Motivirrtum
  - **Kein Fall des § 313**, da Berechnung nicht gemeinsame Vertragsgrundlage
  - **§ 242 nur** bei extremer Abweichung und wirtschaftlicher Existenzbedrohung
  - **§§ 280 Abs. 1, 311 Abs. 2, 241 Abs. 2**, wenn Aufklärungspflicht bei extremer Abweichung
- **externer Kalkulationsirrtum** (Berechnung ist Vertragsgegenstand)
  - **Auslegung vorrangig**. Wenn nur Berechnungsmethode und nicht -ergebnis vereinbart, dann gilt das korrekt berechnete Ergebnis als vereinbart (**falsa demonstratio non nocet**).
  - Selbst bei Kenntnis des Adressaten **keine Anfechtung** (h.M.), da unbeachtlicher Motivirrtum
  - **§ 313** (Vertragsanpassung; hilfsweise Rücktritt bzw. Kündigung) kann greifen
  - **§ 242, unzulässige Rechtsausübung** bei Unzumutbarkeit
  - **§§ 280 Abs. 1, 311 Abs. 2, 241 Abs. 2**, wenn Aufklärungspflicht bei extremer Abweichung

D. Anfechtungsgründe des § 119 Abs. 2

Die in § 119 Abs. 2 bezeichneten Motivirrtümer **gelten als Inhaltsirrtum** i.S.d. § 119 Abs. 1 Var. 1. Auch sie müssen daher im richtigen **Zeitpunkt** („bei der Abgabe") vorliegen und **hypothetisch kausal** („nicht abgegeben haben würde") sein. 273

Klausurhinweis: *Auch die Abgrenzung zwischen § 119 Abs. 1 und § 119 Abs. 2 ist mitunter nicht eindeutig. Da die Rechtsfolge identisch ist, können Sie sie (nach Auswertung aller Angaben im Sachverhalt) dahinstehen lassen, wenn zumindest eine Norm erfüllt ist.*

Beispiel:[314] *K erhält von V per Mail das Angebot, das Pferd F zu kaufen. Die Mail enthält die Daten und Zuchtnachweise von F, aber ein Foto des Pferdes G. K fährt zu V, hält dort G für F, bezahlt und nimmt G mit. – Es kann dahinstehen, ob man hierin einen Inhaltsirrtum (§ 119 Abs. 1 Var. 1) des K sieht. Jedenfalls unterliegt K einem Eigenschaftsirrtum nach § 119 Abs. 2 Var. 2.*

I. Verkehrswesentliche Eigenschaft einer Sache, § 119 Abs. 2 Var. 2

Erfasst ist erstens der Irrtum über **verkehrswesentliche Eigenschaften einer Sache.** 274

1. Anwendbarkeit

Mitunter stellt sich die Frage der **Konkurrenz** zu anderen Regelungsbereichen. 275

a) Vorrang des Gewährleistungsrechts

Soweit die verkehrswesentliche Eigenschaft i.S.d. § 119 Abs. 2 Var. 2 **zugleich den Mangelbegriff** des Gewährleistungsrechts erfüllt, ist neben dem Anfechtungsrecht das gewährleistungsrechtliche **Rücktritts- bzw. Kündigungsrecht** einschlägig.[315] 276

Für die **zahlende Partei** gilt je nach Art des Schuldverhältnisses Folgendes: 277

- Im **Kaufrecht** sperrt das Gewährleistungsrecht als lex specialis die Anfechtung nach § 119 Abs. 2 Var. 2 durch den **Käufer** als lex generalis.
  - Die Anfechtung ermöglicht die sofortige Vertragsbeendung. Dann wäre der Verkäufer des Rechts beraubt, binnen einer Frist **nachzuerfüllen** (**Recht zur zweiten Andienung**, § 439 Abs. 1 i.V.m. §§ 437 Nr. 2 u. 3, 323 Abs. 1, 281 Abs. 1 u. 4).
  - Ferner soll der Käufer in den Fällen des § 438 Abs. 1 Nr. 2 u. 3 gemäß §§ 438 Abs. 4 S. 1, 218 den Kaufvertrag nur **binnen fünf bzw. zwei Jahren ab Gefahrübergang** durch Rücktritt vernichten können, unabhängig von seiner Kenntnis vom Mangel. Die Anfechtung müsste hingegen gemäß § 121 einerseits unverzüglich ab Kenntnis erfolgen, andererseits können aber bis zur Kenntniserlangung bis zu zehn Jahre verstreichen. Zudem richtet sich die Rückabwicklung rücktrittsrechtlich nach §§ 346 ff., während anfechtungsrechtlich die §§ 812 ff. einschlägig wären.
  - Außerdem soll der Käufer grundsätzlich gemäß § 442 Abs. 1 S. 2 Hs. 1 bereits dann **kein Rücktrittsrecht** haben, wenn er den Mangel zwar nicht kennt, aber **grob**

---

314 Nach BGH RÜ 2019, 613; vgl. zur Abgrenzung der Varianten des § 119 Abs. 1 bereits Rn. 223.

315 Vgl. zum Folgenden m.w.N. Palandt/Ellenberger § 119 Rn. 28 sowie AS-Skript Schuldrecht BT 1 (2019), Rn. 150 ff. u. 339; AS-Skript Schuldrecht BT 2 (2020), Rn. 121.

fahrlässig nicht kennt. Das Anfechtungsrecht bestünde hingegen auch bei grob fahrlässiger Unkenntnis, denn ein Irrtum besteht definitionsgemäß solange, wie der Irrende die objektive Sachlage nicht kennt.

- Ebenso ist im **Werkrecht** die Anfechtung nach § 119 Abs. 2 Var. 2 für den **Besteller** gesperrt. Zwar ist hier der Rücktritt nur bei Kenntnis ausgeschlossen (§ 640 Abs. 3), sodass insofern kein Unterschied zur Anfechtung besteht. Aber auch hier müssen das Recht zur zweiten Andienung erhalten (vgl. §§ 634 Nr. 2–4, 635 Abs. 1, 323 Abs. 1, 281 Abs. 1 u. 4) und die besondere Fristen (§ 634 a Abs. 4) gewahrt werden.

- Im **Mietrecht** hält e.A.[316] die Anfechtung des **Mieters** nach § 119 Abs. 2 Var. 2 angesichts der speziellen §§ 536 b, 536 c (vgl. insbesondere § 536 b S. 2 als Parallelnorm zu § 442 Abs. 1 S. 2) ebenfalls für ausgeschlossen. Die a.A.[317] lässt hingegen die Anfechtung zu, denn während des Bestands des Mietvertrags verjährt der Mangelbeseitigungsanspruch aus § 535 Abs. 1 S. 2 überhaupt nicht, sodass keine Fristenkonkurrenz besteht. Außerdem regelt das Mietrecht keine in Konkurrenz zu §§ 142 Abs. 1, 812 ff. (vgl. hierzu Rn. 385) tretende Rückabwicklung ex tunc aufgrund Rücktritts im Falle eines Mangels, vielmehr ist nur die Kündigung ex nunc vorgesehen.

278 Für die **Gegenseite (Verkäufer, Werkunternehmer, Vermieter)** sind keine speziellen Gewährleistungsrechte angeordnet, sodass keine Gesetzeskonkurrenz besteht. Gleichwohl ist ihr die Anfechtung nach Treu und Glauben **(§ 242)** verwehrt, wenn sie sich durch diese ihren **Mangelbeseitigungspflichten** gegenüber dem Zahlenden **entziehen** würde. Das setzt allerdings voraus, dass der Zahlende die Mangelbeseitigung einfordert. Will er hingegen ebenfalls den Vertrag durch Rücktritt bzw. Kündigung beenden, so ist er nicht schutzwürdig und die Gegenseite kann anfechten.[318]

279 Das in den beiden vorherigen Randnummern zu **beiden Parteien** Ausgeführte

- gilt nach heute h.M.[319] **auch vor Gefahrübergang** (grds. Übergabe, § 446 S. 1 bzw. Überlassung, § 536 Abs. 1 Var. 1 bzw. Abnahme, § 640 Abs. 1 S. 1), denn die Gefahr der Umgehung der (jetzt oder später einschlägigen) speziellen Gewährleistungsregeln besteht vor diesem Zeitpunkt ebenso sehr bzw. ebenso wenig wie danach.

- gilt **nicht** hinsichtlich verkehrswesentlicher Eigenschaften, die **keinen Mangel** begründen, denn dann ist das spezielle Gewährleistungsrecht nicht einschlägig.

Diskutabel ist ferner, ob die Anfechtung nach § 119 Abs. 2 Var. 2 zulässig sein soll, wenn zwar das Gewährleistungsrecht greift, aber die Gegenseite **den Mangel arglistig verschweigt**. Denn dann versagt das Gewährleistungsrecht der Gegenseite ohnehin den Schutz (vgl. z.B. für das Kaufrecht §§ 438 Abs. 3, 442 Abs. 1 Hs. 2 Var. 1, 323 Abs. 2 Nr. 3/281 Abs. 2 Var. 2 [Arglist als „besonderer Umstand"]). I.d.R. wird dann aber ohnehin nach § 123 Abs. 1 Var. 1 angefochten (näher Fall 10 in Rn. 336 ff.).

280 Klargestellt sei ferner, dass das Gewährleistungsrecht **alle anderen Anfechtungsgründe nicht sperrt**, denn diese treten nicht in Konkurrenz zum Mangelbegriff.

---

316 MünchKomm/Armbrüster § 119 Rn. 35 ff; Palandt/Ellenberger § 119 Rn. 28; AS-Skript Schuldrecht BT 2 (2020), Rn. 121.

317 Palandt/Weidenkaff § 536 Rn. 12; Dötsch NZM 11, 457.

318 BGH NJW 1988, 2597; OLG Oldenburg RÜ 2005, 505.

319 Palandt/Ellenberger § 119 Rn. 28; Medicus/Petersen, AT Rn. 775; MünchKomm/Armbrüster § 119 Rn. 29 ff.; a.A. BGH NJW 1961, 772.

Vergleiche zum **Konkurrenzverhältnis** von Anfechtung, §§ 280 Abs. 1, 311 Abs. 2, 241 Abs. 2 und Gewährleistung insgesamt das **abschließende Schaubild** in Rn. 355.

b) Vorrang des § 313 beim Doppelirrtum?

Beim **Irrtum beider Parteien über den gleichen Umstand** ist zweifelhaft, ob § 119 Abs. 2 Var. 2 greift: 281

- Die Grundsätze über die **Störung der Geschäftsgrundlage (§ 313 Abs. 2)** könnten vorrangig sein.[320] Wenn sich beide Parteien über den gleichen Umstand irren, dann ist es nicht gerechtfertigt, nur die anfechtende Partei mit der Schadensersatzpflicht aus § 122 zu belasten. Es könnten zufällige Ergebnisse drohen. Gerechter ist eine Vertragsanpassung nach § 313 Abs. 1 u. 2 unter Beachtung beider Parteiinteressen.
- Für das **Anfechtungsrecht** spricht aber, dass § 119 Abs. 2 nicht nach der Anzahl der Irrenden differenziert. Zudem ist in der Regel der Irrtum für die eine Partei von Vorteil und für die andere von Nachteil. Die Anfechtung wird dann nicht zufällig eine der Parteien erklären, sondern nur die Partei, die den Nachteil hat. Dann ist es aber auch nicht unbillig, sie mit der Schadensersatzpflicht des § 122 zu belasten.[321]

Beispiel: K sieht bei V ein Gemälde. Beide halten es für eine Kopie. K erwirbt das Bild für 1.300 €. Es stellt sich heraus, dass das Gemälde ein Original ist. V ficht den Kaufvertrag an und verlangt Herausgabe. –
A. Ein Anspruch aus **§ 812 Abs. 1 S. 1 Var. 1 bzw. S. 2 Var. 1**[322] erfordert, dass der Kaufvertrag als Rechtsgrund aufgrund einer Anfechtung (§ 142 Abs. 1) mit Anfechtungsgrund vernichtet wurde.
I. § 119 Abs. 1 ist mangels Irrtums nicht erfüllt. V hat objektiv erklärt, das gesehene Gemälde zu verkaufen. Er wollte dies auch erklären, und er wusste, was er damit erklärte.
II. Wendet man **§ 119 Abs. 2 Var. 2** an, so ist dieser nicht durch Gewährleistungsrecht gesperrt, denn das Bild ist höherwertiger als vereinbart, sodass keine Gewährleistungsrechte bestehen. Die Urheberschaft ist wertbildender Faktor, sodass V anfechten kann. V kann gegen Rückzahlung des Kaufpreises das Bild herausverlangen (§§ 812 Abs. 1, 273), schuldet aber nach Maßgabe des § 122 **Schadensersatz**.
B. Hält man **§ 313** für einschlägig, so ist aufgrund der gemeinsamen Fehlvorstellung über den Urheber der Kaufpreis vertragsanpassend (§ 313 Abs. 2 u. 1) zu erhöhen, falls dies dem K nach einer Interessenabwägung zumutbar ist. Anderenfalls kann V zurücktreten und das Bild gegen Rückzahlung des Kaufpreises herausverlangen (§§ 313 Abs. 3 S. 1, 346 Abs. 1, 348), **ohne** dem K **Schadensersatz** zu schulden.

Beim Doppelirrtum haben beide Parteien eine Fehlvorstellung über wertbildende Faktoren (im Beispiel: den Urheber) des beiderseitig korrekt bezeichneten Vertragsgegenstandes (im Beispiel: das Gemälde). Bei der **übereinstimmenden Falschbezeichnung** (**falsa demonstratio**), die im Rahmen des § 119 Abs. 1 eine Rolle spielt (s. Rn. 208) ist es **umgekehrt**: Die Parteien bezeichnen den Vertragsgegenstand – wenn auch übereinstimmend – falsch („Haifischfleisch"), haben aber beiderseitig die korrekte Vorstellung über seine wertbildenden Faktoren (Walfischfleisch). 282

2. Sache

Nach der Legaldefinition des § 90 sind nur körperliche Gegenstände Sachen. Sachen i.S.d. § 119 Abs. 2 Var. 2 sind aber **auch nichtkörperliche Gegenstände**.[323] 283

320 Vgl. BGH ZIP 2000, 2222, allerdings nur in einem obiter dictum am Ende; Palandt/Ellenberger § 119 Rn. 30, 21a; näher zu § 313 AS-Skript Schuldrecht AT 2 (2020), Rn. 137 ff.

321 Medicus/Petersen BR Rn. 162.

322 Vgl. zur Anspruchsgrundlage Rn. 391 u. AS-Skript BGB AT 1 (2020), Rn. 13, AS-Skript Schuldrecht BT 3 (2019), Rn. 124.

323 Palandt/Ellenberger § 119 Rn. 27; Staudinger/Singer § 119 Rn. 95.

Beispiel:[324] Der Erbe kann die Annahme der Erbschaft wegen Irrtums über eine verkehrswesentliche Eigenschaft der Sache „Nachlass" anfechten, wenn der Erbe ihm unbekannte Schulden hatte.

3. Eigenschaft

284 Eigenschaften sind **alle gegenwärtigen wertbildenden Merkmale, die ihren Grund in der Sache haben und von gewisser Dauer sind.** Im Einzelnen:[325]

a) Merkmale

285 Merkmale ergeben sich zum einen aus der **natürlichen Beschaffenheit** der Sache.

Beispiele: Material, Herstellungsverfahren, Qualität im Vergleich zu ähnlichen Sachen

286 Zum anderen ergeben sich die Merkmale auch aus den **tatsächlichen und rechtlichen Verhältnissen und Beziehungen** der Sache **zu der sie umgebenden Welt.**

Beispiele: Lage eines Grundstücks und auf ihm lastende Berechtigungen Dritter (Hypotheken, Baubeschränkungen); Urheber eines Gemäldes

Der BGH hat das **Eigentum** an einer Sache nicht als Eigenschaft angesehen, weil es nicht außerhalb der Sache liege und nicht ersichtlich sei, „inwiefern dieses auf ... den Wert der Sache Einfluss haben kann." Vielfach wird daraus pauschal abgeleitet, das Eigentum **sei nie eine Eigenschaft.**[326]
Das ist aber nicht überzeugend. Das Eigentum wohnt zwar unmittelbar der Sache selbst inne, bestimmt aber über die §§ 823 Abs. 1, 903 ff., 985 ff., 1004 mittelbar sehr wohl die Beziehungen der Sache zu ihrer Umwelt. Ferner war zwar in dem vom BGH zu entscheidenden Fall die Eigentumslage ohne Relevanz, weil der Verkäufer zwar nicht Eigentümer war, die Sache aber gleichwohl übereignen konnte. In anderen Fällen ist aber der (Vor-)Eigentümer einer Sache – ähnlich wie ihr Urheber bzw. Schöpfer – extrem **wertbildend und verkehrswesentlich** (Begriffe: Rn. 288 und 290). Im Jahr 2005 wurde etwa ein Pkw im technisch betrachteten Wert von knapp 10.000 € für knapp 190.000 € verkauft, alleine weil sein früherer Eigentümer Joseph Ratzinger kurz zuvor zum Papst Benedikt XVI. gewählt wurde. Dieser wirtschaftlichen Realität muss Rechnung getragen werden, indem man das Eigentum generell als **Eigenschaft** anerkennt und dann **im Einzelfall prüft, ob es wertbildend und verkehrswesentlich ist.**[327]

b) Von gewisser Dauer und gegenwärtig

287 Das Merkmal muss **von gewisser Dauer**, also nicht nur ganz vorübergehend und zudem **gegenwärtig** sein. Die **bloße Erwartung des künftigen Eintritts** eines Merkmals genügt daher nicht. Wurde sie allerdings zur gemeinsamen, also nicht nur im Risiko einer Partei liegenden Vertragsgrundlage gemacht, kann § 313 einschlägig sein.

Beispiel: V verkauft K ein Grundstück mit einem Hotel. Sie gehen übereinstimmend davon aus, dass auf dem Nachbargrundstück demnächst ein Kongresszentrum gebaut wird. Dazu kommt es aber nicht.

c) Wertbildend

288 Wertbildend sind alle Merkmale, aus denen sich der **Wert der Sache ergeben kann.** Der **Wert** und der **Preis** der Sache sind hingegen **nicht wertbildend**, sondern nur das Ergebnis des Prozesses der Wertbildung aufgrund aller wertbildenden Merkmale.[328]

---

324 Nach BGH NJW 1997, 392.
325 Vgl. zum Folgenden Staudinger/Singer § 119 Rn. 87.
326 BGH NJW 1961, 772, 775; vgl. Palandt/Grüneberg § 119 Rn. 27.
327 So im Ergebnis auch Staudinger/Singer § 119 Rn. 100.
328 Staudinger/Singer § 119 Rn. 100.

Sonst könnte jeder anfechten, der meint, zu viel Geld gezahlt bzw. zu wenig Geld erhalten zu haben. Der Preis soll aber in einer Marktwirtschaft nicht vom Rechtsanwender und den staatlichen Gerichten kontrolliert werden, sondern sich aus dem Verhandlungsgeschick der Parteien und dem Verhältnis von Angebot und Nachfrage ergeben.

Beispiel: Wer ein Gemälde unter Wert verkauft, weil er meint, es stamme von einem „wertniederen" Urheber, kann anfechten, s. Bsp. in Rn. 281. Wer aber ein Gemälde in Kenntnis des wahren Urhebers unter Wert verkauft, weil er meint, Werke des Urhebers könnten nicht viel wert sein, kann nicht anfechten.

d) In der Sache selbst begründet

Die Beziehungen und Verhältnisse zur Umwelt müssen in der Sache begründet sein. 289
Zweifelhaft ist, ob auch **mittelbare Umstände** erfasst sind,[329] wie etwa der Mietertrag eines verkauften Grundstücks. Wie beim Eigentum (s. Rn. 286) lässt sich aber auch hier argumentieren, dass es unnötig in den Grundsatz der Gewaltenteilung aus Art. 20 Abs. 3 GG eingreift, einen Umstand durch rechtsanwenderische Festlegung einer vom Gesetzgeber nicht formulierten Definition generell auszuschließen. Angemessene Einzelfallergebnisse lassen sich bei der Verkehrswesentlichkeit im konkreten Fall (Rn. 290) erzielen.

Dazu passt ins Bild, dass im **Gewährleistungsrecht** mit Rücksicht auf die Rechtslage vor 2002 zunächst auch vertreten wurde, mittelbare Umstände nicht als **Beschaffenheit** i.S.d. § 434 anzuerkennen. Inzwischen werden diese aber anerkannt, **beispielsweise** eine Herstellergarantie.[330]

4. Verkehrswesentlichkeit im konkreten Fall

Nach ganz h.M. ist nicht erforderlich, dass die Eigenschaft im konkreten Fall (konkludent) vereinbart wird. Sie muss aber **erkennbar dem konkreten Rechtsgeschäft als Motiv für seinen Abschluss zugrunde gelegt** werden, entweder von den Beteiligten selbst oder zumindest von der Verkehrsanschauung.[331] Je nach Einzelfall erlangen dadurch Irrtümer (nur) über bestimmte Eigenschaften den Status eines Anfechtungsgrundes. 290

Beispiel: Die Geeignetheit einer Immobile für Kinder ist eine Eigenschaft. Für Mietwohnungen und Kindertagesstätten ist sie auch verkehrswesentlich, für Atomkraftwerke und Bordelle hingegen nicht.

5. Error in obiecto

Irrt der Erklärende über die **Bedeutung** eines Begriffs, der **zugleich verkehrswesentliche Eigenschaft** einer Sache ist, dann kann das ein Fall des § 119 Abs. 1 Var. 1 oder des § 119 Abs. 2 Var. 2 sein. Auf das Ergebnis hat das keine Auswirkungen (s. bereits Rn. 273). 291

Beispiel:[332] K bestellt bei Weinhändler V eine Kiste „Deidesheimer Goldtropfen" in der Meinung, es handele sich um einen Moselwein. Tatsächlich stammt dieser Wein aber aus der Pfalz. –
1. § 119 Abs. 1 Var. 1 wird vom Gewährleistungsrecht ohnehin nicht gesperrt. Sieht man auch die tatsächlichen Eigenschaften als Teil des Erklärungstatbestands an, dann hat K aus Empfängersicht erklärt „Deidesheimer Goldtropfen aus der Pfalz". Er wollte aber erklären „Deidesheimer Goldtropfen von der Mosel". Erklärtes und Gewolltes weichen voneinander ab, § 119 Abs. 1 Var. 1 ist erfüllt.
2. § 119 Abs. 2 Var. 2 wird nicht gesperrt, da der objektiv vereinbarte Wein geliefert wurde und daher kein Mangel vorliegt. Berücksichtigt man nur das ausdrücklich Erklärte „Deidesheimer Goldtropfen", so

---

329 Dagegen BGH NJW 1978, 370; dafür Medicus/Petersen BR Rn. 139; Staudinger/Singer § 119 Rn. 88 m.w.N.

330 BGH RÜ 2016, 687.

331 Palandt/Ellenberger § 119 Rn. 25.

332 Vgl. zu beiden Lösungen MünchKomm/Armbrüster § 119 Rn. 77; ferner Wolf/Neuner § 41 Rn. 43 ff.

decken sich zwar Erklärtes und Gewolltes, aber K irrt über die Herkunft als Eigenschaft, die bei einem Wein auch verkehrswesentlich ist. § 119 Abs. 2 Var. 2 ist erfüllt.

Beispiel: K vereinbart mit V werkvertraglich die Lieferung eines Klaviers nach „Frankfurt". Auch durch Auslegung lässt sich nicht klären, ob Frankfurt/Oder oder Frankfurt/Main gemeint ist. –
Aufgrund Totaldissenses besteht zwischen K und V kein Vertrag. Es gibt daher auch keinen Anlass für eine Anfechtung, sodass dahinstehen kann, welcher Anfechtungsgrund einschlägig wäre.

II. Verkehrswesentliche Eigenschaft einer Person, § 119 Abs. 2 Var. 1

292 Erfasst ist zweitens der Irrtum über **verkehrswesentliche Eigenschaften einer Person.**

1. Person

293 Jede **natürliche oder juristische Personen** kann Gegenstand des Irrtums sein, also neben dem **Geschäftsgegner** auch **Dritte.** Konkret ist im Rahmen der Verkehrswesentlichkeit (s. Rn. 295) zu prüfen, ob die betreffende Person Bedeutung für das Geschäft hat.

Beispiel: E gewährt S ein Darlehen, weil B eine Bürgschaft für S übernimmt. Später bemerkt E, dass S und B wider Erwarten verarmt sind und von ihnen daher (angesichts §§ 850 ff. ZPO) nichts zu holen ist. –
S und B sind Personen. Ihre Solvenz ist eine Eigenschaft (s. Rn. 294) und – sowohl hinsichtlich S als auch hinsichtlich B – verkehrswesentlich (s. Rn. 295) für den Entschluss des E, den Darlehensvertrag abzuschließen. E kann daher den Darlehensvertrag gemäß § 119 Abs. 2 Var. 1 anfechten (und könnte dies auch dann, wenn nur S oder nur B verarmt wäre).

Weiteres **Beispiel** in Rn. 263 zum Schweigen im Rahmen einer Schuldübernahme.

2. Eigenschaft

294 Eigenschaften sind zum einen solche Attribute, die **der Person dauerhaft „anhaften".**

Beispiele:[333] Lebensalter, Gesundheitszustand, Leistungsfähigkeit, Vertrauenswürdigkeit, Sachkunde

Erfasst sind aber auch solche tatsächlichen und rechtlichen Verhältnisse, die die **Wertschätzung** einer Person beeinflussen.

Beispiele:[334] Vermögensverhältnisse, Konfession, Vorstrafen, Parteizugehörigkeit

3. Verkehrswesentlichkeit im konkreten Fall

295 Die Eigenschaft muss für die Beteiligten oder zumindest nach der Verkehrsanschauung **erkennbar Motiv für den Abschluss des konkreten Rechtsgeschäfts** sein.

296 ■ Je nach **Einzelfall** erlangen dadurch Irrtümer (nur) über bestimmte Eigenschaften den Status eines Anfechtungsgrundes.

Beispiel: B kauft bei V Wasser. V ist Moslem, B kauft aber aus Prinzip nur bei Christen. –
B kann nicht anfechten, denn es war nicht erkennbar, dass er auf die Konfession des V wert legt. Auch nach der Verkehrsanschauung ist die Konfession eines Verkäufers regelmäßig ohne Relevanz.

Gegenbeispiel: Wie zuvor, aber B kauft Weihwasser.

333 Palandt/Ellenberger § 119 Rn. 26.
334 Palandt/Ellenberger § 119 Rn. 26.

- **Zahlungsfähigkeit** und **Kreditwürdigkeit** sind verkehrswesentlich, 297
  - wenn das Geschäft **auf dem Vertrauen in diese beruht**

    Beispiel: B schließt mit U einen Werkvertrag über die Errichtung eines Einfamilienhauses, davon ausgehend und darauf hoffend, dass U nicht vor der Fertigstellung insolvent wird.

    Gegenbeispiel: B beauftragt U für 10 €, zahlbar bei Abholung, ein Türschild zu gravieren.

  - und das Geschäft **nicht** die **Zahlungsfähigkeit und Kreditwürdigkeit absichert**.

    Beispiele: Der Darlehensgeber kann das Darlehen und die Sicherungsgeschäfte anfechten, wenn die beteiligten Personen nicht solvent sind (Schuldübernehmer, vgl. Rn. 263; Bürge und/oder Hauptschuldner, vgl. Rn. 293).

    Gegenbeispiel: Im Beispiel in Rn. 293 kann hingegen der **Bürge** B die **Bürgschaft** nicht anfechten, wenn er davon ausgegangen war, Hauptschuldner S sei solvent. Es ist gerade die vertragliche Hauptpflicht des B, das Risiko für die Zahlungsunfähigkeit des S zu tragen.[335]

- Die **Vertrauenswürdigkeit** ist verkehrswesentlich, wenn stark persönliche, insbesondere sich über lange Zeit erstreckende Leistungen Vertragsgegenstand sind.[336] 298

  Ein Prokurist muss **beispielsweise** vertrauenswürdig sein, der Käufer einer Tafel Schokolade nicht.

- Hinsichtlich der Eigenschaften von **Arbeitnehmern** gilt insbesondere:[337] 299
  - Der **Gesundheitszustand** ist verkehrswesentlich, wenn der Arbeitnehmer die vertraglich übernommene Tätigkeit nicht oder kaum ausführen kann.

    Beispiel: Eine chronische und ansteckende Infektion ist für eine Pflegekraft auf einer Station für immungeschwächte Patienten verkehrswesentlich, nicht aber für einen Leuchtturmwärter auf einer einsamen Insel, solange seine körperliche Verfassung ihm erlaubt, die Treppen zu steigen.

  - Parallel dazu ist die **Konfession** oder die **politische Ausrichtung** nur bei der Tätigkeit für Tendenzbetriebe nach § 118 Abs. 1 BetrVG[338] verkehrswesentlich.
  - Eine **Schwangerschaft** ist nach h.M. „nicht von gewisser Dauer" i.S.d. Eigenschaftsdefinition und daher bereits keine Eigenschaft.[339]

  Zur Anfechtung des Arbeitgebers nach § 123 Abs. 1 Var. 1 aufgrund einer **unzulässigen Frage** nach einer nicht verkehrswesentlichen Eigenschaft s. Rn. 324.

4. Error in persona

Irrt der Erklärende über die **Bedeutung** eines Begriffs, der **zugleich verkehrswesentliche Eigenschaft** einer Person ist, dann kann das ein Fall des § 119 Abs. 1 Var. 1 oder des § 119 Abs. 2 Var. 2 sein. Auf das Ergebnis hat das aber keine Auswirkungen, s. Rn. 291.

Beispiel: A sucht im Internet nach der Telefonnummer des ihm für gute Arbeit bekannten „Malermeister Müller". Er beauftragt (einen) Malermeister Müller, der ihm bislang unbekannt war.

---

335 MünchKomm/Armbrüster § 119 Rn. 128.

336 Staudinger/Singer § 119 Rn. 90.

337 Vgl. zum Folgenden ausführlich AS-Skript Arbeitsrecht (2019), Rn. 237 ff., insbesondere Rn. 254.

338 Schönfelder Ergänzungsband Ordnungsziffer 82.

339 BAG NJW 1992, 2173.

Anfechtung gemäß § 119 Abs. 2

Anwendbarkeit des § 119 Abs. 2

Die Anfechtung gemäß § 119 Abs. 2 ist **ausgeschlossen, soweit Gewährleistungsrechte** eingreifen.

- Unstreitig für den Käufer und Werkbesteller; str. für den Mieter
- Für den Verkäufer/Werkunternehmer/Vermieter nur ausnahmsweise nach § 242, wenn er sich der von der Gegenseite verlangten Gewährleistung entzieht.
- Auch vor Gefahrübergang (h.M.)
- Nicht hingegen, wenn die Eigenschaft keinen Mangel darstellt

Beim gemeinsamen Irrtum beider Parteien über den gleichen Umstand (**Doppelirrtum**) ist nach e.A. § 313, nach a.A. § 119 Abs. 2 einschlägig

Eigenschaften von Sachen oder Personen

Eigenschaften sind alle generellen gegenwärtigen wertbildenden Merkmale, die ihren Grund in der Sache bzw. der Person haben und von gewisser Dauer sind. Keine Eigenschaft ist der Wert der Sache selbst.

Sachen i.S.d. § 119 Abs. 2 sind auch unkörperliche Gegenstände.

Personen sind sowohl natürliche als auch juristische Personen. Zu deren generellen Eigenschaften gehören sowohl diejenigen, die der Person „anhaften" als auch tatsächliche oder rechtliche Verhältnisse (z.B. Kreditwürdigkeit).

Verkehrswesentlichkeit

Verkehrswesentlich sind die **vertraglich vereinbarten** und die dem Rechtsgeschäft **von den Parteien oder der Verkehrsanschauung zugrunde gelegten** Eigenschaften.

Maßgeblich ist der **konkrete Fall** und die **konkret betroffene Sache** bzw. die **konkret betroffenen Personen** in ihrer jeweiligen **konkreten Funktion** (Solvenz: oft ja, aber nicht für die Anfechtung durch den Bürgen; Ansteckende Infektion: Pflegekraft vs. Leuchtturmwärter)

E. Anfechtungsgrund des § 120

Der Erklärende kann seine Willenserklärung gemäß § 120 anfechten, wenn sie **durch eine hierzu verwendete Person oder Einrichtung unrichtig übermittelt** wird. 300

Hinweis: *§§ 120, 122 zeigen, dass der* ***Erklärende das Risiko der Fehlübermittlung trägt****. Der Empfänger wird in seinem Vertrauen auf den (verfälschten) Inhalt geschützt. Die Erklärung ist wirksam. Der Erklärende kann anfechten, schuldet dann aber Schadensersatz.*

Im Einzelnen besteht das Anfechtungsrecht unter folgenden **Voraussetzungen**:

- Der Übermittelnde (bzw. der Inhaber der Einrichtung) muss **Erklärungsbote**[340] (§ 164 Abs. 1 analog) sein (vgl. Rn. 270 ff.). 301

  Beispiele[341] neben dem „klassischen" berittenen Boten: Dolmetscher, Postdienstleister und -kuriere, Internetprovider, E-Mail-Provider

  - Nicht erfasst sind hingegen **Erklärungsvertreter** (§ 164 Abs. 1), weil diese die Erklärung des Erklärenden **nicht übermitteln**, sondern eine eigene Erklärung (obgleich im Namen des Vertretenen) formulieren. Hier bleibt nur die Anfechtung des Hauptgeschäfts und/oder der Vertretungsmacht nach § 119 und § 123.[342]

  - Auch **Empfangsboten** (§ 164 Abs. 3 analog) sind nicht erfasst.[343] Sie werden **nicht** vom Erklärenden **zur „Übermittlung" i.S.d. § 120** der Erklärung in den Machtbereich des Empfängers **verwendet**. Vielmehr verwendet der Empfänger sie zur Weiterleitung der bereits in seinen Machtbereich (und daher in seine Risikosphäre) übermittelten Erklärung an sich selbst.

- Für **bewusste Veränderungen** der Erklärung durch den Erklärungsboten gilt:[344] 302

  - Nach e.A.[345] muss der Erklärungsbote die Erklärung **unbewusst unrichtig** übermitteln. Dafür spricht, dass auch § 119 nur unbewusste Fehlleistungen erfasst – absichtlicher Irrtum ist ein Paradoxon. Konsequenz dieser Ansicht ist, dass die **bewusst veränderte Erklärung nicht mehr eine solche des Erklärenden** ist. Sie wirkt daher nicht für und gegen ihn, wenn sie einseitig ist (analog § 180) bzw. nur, wenn er den Vertrag genehmigt (analog §§ 177 Abs. 1, 184, 182). Anderenfalls haftet der Erklärungsbote analog § 179 der Gegenseite und der Erklärende nicht.

  - Nach a.A.[346] **wirkt auch die bewusst falsch übermittelte Erklärung zunächst für und gegen den Erklärenden**, denn mit Einschaltung des Boten habe er das Risiko auch der bewusst falschen Übermittlung geschaffen. Zudem differenziere der Wortlaut des § 120 nicht nach bewussten und unbewussten Veränderungen der Erklärung. Der Erklärende kann nach dieser Ansicht seine (verfälschte) Erklärung nach § 120 anfechten, haftet dann aber nach § 122.

---

340 Vgl. zum Begriff und zur folgenden Abgrenzung AS-Skript BGB AT 1 (2020), Rn. 116, 303 ff.

341 Nach Palandt/Ellenberger § 120 Rn. 2.

342 Vgl. zur Anfechtung der Vollmacht AS-Skript BGB AT 1 (2020), Rn. 366 ff.

343 Vgl. Staudinger/Singer § 120 Rn. 6.

344 Vgl. AS-Skript BGB AT 1 (2020), Rn. 312.

345 Palandt/Ellenberger § 120 Rn. 4; vgl. auch MünchKomm/Schubert § 164 Rn. 79 f.

346 Medicus/Petersen AT Rn. 748; Staudinger/Singer § 120 Rn. 2.

F. Anfechtungsgründe des § 123

303 § 123 schützt die **Freiheit der Willensentschließung vor treuwidrigen Einflüssen.**

- § 123 Abs. 1 Var. 1 regelt die Anfechtung im Falle einer **Täuschung.** Täuscht ein Dritter, so müssen die zusätzlichen Voraussetzungen des § 123 Abs. 2 S. 1 vorliegen.

  Hinweis: § 123 Abs. 2 S. 1 *ist also inzident zu prüfen, er enthält* ***keinen eigenen Anfechtungsgrund.*** *Ferner erleichtert er die Anfechtung nicht, sondern* ***er erschwert*** *sie.*

- § 123 Abs. 1 Var. 2 räumt im Falle einer **Drohung** ein Anfechtungsrecht ein. Unerheblich ist, wer droht, § 123 Abs. 2 S. 1 betrifft diesen Fall nicht.

§ 123 Abs. 2 S. 2 trifft eine Regelung über den **Anfechtungsgegner.**

304 Im **Unterschied zu § 119 und § 120** ist nicht der Empfänger, sondern **der Erklärende schutzwürdig.** Er schuldet daher **keinen Schadensersatz** nach § 122. Und er muss nicht unverzüglich, sondern gemäß § 124 Abs. 1 nur binnen **Jahresfrist** anfechten.

I. Konkurrenzen

305 Für das **Verhältnis** der Anfechtung nach § 123 **zu anderen Regelungen** gilt:

306 ■ Die Täuschung (§ 123 Abs. 1 Var. 1) kann beim Erklärenden Motivirrtümer im Vorfeld seiner Erklärung und/oder Irrtümer bei Erklärungsabgabe auslösen, sodass **auch § 119** erfüllt sein kann. Der Erklärende hat dann ein Wahlrecht.

Wegen der Frist und der fehlenden Schadensersatzpflicht ist **§ 123 Abs. 1 die bessere Wahl.**

307 ■ **§ 134** und **§ 138** sind nicht einschlägig, soweit der Vorwurf sich in der **Willensbeeinflussung** erschöpft. Denn dann soll das Geschäft nicht ipso iure, sondern erst aufgrund einer Anfechtungserklärung nichtig sein. **Weitere Umstände,** die nicht unter § 123 fallen, sind hingegen an den §§ 134, 138 zu messen (vgl. Rn. 97).

308 ■ Ein Anspruch aus **§§ 280 Abs. 1, 311 Abs. 2, 241 Abs. 2** tritt neben die Anfechtung (insbesondere) nach § 123 Abs. 1, sofern seine Voraussetzungen und ein Vermögensschaden vorliegen. Er ist nach Wahl des Geschädigten auf Nachteilskompensation bei Festhalten am Vertrag oder **auf Vertragsaufhebung** gerichtet.[347] Letzterenfalls ist strittig, ob er nach §§ 195, 199 Abs. 1 frühestens nach drei Jahren oder analog § 124 Abs. 1 u. 2 nach Jahresfrist **verjährt.**[348] Für die letztgenannte Ansicht spricht, dass § 124 nicht umgangen werden soll. Für erstgenannte Ansicht spricht, dass die Anfechtung auch ohne Verschulden möglich ist, sodass bei einem verschuldensabhängigen Schadensersatzanspruch eine längere Frist nicht unbillig ist.

Beispiel: F verhandelt mit ihrem Lebensgefährten M im Februar 2021 über den Ankauf seines Grundstücks. Als der schwächliche M ablehnt, zwingt die herrische F ihn zur Auflassung. Im Juni 2021 zieht M aus der gemeinsamen Wohnung aus und in eine geheime Wohnung ein.
I. Die Frist zur Anfechtung nach **§ 123 Abs. 1 Var. 2** beträgt gemäß § 124 Abs. 1 ein Jahr. Sie beginnt gemäß § 124 Abs. 2 mit Ende der Zwangslage, d.h. mit dem Auszug. Sie endet also im Juni 2022.
II. M hat einen Schadensersatzanspruch aus **§§ 280 Abs. 1, 311 Abs. 2, 241 Abs. 2,** denn F hat ihm pflichtwidrig und vorsätzlich im Rahmen der Vertragsverhandlungen gedroht. Gemäß **§ 249 Abs. 1**

347 Vgl. Rn. 216 sowie BGH RÜ 2018, 416, 419 (Rn. 12).
348 Für §§ 195, 199 Abs. 1 BGH RÜ 2013, 345; für § 124 analog MünchKomm/Armbrüster § 123 Rn. 103.

ist M in Natur so zu stellen, wie er ohne die Drohung stünde. Dann hätte M nicht die Auflassung erklärt, sodass er von F Rückauflassung verlangen kann. Nach einer Ansicht verjährt der Anspruch gemäß §§ 195, 199 Abs. 1 mit Ablauf des Jahres 2024, nach a.A. analog § 124 Abs. 1 u. 2 im Juni 2022.

- Neben der Anfechtung nach § 123 Abs. 1 besteht häufig ein **Schadensersatzanspruch** aus **§ 823 Abs. 2 i.V.m. § 263 StGB bzw. § 240 StGB** und aus **§ 826**. 309

II. Arglistige Täuschung, § 123 Abs. 1 Var. 1

Die Anfechtung wegen arglistiger Täuschung hat folgende **Voraussetzungen**: 310

1. Täuschung

Täuschung ist jedes **Vorspiegeln, Entstellen oder Unterdrücken von Tatsachen.**[349] 311

a) Tatsachen

Tatsachen sind **objektiv nachprüfbare, konkrete** Begebenheiten, Ereignisse und Zustände, die vorliegen oder nicht vorliegen (**negative Tatsache**). Neben den **äußeren** gibt es auch **innere Tatsachen** wie Pläne und Fähigkeiten. 312

Beispiel: Der Käufer erklärt, sofort nach Lieferung zu zahlen, obwohl er dies in Wahrheit nicht kann (Zahlungsfähigkeit) oder will (Zahlungswilligkeit). Reine Begriffsfrage ist, ob man anstatt von der Zahlungsfähigkeit (positive Tatsache) von der fehlenden Zahlungsunfähigkeit (negative Tatsache) spricht.

Keine Tatsachen sind **Werturteile** und **Meinungen**, denn sie sind nicht objektiv nachprüfbar. Auch **übertriebene Anpreisungen** sind regelmäßig keine Tatsachen, denn sie sind regelmäßig nicht konkret, nicht nachprüfbar und/oder nicht ernst gemeint. 313

Beispiel: Hobbydestillateur Hinnerk sagt, sein selbstgebrannter Schnaps sei der leckerste in ganz Ostfriesland und verleihe zudem Flügel.

Hinweis: *Tatsache und Meinung sind auch bei Art. 5 Abs. 1 GG und § 263 StGB abzugrenzen.*

b) Handlung: Vorspiegeln, Unterstellen oder Unterdrücken

Der Anfechtungsgegner muss falsche Tatsachen **als wahr vorspiegeln** oder **wahre Tatsachen entstellen** (d.h. verfälschen) bzw. **unterdrücken** (d.h. verheimlichen). 314

Das kann durch **ausdrückliches oder konkludentes positives Tun** geschehen. 315

Beispiel: Wer eine Sache kauft, erklärt konkludent, zahlungsfähig und -willig zu sein.

Insbesondere ein Unterdrücken, aber auch die anderen Modalitäten können durch ein **Unterlassen** verwirklicht werden. Dann ist aber erforderlich, dass eine **Rechtspflicht zum Handeln, insbesondere zur Aufklärung** bestand. Eine Aufklärungspflicht ergibt sich aus **Treu und Glauben** (§ 242) unter Berücksichtigung der **Umstände des Einzelfalles**. 316

- Die Abgrenzung des Unterlassens zur konkludenten Erklärung ist mitunter fließend, maßgeblich ist in Zweifelsfällen der **Schwerpunkt der Vorwerfbarkeit**. 317

349 Vgl. zum Folgenden Palandt/Ellenberger § 123 Rn. 2 ff.

Aufbauhinweis: *Da eine Aufklärungspflicht gesondert zu begründen ist, ist* ***vorrangig eine konkludente Erklärung*** *zu prüfen. Ebenso sollten Sie bei §§ 263, 13 StGB vorgehen, wobei aus einer Garantenstellung nicht zwingend eine Aufklärungspflicht i.S.d. § 123 folgt und umgekehrt.* ***Zivilrechtlich*** *können Sie wegen der identischen Rechtsfolgen die Konkludenz* ***dahingestellt sein lassen****, wenn jedenfalls eine Aufklärungspflicht bestand. Im* ***Strafrecht*** *ist das nicht zulässig, denn die* ***Rechtsfolge des Unterlassungsdelikts kann anders ausfallen als die des Begehungsdelikts****, vgl. §§ 13 Abs. 2, 49 Abs. 1 StGB.*

318 ■ Es besteht **keine allgemeine uneingeschränkte Aufklärungspflicht** über alle mit einem Rechtsgeschäft verbundenen Risiken. Jede Partei muss grundsätzlich eigenverantwortlich ermitteln, ob die Umstände, die sie zu dem Rechtsgeschäft veranlassen, tatsächlich gegeben sind und ob sein Zweck erreicht werden kann.[350]

319 ▪ Es besteht aber die Pflicht, **konkrete Fragen vollständig und richtig zu beantworten**. Wenn der Gefragte die **Antwort nicht kennt**, so muss er dies wahrheitsgemäß **sagen**. Lügt er hingegen, so täuscht er, auch wenn die Frage unüblich ist.

Beispiel: Der gläubige Käufer einer Einbauküche fragt, ob der Backofen von frommen Ingenieuren erfunden wurde. –
Der Verkäufer muss die Religion der Ingenieure nennen oder – soweit er diese nicht kennt – sagen, dass ihm die Religion unbekannt ist.

320 ▪ Darüber hinaus besteht die Pflicht, **ungefragt** über solche Umstände aufzuklären, die den **Vertragszweck vereiteln können** und nach der objektiven Verkehrsanschauung **für die Willensbildung von wesentlicher Bedeutung** sind.

Beispiel:[351] Der Verkäufer muss den Käufer eines Pkw auch ungefragt über Unfallschäden, die nicht bloße Bagatellen sind, sowie über eine Manipulierung des Kilometerstandes aufklären. Beide Tatsachen beeinflussen erheblich den Wert und sind daher von wesentlicher Bedeutung.

Beispiel:[352] Der Verkäufer muss dem Käufer, der Wohnraum sucht, mitteilen, wenn die für eine Wohnnutzung erforderliche Genehmigung fehlt. Bedarf es keiner Genehmigung, aber einer Anzeige der Wohnnutzung, dann muss der Verkäufer mitteilen, wenn er diese Anzeige nicht vorgenommen hat. Das Fehlen der Genehmigung bzw. Anzeige ist eine negative Tatsache.

Hinweis: *Die Anfechtung kann aber an der* ***Kausalität*** *(Rn. 322; der Käufer hätte den Ofen auch bei Erfindung durch Atheisten gekauft) oder an der* ***Arglist*** *(Rn. 326 f.; der Pkw hatte zwar einen Unfall, aber der Verkäufer ist sich sicher, dass er unfallfrei ist) scheitern.*

Nach allgemeinen Grundsätzen müsste der Käufer die für ihn vorteilhafte Täuschung durch unterbliebene Aufklärung beweisen. **Negative Tatsachen** sind aber kaum zu beweisen, daher greift eine **sekundäre Darlegungslast**: Zunächst muss der Verkäufer darlegen, wann und wie er konkret aufgeklärt hat. Der Käufer hat dann bereits Erfolg, wenn er darlegt und beweist, dass dieser konkrete Vortrag nicht stimmt; er muss also nicht jede theoretisch denkbare Variante entkräften.
Ebenso ist es, wenn der **Irrtum bereits zuvor durch ein aktives Tun des Aufklärungspflichtigen verursacht** wurde, etwa durch die Erklärung, es seien keine unsichtbaren Mängel der Kaufsache bekannt, und der Aufklärungspflichtige behauptet, er habe später eine Aufklärung nachgeholt. **Das Fortbestehen eines einmal eingetretenen Irrtums wird also nicht zugunsten des Getäuschten vermutet.** Der Getäuschte muss also auch hier die behauptete nachgeholte Aufklärung mit entsprechender Darlegung und Beweisführung angreifen. Allerdings sind dabei die Anforderungen an das Beweismaß herabzusetzen, weil eine reumütige nachträgliche Aufklärung eher unüblich ist.[353]

---

350 BGH NJW 1989, 763, 764.

351 Nach BGH RÜ 2008, 72.

352 BGH RÜ 2015, 77 (ergänzend dargestellt in RÜ2 2015, 17).

353 BGH RÜ2 2015, 17 (ergänzend dargestellt in RÜ 2015, 77); BGH MDR 2020, 1116.

2. Irrtum

Ein Irrtum ist die **Fehlvorstellung über Tatsachen**. Wie im Rahmen des § 119 müssen also die **objektive Sachlage und subjektive Vorstellungswelt auseinanderfallen**. 321

Anders als § 263 StGB **erwähnt § 123 Abs. 1 S. 1 den Irrtum nicht ausdrücklich**. „Durch Täuschung bestimmt" kann aber nur werden, wer irrt. Denn wer die wahre Sachlage und daher die Täuschung erkennt, also nicht irrt, der wird gerade nicht die Erklärung abgeben, auf die die Täuschung abzielt.

3. Kausalität

Die Täuschungshandlung muss **kausal für den Irrtum** und der Irrtum muss **kausal für die Erklärung** sein (§ 123 Abs. 1 Var. 1: „durch ... bestimmt"). Mitursächlichkeit reicht.[354] Daraus ergibt sich die Kausalkette: Täuschung – Irrtum – Erklärung. 322

Beispiel: Treten Zahlungsunfähigkeit und/oder -unwilligkeit (vgl. Rn. 315) des Käufers erst nach Abschluss des Kaufvertrags ein, kann der Verkäufer den Kaufvertrag nicht anfechten. Bei Abgabe der Erklärung des Verkäufers hatte der Käufer die Wahrheit gesagt, also bereits nicht getäuscht. Eine mögliche spätere Täuschung (auf Nachfrage oder auch durch Unterlassen der Aufklärung) kann denklogisch nicht kausal für die Verpflichtungserklärung des Verkäufers sein – sehr wohl aber für seine Übereignungserklärung, wenn diese noch nicht vorliegt („Wir wollen morgen den bestellten Schrank liefern. Haben Sie das Geld passend da?" „Ja, natürlich.").

4. Widerrechtlichkeit

Die Täuschung muss, auch wenn dies nur für die Drohung (§ 123 Abs. 1 Var. 2) angeordnet wird, **widerrechtlich** sein. In der Rechtsordnung gilt, dass eine per se tatbestandliche Handlung keine Auswirkungen hat, soweit sie **gerechtfertigt** ist. 323

Gerechtfertigt ist insbesondere die **Lüge auf eine unzulässige Frage des Arbeitgebers**.[355] Unzulässig sind angesichts **§ 7 AGG**[356] Fragen nach Tatsachen, die an die **in § 1 AGG genannten Merkmale** anknüpfen, es sei denn, diese stellen eine entscheidende und berufliche Anforderung dar (§ 8 Abs. 1 AGG). Ferner sind gewisse Benachteiligungen wegen Religion, Weltanschauung und Alter zulässig (§§ 9 u. 10 AGG). 324

Beispiele: Ein städtische Kindertagesstätte darf einen Erzieher im Vorstellungsgespräch gemäß §§ 7 u. 1 AGG nicht nach seiner Religion fragen, denn diese ist im konkreten Fall keine entscheidende berufliche Anforderung i.S.d. § 8 Abs. 1 AGG. Eine kirchliche Kindertagesstätte darf diese Frage hingegen stellen, vgl. § 9 AGG. Ferner darf angesichts § 9 AGG ein Unternehmen, das zwei Personen zum Testen der Sauberkeit von Herren- und Damentoiletten anstellen will, nach dem Geschlecht der Bewerber fragen.

Hinsichtlich **nicht in § 1 AGG genannter personenbezogenen Merkmale** ist eine Frage unzulässig, wenn eine **allgemeine Interessenabwägung** ergibt, dass das Interesse des Arbeitnehmers an der Geheimhaltung das Interesse des Arbeitgebers an der korrekten Beantwortung der Frage überwiegt. Wichtiges Kriterium hierfür ist, ob die Tatsache **im konkreten Fall verkehrswesentlich** ist (vgl. Rn. 295), ähnlich wie bei § 8 Abs. 1 AGG. 325

Beispiele:[357] Es darf nur nach tätigkeitsrelevanten Vorstrafen gefragt werden, etwa bei einem Kassierer nach Diebstahl (§ 242 StGB) oder bei einem Erzieher nach Vorstrafen im Bereich der Sexualdelikte (§§ 174 ff. StGB), bei beiden aber nicht nach unerlaubtem Entfernen vom Unfallort (§ 142 StGB).

---

354 BGH NJW 1991, 1673, 1674.

355 BAG RÜ 2003, 433; ausführlich AS-Skript Arbeitsrecht (2019), Rn. 237 ff.

356 Schönfelder Ordnungsziffer 34.

357 BAG NJW 2013, 1115.

5. Arglist und Angaben „ins Blaue hinein“

326 Arglist erfordert keine Absicht (dolus directus 1. Grad), aber **Kenntnis der Unrichtigkeit** der Angaben (dolus directus 2. Grad) oder **zumindest ihr für möglich Halten** (dolus eventualis). Zudem muss der Handelnde es **für möglich halten**, dass der Erklärende die **Erklärung aufgrund der unrichtigen Angaben** abgibt.[358]

Beispiel:[359] V verkauft K ein Haus zu Wohnzwecken. V weiß, dass das Haus aufgrund Feuchtigkeitsschäden nicht bewohnbar ist. Er vermutet, dass K das Haus bei Kenntnis hiervon nicht kaufen würde.

Die **Arglist eines von mehreren Verkäufern** wird den anderen Verkäufern **zugerechnet.**[360]

Nicht erforderlich ist hingegen, dass der Handelnde den Erklärenden auch **schädigen** will, denn § 123 schützt nicht das Vermögen, sondern die Willensfreiheit. Daher muss selbst dann die Anfechtung möglich sein, wenn die Täuschung im Gegenteil zum (vermeintlich) Besten des Erklärenden erfolgt (str.).[361]

327 Grob fahrlässige Unkenntnis genügt nicht.[362] Wer aber **in bewusster Unkenntnis „ins Blaue hinein“ Behauptungen aufstellt**, der hält die Unrichtigkeit für möglich und verschweigt wissentlich seine Unkenntnis, eine verkehrswesentliche innere Tatsache.[363]

Beispiel:[364] K fragt V, ob der gebrauchte Pkw unfallfrei bzw. das Gemälde ein Original sei. Wenn V von der Vorgeschichte nichts weiß, dann muss er dies sagen. Antwortet er mit „Ja.“ und stellt sich heraus, dass es sich um einen Unfallwagen bzw. um eine Fälschung handelte, dann hat V arglistig getäuscht.

Gegenbeispiel:[365] Der Verkäufer, der bei Errichtung des Kaufobjekts **unbewusst von DIN-Vorschriften abweicht** und sodann dem Käufer sagt, alle Vorschriften seien eingehalten, handelt nicht arglistig. Er kennt weder die Abweichung, noch macht er Angaben ins Blaue, da er seine Unkenntnis von der Abweichung nicht kennt.

Wie in Rn. 320 dargestellt täuscht auch derjenige, der **trotz Aufklärungspflicht schweigt**. **„Ins Blaue hinein“** geschieht dieses Schweigen aber **nur soweit**, wie im konkreten Einzelfall die **Pflicht** besteht, sich **über die Tatsachen Kenntnis zu verschaffen**.

Beispiel:[366] Ein Gebrauchtwagenhändler ist grundsätzlich nicht verpflichtet, jedes Fahrzeug intensiv zu untersuchen. Vielmehr genügt eine (fachmännische) Sichtprüfung. Hat ein Pkw erhebliche (und daher für den Käufer entscheidend wichtige), aber äußerlich nicht erkennbare Rostschäden und verschweigt der Verkäufer diese, so täuscht er zwar durch Unterlassen, aber nicht „ins Blaue hinein“. Das gilt insbesondere dann, wenn zuvor nicht einmal bei der HU die Schäden aufgefallen sind.
Bei konkreten Anhaltspunkten (z.B. bereits durch Sichtprüfung erkennbare, geringe Rostschäden) ist aber eine intensive Untersuchung erforderlich. Verschweigt der Verkäufer dann, dass er das Fahrzeug nicht auf versteckte, erhebliche Rostschäden untersucht hat, so „schweigt er arglistig ins Blaue hinein“.

III. Täuschung durch einen Dritten, § 123 Abs. 2

328 **§ 123 Abs. 2 S. 1 verschärft die Voraussetzungen** der Anfechtung **empfangsbedürftiger Erklärungen** bei **Täuschungen** (nur) **durch Dritte**, die dem Erklärungsempfänger **nicht zuzurechnen** sind. Der Getäuschte kann nur anfechten, wenn **der Erklärungs-**

358 BGH RÜ 2019, 490 (zu § 444 BGB).

359 Nach BGH RÜ 2018, 549.

360 BGH RÜ 2016, 552.

361 Vgl. Palandt/Ellenberger § 123 Rn. 11 m.w.N.

362 BGH RÜ 2016, 751, Rn. 21; BGH RÜ 2013, 413.

363 BGH RÜ 2012, 345; OLG Stuttgart RÜ 2011, 345; s. zur Arglist im Rahmen des § 166 auch AS-Skript BGB AT 1 (2020), Rn. 410 ff., insbesondere Rn. 419 ff. u. 429 ff.

364 Nach BGH RÜ 2018, 545; BGH RÜ 2001, 348.

365 Nach BGH RÜ 2020, 276.

366 Nach BGH RÜ 2015, 481.

empfänger die Täuschung des Dritten kannte oder i.S.d. § 122 Abs. 2 **kennen musste**. Bei Täuschungen **zuzurechnender Personen (Nicht-Dritter)** kann der Erklärende hingegen auch anfechten, wenn sie dem Erklärungsempfänger unbekannt waren.

Bei **nicht empfangsbedürftigen Erklärungen** bleibt es nach dem Wortlaut des § 123 Abs. 2 S. 1 beim Grundsatz des § 123 Abs. 1 Var. 1: Sie sind anfechtbar, egal welche Person arglistig getäuscht hat.[367]

Fall 9: Treuherzige Eheleute

Als A von der Bank B bedrängt wird, Sicherheiten für ein bereits ausgezahltes Darlehen zu leisten, begibt A sich zu den älteren Eheleuten E. A schlägt E vor, ihm ihren Hof zu übertragen und ihnen im Gegenzug ein Wohnhaus für den Lebensabend zu bauen. Erforderlich sei aber zuvor, dass die E eine bislang ihnen zustehende Eigentümergrundschuld über 50.000 € an B abtreten, damit B dem A ein Darlehen für den Hausbau bereitstellt. Das Geld werde er – A – natürlich an B zurückzahlen. In Wahrheit hatte A nie vor, das Haus zu errichten. Es ging ihm nur darum, die E zur Grundschuldübertragung für die bereits ausgezahlten und verbrauchten Kredite zu überreden. Zudem hatte B erkannt, dass E in geschäftlichen Dingen sehr unerfahren sind.

Als A nicht zahlt, geht B gegen E aus der formgemäß übertragenen Grundschuld vor. Zu Recht, wenn E der B gegenüber sofort die Anfechtung wegen arglistiger Täuschung erklären?

B könnte gegen E aus der Grundschuld einen Anspruch auf **Duldung der Zwangsvollstreckung** gemäß **§§ 1147, 1192 Abs. 1, 1191 Abs. 1** haben. **329**

E haben ihre **Grundschuld** formgerecht gemäß §§ 873, 1192 Abs. 1, 1154 auf B **übertragen** (Zweiterwerb). Ferner zahlt A nicht, sodass der **Sicherungsfall eingetreten** und der Anspruch daher durchsetzbar wäre. Wenn E allerdings ihre Übertragungserklärung durch **Anfechtung** gemäß § 142 Abs. 1 ex tunc vernichtet haben, dann sind sie Inhaber der Grundschuld geblieben. Anfechtungsgrund könnte **§ 123 Abs. 1 Var. 1** sein.

Hinweis: *§ 1154 gilt für die* ***Abtretung der Forderung****, welche* ***ipso iure die Hypothek mitreißt****, §§ 1153 Abs. 1, 401. Eine* ***Grundschuld muss einzeln abgetreten werden****, über § 1192 Abs. 1 gilt § 1154 hierfür.*[368]

I. Der Tatbestand des § 123 Abs. 1 Var. 1 muss erfüllt sein. A hat den E als **innere Tatsache** seine Absicht **vorgespiegelt**, ein Einfamilienhaus zu errichten und das Darlehen selbst zurückzuzahlen. E glaubten dem A und **irrten** daher **aufgrund der Täuschung**. Ihre **Übertragungserklärung** wiederum gaben sie **aufgrund** ihres Irrtums ab. A wusste auch, dass er die vorgespiegelte Leistungsbereitschaft nicht hatte, er täuschte also **arglistig**. Der Tatbestand des § 123 Abs. 1 Var. 1 ist mithin erfüllt.

II. B hatte aber von der Täuschung der E durch A **weder Kenntnis, noch hätte** sie diese **i.S.d. § 122 Abs. 2 haben müssen**. Daher können E ihre empfangsbedürftige Übertragungserklärung gemäß § 123 Abs. 2 S. 1 **nur anfechten, wenn A nicht „Dritter"** ist. **330**

1. **Dritter ist jedenfalls**, wer am Geschäft **gänzlich unbeteiligt** ist, unter keinem Gesichtspunkt dem **Kreis des Empfängers** zuzurechnen ist und nicht in **dessen** **331**

367 Vgl. Brox/Walker Rn. 455.

368 Näher AS-Skript Sachenrecht 2 (2019), Rn. 445 f.

Lager steht.[369] Im Lager des Empfängers stehen jedenfalls die Personen, die ihm **nach § 278 S. 1 Var. 1 u. 2** zugerechnet werden. Neben seinen gesetzlichen oder rechtsgeschäftlichen **Vertretern** gehören dazu auch seine **Verhandlungsführer und Verhandlungsgehilfen** sowie seine engen **Vertrauenspersonen**.[370]

A hat B aber weder bei der Erklärung vertreten noch im Vorfeld für B verhandelt, noch steht A zu B in einem Vertrauensverhältnis. Hiernach ist A also Dritter. Dann könnten E mangels Kenntnis und Kennenmüssens der B nicht anfechten.

332 2. **Kein Dritter** ist allerdings gleichwohl, wer nach **Treu und Glauben** dem Erklärungsempfänger zuzurechnen ist, weil es **unbillig wäre, dies nicht zu tun**.[371]

Klausurhinweis: *Diese „Definition" ist bei Lichte betrachtet ein Zirkelschluss bzw. vom Ergebnis her gedacht. Sie dient als Einfallstor für (nach § 242 zulässige)* ***Billigkeitserwägungen****, um den Einzelfall gerecht zu bewerten. In der Klausursituation gilt es nun, alle Informationen des Sachverhalts penibel zu benennen und abzuwägen.*

B hatte ein erhebliches **Eigeninteresse** an der Übertragung. Außerdem hatte sie A **unter Druck gesetzt**, eine Sicherheit zu beschaffen, nachdem sie **freiwillig das Risiko eingegangen** war, A ein Darlehen ohne Sicherheiten einzuräumen. Sodann ließ B den A die Verhandlungen zwar nicht offenkundig in ihrem Namen führen, aber gleichwohl **nahm A letztlich die Interessen der B wahr**. Ferner **nutzte B bewusst die geschäftliche Unerfahrenheit** der E aus. B **verschloss sich bewusst der Kenntnis** um die Art und Weise, wie es A gelang, die E zur Übertragung zu überreden. Also ist es unbillig, gemäß § 123 Abs. 2 S. 1 die B vor der Anfechtung zu schützen, nur weil sie die Täuschung selbst nicht kannte.

Daher war A nicht Dritter. E können ihre Erklärung nach § 123 Abs. 1 Var. 1 anfechten, obwohl B die Täuschung des A weder kannte noch kennen musste.

Gegenbeispiel:[372] Verkauft ein selbstständiger, nicht in die Konzernstruktur des Herstellers eingebundener Händler Sachen, die vom Hersteller arglistig mit einem Mangel ausgestattet wurden (hier: Pkw mit manipulierter Motorsoftware), dann ist der Hersteller keine Hilfsperson des Verkäufers und daher Dritter, auch wenn beim Händler Werbeprospekte des Herstellers ausliegen. Der Käufer kann den Kaufvertrag nur nach Maßgabe des § 123 Abs. 2 S. 1 anfechten.

Gegenbeispiel:[373] M ist Mutter von A und B, denen sie Generalvollmacht erteilt hat, sowie von C. Wenn C die M arglistig über die Unzuverlässigkeit von A und B täuscht und M die Vollmacht widerruft, dann ist C keine Hilfsperson von A und B und daher Dritter. M kann den Widerruf daher nur nach Maßgabe des § 123 Abs. 2 S. 1 anfechten.

333 III. E erklärten B als richtiger **Anfechtungsgegnerin fristgemäß** die Anfechtung, §§ 124, 143 Abs. 1 u. 2.

Daher ist die Übertragung der Grundschuld gemäß § 142 Abs. 1 ex tunc unwirksam. Die Grundschuld wird nicht von B, sondern nach wie vor von den E innegehabt. Daher hat B gegen E keinen Duldungsanspruch aus §§ 1147, 1192 Abs. 1, 1191 Abs. 1.

---

369 Palandt/Ellenberger § 123 Rn. 13.

370 Vgl. jeweils m.w.N. Staudinger/Singer/v. Finckenstein § 123 Rn. 5; MünchKomm/Armbrüster § 123 Rn. 71 ff.

371 Vgl. für den hier in Rede stehenden Fall BGH NJW 1962, 1907.

372 Nach OLG München RÜ 2017, 624.

373 Nach BGH RÜ 2017, 613; näher zum Widerruf der Vollmacht AS-Skript BGB AT 1 (2020), Rn. 364 f.

Erlangt eine Person, die **nicht Erklärungsgegner** ist, aus der Erklärung **unmittelbar ein Recht**, so ist die Erklärung **dieser Person gegenüber gemäß § 123 Abs. 2 S. 2 nur anfechtbar**, wenn diese Person die Täuschung **kannte oder kennen musste** (§ 122 Abs. 2 S. 2). Nach der Systematik soll das nur im Fall des § 123 Abs. 2 S. 1 gelten, wenn also ein Dritter täuscht. Mit der Person i.S.d. § 123 Abs. 2 S. 2 sind daher **in der Regel vier Personen** beteiligt, die Norm gilt aber **erst recht bei drei Personen**. Das Anfechtungsrecht **gegenüber dem Erklärungsempfänger** nach § 123 Abs. 1 Var. 1 (evtl. i.V.m. § 123 Abs. 2 S. 1) bleibt **daneben** bestehen.[374] **334**

Beispiel: M schließt bei L eine Lebensversicherung zugunsten der F ab. L wird getäuscht:

- **Variante 1:** F soll keinen eigenen Anspruch gegen L erwerben. Es liegt also kein Fall der §§ 328 ff. vor (unechter Vertrag zugunsten Dritter). Nur gegenüber M ist eine Anfechtung denkbar:
  - Täuschte M als Erklärungsempfänger oder seine Hilfsperson, also ein Nicht-Dritter i.S.d. § 123 Abs. 2 S. 1, dann sind zwei Personen beteiligt (M, L). Alleine § 123 Abs.1 Var. 1 ist maßgeblich.
  - Täuschte ein im Verhältnis zu M Dritter D, dann sind drei Personen beteiligt (M, L, D). L kann gemäß § 123 Abs. 2 S. 1 gegenüber M nur bei dessen Kenntnis/Kennenmüssen anfechten. Ob F die Täuschung kannte, ist irrelevant.
- **Variante 2:** F soll einen eigenen Anspruch gegen L erwerben. Es liegt also ein Fall der §§ 328 ff. vor (echter Vertrag zugunsten Dritter). Neben (!) einem Anfechtungsrecht gegenüber M nach Maßgabe der Ausführungen zu Variante 1 ist eine Anfechtung gegenüber F möglich:
  - Täuschte ein im Verhältnis zu M und zu F Dritter D, dann sind vier Personen beteiligt (M, L, D, F). L kann gemäß § 123 Abs. 2 S. 2 gegenüber F anfechten, aber nur bei deren Kenntnis/Kennenmüssen. Ob M die Täuschung kannte, ist irrelevant.
  - Täuschte F oder ihre Hilfsperson, also ein Nicht-Dritter i.S.d. § 123 Abs. 2 S. 1, dann sind zwar nur drei Personen beteiligt (M, L, F). Gleichwohl kann L erst recht nach § 123 Abs. 2 S. 2 gegenüber F anfechten, unabhängig davon, ob sie die Täuschung der Hilfsperson kannte.

IV. Ansprüche des Getäuschten gegen den Arglistigen

Der Getäuschte hat die **Wahl**, ob er **anficht** oder **Gewährleistungsrechte** geltend macht. In beiden Fällen wirkt sich die **Arglist** vielfach aus, siehe Unterstreichungen: **335**

Fall 10: Bagatellschaden?

V verkauft K einen gebrauchten Pkw für 9.000 €. Der Kaufvertrag enthält einen Gewährleistungsausschluss, aber keine Angaben über Unfallschäden. Nach Barzahlung und Übergabe bemerkt K, dass der Fahrzeuglack am Heck Unregelmäßigkeiten aufweist. Ein Sachverständiger stellt fest, dass es sich nicht nur um Lackschäden, sondern um Karosserieschäden handelt, deren Beseitigung 1.700 € kosten würde. V kannte die Schäden, er hielt sie aber für eine rechtlich irrelevante Bagatelle. Das Geld hat V für eine Reise ausgegeben. K hätte die Schäden leicht erkennen können.

Welche Ansprüche hat K, wenn er anficht und wenn er nicht anficht?

A. Ansprüche des K gegen V, wenn K **anficht**: **336**

374 Sehr anschaulich Brox/Walker Rn. 458, von diesem stammt auch das folgende Beispiel; ergänzend Staudinger/Singer/von Finckenstein § 123 Rn. 64 u. MünchKomm/Armbrüster Rn. 81 ff. sowie zu den §§ 328 ff. AS-Skript Schuldrecht AT 2 (2020), Rn. 304 ff.

337 I. K könnte einen Anspruch aus **§ 812 Abs. 1 S. 1 Var. 1 bzw. S. 2 Var. 1**[375] haben.

1. V hat **Eigentum** und **Besitz** an dem Bargeld **erlangt**.

2. K hat diese Vermögensgüter dem V bewusst und zwecks Begleichung des Anspruchs aus § 433 Abs. 2 Var. 1 zugewandt, also **geleistet**.

338 3. Dies geschah **ohne Rechtsgrund**, wenn K seine Kauferklärung und damit den Kaufvertrag gemäß § 142 Abs.1 **rückwirkend durch Anfechtung vernichtet** hat. K könnte der **Anfechtungsgrund § 123 Abs. 1 Var. 1** zustehen.

a) V hat keine Angaben zu einem Schaden gemacht, er könnte aber **durch Unterlassen getäuscht haben**. Dies erfordert eine **Aufklärungspflicht** des V, welche bezüglich Umständen besteht, die **für den Willensentschluss des Erklärenden wesentlich** sind. Unfallschäden, die nicht bloße Bagatellen sind, mindern den Wert eines Pkw erheblich. Daher sind sie wesentlich, selbst wenn sie keine weiteren Folgen haben und mit geringem Aufwand reparierbar sind.[376]

Der Pkw hat nicht nur oberflächliche Lackschäden, sondern Karosserieschäden. Es handelt sich nicht um eine unwesentliche Bagatelle. V hatte mithin eine Aufklärungspflicht. Er hat den K trotzdem nicht aufgeklärt, also getäuscht.

b) Die Täuschung **verursachte** bei K einen **Irrtum** über die Unfallfreiheit. Dieser Irrtum war wiederum **kausal** für die **Kauferklärung** des K.

c) V kannte die Schäden und handelte daher **arglistig**. Dass er sie für rechtlich irrelevant hielt ist unerheblich, denn eine § 17 StGB entsprechende Norm, die die Anfechtung bei Rechtsirrtümern ausschließt, existiert nicht.

Jedenfalls der Anfechtungsgrund des § 123 Abs. 1 Var. 1 ist erfüllt. Ob bei Arglist des Verkäufers ausnahmsweise § 119 Abs. 2 Var. 2 nicht vom Gewährleistungsrecht gesperrt ist (vgl. Rn. 279), kann dahinstehen.

Hinweis: *Angesichts §§ 121, 122 würde K sich* ***ohnehin für §§ 123, 124 entscheiden****, selbst wenn er die Anfechtung auch auf §§ 119, 120 stützen könnte.*

Wenn K daher **binnen Jahresfrist** (§ 124 Abs. 1) dem V (§ 143 Abs. 1 u. 2) die Anfechtung **erklärt**, dann sind seine Kauferklärung und der Kaufvertrag rückwirkend gemäß § 142 Abs. 1 nichtig. Dann hat K gegen V dem Grunde nach den Anspruch aus § 812 Abs. 1 S. 1 Var. 1 bzw. S. 2 Var. 1.

339 4. Als **Rechtsfolge**[377] kann K von V grundsätzlich das **Erlangte in Natur**, also Besitz und Eigentum an dem Bargeld, **zurückverlangen**.

a) V hat an dem konkreten Bargeld aber keinen Besitz und kein Eigentum mehr, weil er es ausgegeben hat. Er schuldet dem K gemäß § 818 Abs. 2 **Wertersatz**, also andere Geldscheine im Nennwert von 9.000 €.

375 Vgl. Rn. 391 u. AS-Skript BGB AT 1 (2020), Rn. 13.

376 Vgl. BGH RÜ 2008, 72.

377 Näher zum Folgenden AS-Skript Schuldrecht BT 3 (2019), Rn. 138 ff., m.w.N.

b) V ist zwar **entreichert** i.S.d. § 818 Abs. 3. Als er aber das Geld ausgab, **kannte** er angesichts seiner Arglist **die Anfechtbarkeit**, daher wird er gemäß **§ 142 Abs. 2** so behandelt, als habe er die (unterstellte) Nichtigkeit gekannt. Und wer die Nichtigkeit kennt, der **haftet** gemäß §§ 818 Abs. 4, 819 Abs. 1 **verschärft** und kann sich **nicht auf die Entreicherung berufen**.

c) Nach der **Saldotheorie** ist das **Synallagma eines gegenseitigen Vertrags** auch bei der Rückabwicklung zu berücksichtigen. K könnte Wertersatz nur Zug um Zug gegen Rückgabe und Rückübereignung des Pkw verlangen. Die Saldotheorie gilt jedoch nach h.M. **nicht zugunsten des arglistig Täuschenden**, denn er ist nicht schutzwürdig. K schuldet daher zwar dem V Rückgabe und Rückübereignung des Pkw, aber K kann seinen Wertersatzanspruch gegen V auch ohne gleichzeitige Erfüllung des Anspruchs des V durchsetzen.

II. Da V wegen seiner Arglist verschärft haftet, sind auch die Ansprüche, auf welche die **§§ 819 Abs. 1, 818 Abs. 4, 291 f.** verweisen, einschlägig.[378] U.a. ist dies der Anspruch aus **§§ 292 Abs. 1, 989, 990.** V hat in Kenntnis seiner Herausgabepflicht aus § 812 Abs. 1 das Geld ausgegeben und so die Unmöglichkeit der Rückzahlung an K vorsätzlich herbeigeführt, sodass die Voraussetzungen vorliegen. Als Rechtsfolge schuldet V dem K gemäß § 251 Abs. 1 Entschädigung i.H.d. Nennwertes der 9.000 €. **340**

III. Die arglistige Täuschung ist eine Verletzung der vorvertraglichen Pflicht, Täuschungen bei den Verhandlungen zu unterlassen. V ist daher gemäß **§§ 280 Abs. 1, 311 Abs. 2, 241 Abs. 2, 251 Abs. 1** zum Schadensersatz i.H.v. 9.000 € verpflichtet. **341**

IV. Ein Anspruch aus **§ 823 Abs. 1** scheitert daran, dass V kein geschütztes Rechtsgut des K verletzt hat. Das Vermögen wird von § 823 Abs. 1 nämlich nicht geschützt. **342**

V. Ein Anspruch aus **§ 823 Abs. 2 i.V.m. §§ 263, 13 Abs. 1 StGB** besteht auch bei Vermögensschäden. V hat den K vorsätzlich und in Bereicherungsabsicht über Tatsachen durch Unterlassen getäuscht und K so zu einer vermögensschädigenden Vermögensverfügung veranlasst. V handelte rechtswidrig und schuldhaft, insbesondere war sein Rechtsirrtum über die Relevanz der Schäden vermeidbar, vgl. § 17 S. 1 StGB. **343**

Hinweis: *§ 123 Abs. 1 Var. 1 u. § 263 StGB sind sich inhaltlich sehr ähnlich, sodass Arglist oft § 823 Abs. 2 auslöst, auch wenn § 263 StGB andere Begrifflichkeiten verwendet.*

VI. Ein Anspruch aus **§ 826** scheitert hingegen jedenfalls am fehlenden Schädigungsvorsatz (a.A. vertretbar), obgleich bei Arglist oft auch Sittenwidrigkeit vorliegt. **344**

B. Ansprüche des K, wenn er **nicht anficht**: **345**

I. K könnte gegen V einen Anspruch auf Rückzahlung des Kaufpreises aus **§§ 346 Abs. 1, 437 Nr. 2, 326 Abs. 5, 323 Abs. 1 Var. 1** haben. **346**

378 Die Ansprüche sind aufgezählt in AS-Skript Schuldrecht BT 3 (2019), Rn. 172.

1. K und V haben einen **wirksamen**, insbesondere nicht von K nach § 142 Abs. 1 vernichteten **Kaufvertrag** geschlossen.

347 2. Der Pkw müsste **bei Übergabe sachmangelhaft** gewesen sein, §§ 434, 446 S. 1.

a) Eine **Beschaffenheitsvereinbarung** i.S.d. § 434 Abs. 1 S. 1 über die Unfallfreiheit haben K und V nicht getroffen.

b) Der Pkw ist funktionstüchtig und **eignet sich** sowohl **für die vorausgesetzte** als auch **für die gewöhnliche Verwendung**. Daher ist auch gemäß § 434 Abs. 1 S. 2 Nr. 1 oder § 434 Abs. 1 S. 2 Nr. 2 Var. 1 kein Mangel gegeben.

c) Gemäß § 434 Abs. 1 S. 2 Nr. 2 Var. 2 liegt ein Mangel vor, wenn eine Beschaffenheit fehlt, die bei Sachen gleicher Art **üblich** ist oder die der Käufer nach der Art der Sache **erwarten** kann. Bei Gebrauchtwagen gehören zwar Bagatellschäden zur üblichen und zu erwartenden Beschaffenheit,[379] nicht aber Karosserieschäden. Der Pkw ist daher mangelhaft.

Hinweis: *Die **Abgrenzung von Bagatellschäden und mitteilungspflichtigen Schäden** ist also für die Aufklärungspflicht und für den Mangelbegriff relevant.*

348 3. Es könnte schädlich sein, dass K dem V **nicht** wie von § 323 Abs. 1 Var. 2 gefordert **eine Frist zur Nacherfüllung gesetzt** hat.

a) Gemäß §§ 326 Abs. 5, 323 Abs. 1 Var. 1 ist die **Fristsetzung entbehrlich**, wenn die **Nacherfüllung** i.S.d. § 439 Abs. 1 gemäß § 275 Abs. 1–3 **unmöglich** ist.

Die Unfallwageneigenschaft kann durch **Nachbesserung** (§ 439 Abs. 1 Var. 1) nicht beseitigt werden. Die **Nachlieferung** (§ 439 Abs. 1 Var. 2) ist nach h.M. zwar auch bei einem **Stückkauf** möglich, wenn die Kaufsache nach dem Parteiwillen durch eine gleichartige oder -wertige Sache ersetzt werden kann. Bei Gebrauchtwagen ist dies aber regelmäßig nicht der Fall, da der Verkäufer regelmäßig keine ähnlichen Ersatzwagen hat.[380] Mangels abweichender Anhaltspunkte ist davon auszugehen, dass dies auch bei V so ist.

Die Nacherfüllung ist V daher unmöglich, sodass es keiner Fristsetzung bedarf.

b) Ferner ist die Arglist regelmäßig ein **besonderer Umstand** i.S.d. **§ 323 Abs. 2 Nr. 3.**[381] Gegenteilige Anhaltspunkte bestehen hier nicht, sodass auch insofern K dem V keine Frist setzen musste.

Läge ein **Verbrauchsgüterkauf** vor, bedürfte es zudem nach h.Lit. in richtlinienkonformer Auslegung ohnehin **keiner Fristsetzung**, sondern nur des Ablaufs einer angemessenen Frist.[382]

379 BGH RÜ 2008, 72.

380 Vgl. BGH RÜ 2006, 505; AS-Skript Schuldrecht BT 1 (2019), Rn. 69.

381 BGH RÜ 2007, 116; BGH RÜ 2008, 273.

382 Näher AS-Skript Schuldrecht BT 1 (2019), Rn. 97.

4. Die Gewährleistung ist gemäß § 442 S. 2 Hs. 1 grundsätzlich **ausgeschlossen,** wenn der Käufer den **Mangel grob fahrlässig nicht erkennt.** K hätte zwar den Schaden leicht erkennen können. Jedoch handelte V arglistig, daher kann K sich gemäß § 442 S. 2 Hs. 2 Var. 1 ausnahmsweise auf den Mangel berufen. 349

5. Der vereinbarte **Gewährleistungsausschluss** ist gemäß § 444 Var. 1 wegen der Arglist des V **unwirksam.** 350

6. Gemäß § 323 Abs. 5 S. 2 ist der Rücktritt ausgeschlossen, wenn die **Pflichtverletzung unerheblich** ist. Bei Arglist des Verkäufers ist eine Unerheblichkeit aber regelmäßig zu verneinen.[383] Gegenteilige Anhaltspunkte bestehen hier nicht. 351

7. Der Rücktritt ist **ausgeschlossen, sobald der** (aufgrund der Unmöglichkeit hypothetische) **Nacherfüllungsanspruch verjährt** ist, §§ 438 Abs. 4 S. 2, 218 Abs. 1 S. 2 u. 1 (näher Rn. 527 ff.). Abweichend von §§ 438 Abs. 1 u. 2 ist die **Verjährungsfrist** wegen der Arglist des V **gemäß § 438 Abs. 3 nach §§ 195, 199 Abs. 1 zu ermitteln.** Es ist nicht ersichtlich, dass hier der Rücktritt (schon) ausgeschlossen ist. 352

Daher kann K, sobald er den Rücktritt erklärt (§ 349), von V gemäß §§ 346 Abs. 1, 437 Nr. 2, 326 Abs. 5, 323 Abs. 1 Var. 1 Rückzahlung des Kaufpreises verlangen, gemäß § 348 jedoch nur Zug-um-Zug gegen Rückgabe und Rückübereignung des Pkw.

II. K hat **dem Grunde nach** gegen V neben dem Rücktritt (§ 325) einen Schadensersatzanspruch aus **§§ 434, 437 Nr. 3, 311 a Abs. 2.** Der Pkw ist – wie ausgeführt – sachmangelhaft und die Mangelbeseitigung war schon bei Vertragsschluss unmöglich. V kannte angesichts seiner Arglist den Mangel und kann sich daher nicht gemäß § 311 a Abs. 2 S. 2 entlasten. 353

Rechtsfolge des Anspruchs ist zunächst, dass V den K so stellen muss, als läge kein Mangel vor. Er muss also den merkantilen Minderwert und weitere Nebenschäden (z.B. Gutachterkosten) ausgleichen. Der Mangel ist zudem **nicht unerheblich**, daher kann K gemäß **§§ 311 a Abs. 2 S. 3, 281 Abs. 1 S. 3** Schadensersatz statt der ganzen Leistung verlangen, also auch den Kaufpreis als Mindestschaden und weitere Einbußen, die er ohne den Kauf nicht gehabt hätte (z.B. Kfz-Steuer, Zulassungskosten).

III. K könnte zudem einen Anspruch aus **§§ 280 Abs. 1, 311 Abs. 2, 241 Abs. 2** haben. 354

1. **Grundsätzlich** schließen die Gewährleistungsrechte als **leges speciales** diesen Anspruch aus. Insbesondere das Recht des Verkäufers zur zweiten Andienung innerhalb einer Frist (vgl. §§ 323 Abs. 1, 281 Abs. 1) soll nicht unterlaufen werden.

   Ganz vorherrschend[384] wird aber davon ausgegangen, dass **bei Arglist** des Verkäufers die **Gewährleistungsrechte neben dem Anspruch aus §§ 280**

383 BGH RÜ 2006, 34, Rn. 13.

384 BGH RÜ 2009, 341, Rn. 19 ff.; RÜ 2013, 140; Palandt/Grüneberg § 311 Rn. 15 m.w.N. auch zur Gegenauffassung; Erman/Kindl § 311 Rn. 87 (geändert seit 13. Aufl.).

Abs. 1, 311 Abs. 2, 241 Abs. 2 stehen. Dafür spricht, dass der Verkäufer in diesem Fall nicht schutzwürdig ist. Ein Recht zur zweiten Andienung innerhalb einer Frist hat er dann ohnehin nicht, denn Arglist ist regelmäßig ein „besonderer Umstand" i.S.d. §§ 281 Abs. 2 Var. 2, 323 Abs. 2 Nr. 3,[385] sodass der Käufer ohnehin ohne Fristsetzung zurücktreten und/oder (§ 325) Schadensersatz statt der Leistung verlangen kann. Mithin ist der Anspruch nicht ausgeschlossen.

2. Der **Tatbestand** der Anspruchsgrundlage ist erfüllt (s. A. III.). Als **Rechtsfolge** schuldet V dem K Zahlung von 9.000 €.

Hinweis: *Haben Sie darauf geachtet, wie häufig die Arglist eine Rolle gespielt hat?*

---

355 Zusammen mit den Ausführungen in Rn. 215, 276 ff. und 354 ergibt sich im Wesentlichen das folgende **Konkurrenzverhältnis:**

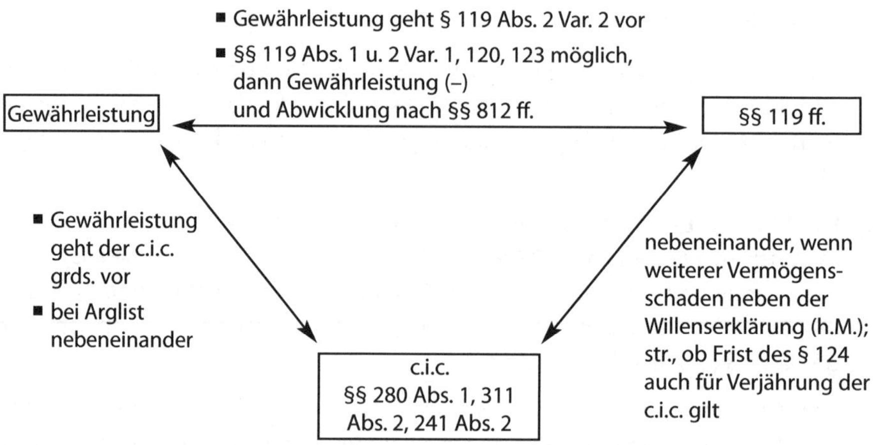

V. Widerrechtliche Drohung, § 123 Abs. 1 Var. 2

356 Die Anfechtung wegen widerrechtlicher Drohung hat folgende **Voraussetzungen:**

1. Drohung

357 Drohung ist die **Ankündigung eines künftigen Übels, auf dessen Eintritt der Drohende einwirken zu können behauptet.**[386] Die Warnung vor einem Übel, auf das der Warnende sich keinen Einfluss zuschreibt, ist also keine Drohung.[387] Die Drohung kann **konkludent** und mit willensbeugender Gewalt (**vis compulsiva**) geschehen.

Bei willensbrechender Gewalt (**vis absoluta**) liegt bereits kein Handlungswille und daher keine Willenserklärung vor, die einer Anfechtung bedürfte.[388]

---

385 BGH RÜ 2007, 116; RÜ 2008, 273.

386 BGH RÜ 2017, 613; insgesamt zum Folgenden Palandt/Ellenberger § 123 Rn. 15 ff.

387 BGH RÜ 2005, 567.

388 Vgl. zu vis absoluta und vis compulsiva AS-Skript BGB AT 1 (2020), Rn. 96.

Als **Übel** kommt **jeder materielle oder ideelle Nachteil** in Betracht, der den Adressaten, einen Verwandten oder eine andere nahestehende Person treffen soll, falls die Willenserklärung nicht abgegeben wird.

2. Kausalität

Die Drohung muss für die Willenserklärung **(mit-)ursächlich** sein. 358

3. Widerrechtlichkeit

Die Drohung ist widerrechtlich, wenn mindestens **einer von drei Punkten** vorliegt:[389] 359

- Das **Mittel** ist unabhängig vom verfolgten Zweck rechtswidrig, wenn das angedrohte Übel unzulässig ist, wenn also **mit etwas Verbotenem gedroht** wird. 360

  - Nicht erforderlich ist, dass das Mittel eine Straftat oder eine Ordnungswidrigkeit erfüllt. Auch ein **bloß zivilrechtswidriges Mittel** ist verboten.[390]

    Beispiel: V sagt zu K, er werde ihm trotz wirksamen Kaufvertrags das gekaufte Fahrrad erst übereignen, wenn K dem Sohn S des V sein Skateboard schenkt.

  - Das Verbot ergibt sich u.U. erst aus einer **Güterabwägung**.

    Beispiel:[391] Die Ankündigung, einen Presseartikel zu veröffentlichen, ist nur rechtswidrig, wenn der Artikel selbst rechtswidrig ist. Dies ist im Einzelfall durch eine Abwägung insbesondere der Pressefreiheit (Art. 5 Abs. 1 S. 2 GG) und der Rechte des Betroffenen, insbesondere seines allgemeinen Persönlichkeitsrechts (Art. 2 Abs. 1 i.V.m. Art. 1 Abs. 1 GG) zu beurteilen.

- Der **Zweck** ist rechtswidrig, wenn der **erzwungene Erfolg verboten oder sittenwidrig** ist. Dass auf den Erfolg schlicht kein Anspruch besteht, genügt nicht.[392] 361

  Beispiel: D sagt zu X, er werde auf die Eintreibung seines fälligen Anspruchs verzichten, wenn X im Gegenzug für D „eine Kleinigkeit" verkauft. Geht es um das Fahrrad des X, so ist der Zweck rechtmäßig, bei Drogen ist er hingegen rechtswidrig (§ 134 i.V.m. §§ 29 Abs. 1 Nr. 1, 3 Abs. 1 Nr. 1 BtMG[393]).

- Auch wenn Mittel und Zweck für sich betrachtet nicht widerrechtlich sind, kann die **Zweck-Mittel-Relation**, also die **Einsetzung des konkreten Mittels zum konkreten Zweck verwerflich** und daher rechtswidrig sein. § 123 Abs. 1 Var. 2 schützt die freie Willensbildung, also ist **grundsätzlich jede Willensbrechung** verwerflich. 362

  Ausnahmsweise ist die Zweck-Mittel-Relation aber **nicht verwerflich**, wenn

  - der Drohende einen **Anspruch** auf oder zumindest ein **berechtigtes Interesse** an der Abgabe der Willenserklärung hat und
  - ein **innerer Zusammenhang** zwischen dem Mittel (angedrohtes Übel) und dem Zweck (Abgabe der Willenserklärung) besteht.[394]

---

389 Vgl. zum Folgenden Palandt/Ellenberger § 123 Rn. 19; Staudinger/Singer/v. Finckenstein § 123 Rn. 73.

390 BGH NJW 1995, 3052.

391 Nach BGH RÜ 2005, 567.

392 Palandt/Ellenberger § 123 Rn. 20; MünchKomm/Armbrüster § 123 Rn. 106; Staudinger/Singer/v. Finckenstein § 123 Rn. 77.

393 Schönfelder Ergänzungsband Ordnungsziffer 86.

394 Palandt/Ellenberger § 123 Rn. 21.

Beispiel:[395] B sagt zu A, er werde ihm eine Kaufpreisschuld i.H.v. 13.000 € für drei Monate stunden (vgl. Rn. 574 ganz am Ende), wenn A ihm im Gegenzug eine Sicherheit einräumt. Anderenfalls werde er A wegen einer (tatsächlich begangenen) Steuerhinterziehung anzeigen. A übereignet dem B einen Schrank als Sicherheit. Kann A seine Übereignungserklärung anfechten? –
I. Das **Unterlassen der Stundung** ist ein empfindliches Übel für A. Jedoch steht es B frei, zu stunden oder auch nicht, sodass das Mittel erlaubt ist. Die Erlangung einer Sicherheit für eine bestehende Forderung ist auch kein verbotener oder verwerflicher Zweck. Auch die Zweck-Mittel-Relation ist ausnahmsweise nicht verwerflich, denn B hat ein berechtigtes Interesse an einer Sicherheit, und die dem A entgegenkommende Stundung steht im inneren Zusammenhang mit der überbrückungsweise einzuräumenden Sicherheit. Diese Drohung ist also nicht widerrechtlich.
II. Die **Abgabe einer Strafanzeige** ist ebenfalls ein empfindliches Übel für A. Als Mittel ist sie aber sogar von der Rechtsordnung gewünscht und daher erlaubt. B verfolgt auch insofern den legitimen Zweck, eine Sicherheit zu erlangen. Jedoch ist die Zweck-Mittel-Relation verwerflich, denn B hat zwar ein berechtigtes Interesse an der Sicherheit, aber die anzuzeigende Straftat steht in keinem Zusammenhang mit dem Kaufvertrag. Diese Drohung ist also widerrechtlich.

4. Vorsatz

363 So wie die Widerrechtlichkeit nach h.M. auch bei § 123 Abs. 1 Var. 1 vorliegen muss (s. Rn. 323), muss bei § 123 Abs. 1 Var. 2 ein der Arglist ähnliches, subjektives Element hinzukommen. Der Drohende muss **vorsätzlich** handeln.

Er muss **erkennen**, dass seine Drohung **geeignet** ist, den **Bedrohten zur Abgabe einer Willenserklärung zu veranlassen** und er muss diese **Veranlassung** auch **wollen**. Eine **Schädigung** muss er **nicht** wollen.[396]

Umstritten ist, ob der Drohende die **Rechtswidrigkeit** seiner Drohung **kennen muss**.

Fall 11: Bedrohte Ehefrau

M, Ehemann der H, hat durch Betrug gegenüber der B-Bank Kredite erschlichen. Ausgehend davon, dass H Nutznießerin war, verlangt B von H eine Bürgschaft, anderenfalls werde Strafanzeige gegen M erstattet. H verbürgt sich zunächst schriftlich, ficht dann aber an. H wusste weder vom Betrug, noch hatte sie von M Vorteile aus den Krediten erhalten, was B aber nicht erkennen konnte. Anspruch B gegen H?

364 B könnte gegen H einen Zahlungsanspruch aus **§ 765 Abs. 1** haben.

H und B haben zwar einen **Bürgschaftsvertrag** abgeschlossen und die Erklärung der H wahrt auch die **Form** der §§ 766 S. 1, 126 und ist daher nicht nach § 125 S. 1 formnichtig.

Die Erklärung der H ist aber gemäß § 142 Abs. 1 ex tunc nichtig, wenn H sie wirksam **angefochten** hat. Als Anfechtungsgrund kommt § 123 Abs. 1 Var. 2 in Betracht.

365 I. Die Strafanzeige gegen den der H nahestehenden M ist für H ein empfindliches Übel und daher eine **Drohung**. Diese war auch **kausal** für die Bürgschaftserklärung der H.

366 II. Die Drohung muss **widerrechtlich** gewesen sein. Das **Mittel** (Strafanzeige) und der **Zweck** (Bürgschaftserklärung) sind für sich betrachtet nicht verboten. Ihre **Relation**

395 Vgl. Medicus/Petersen AT Rn. 818.
396 Palandt/Ellenberger § 123 Rn. 23; Staudinger/Singer/v. Finckenstein § 123 Rn. 85.

ist insofern nicht verwerflich, als dass B ein berechtigtes Interesse an einer Kompensation für ihren Schaden hat. Es ist aber nicht Aufgabe der H, für diese Kompensation zu sorgen, denn sie war weder Täterin noch Begünstigte der Straftat des M, sodass zwischen Mittel und Zweck kein innerer Zusammenhang besteht. Daher ist die Relation von Mittel und Zweck verwerflich und die Drohung daher widerrechtlich.

III. B hatte auch insofern **Vorsatz**, als sie H **zu der Erklärung veranlassen wollte** und auch **wusste**, dass ihre **Drohung hierfür geeignet** war. Allerdings ging B von einer Begünstigung der H aus. Nach dieser **unverschuldeten Fehlvorstellung** der B bestünde ein innerer Zusammenhang zwischen Mittel und Zweck, sodass die Drohung **rechtmäßig** wäre. **367**

1. Einigkeit besteht darüber, dass das Anfechtungsrecht besteht, wenn der Vorsatz auch die Widerrechtlichkeit umfasst, wenn also der Drohende die **Widerrechtlichkeit kannte** oder zumindest **erkennen musste**. Indes war dies, wie ausgeführt, bei B nicht der Fall.

2. Einigkeit besteht ferner darüber, dass das Anfechtungsrecht auch dann besteht, wenn der Drohende die **Tatsachen**, die die Widerrechtlichkeit ausmachen, **kannte oder kennen musste**, aber aus ihnen den **falschen rechtlichen Schluss** dahin zieht, dass keine Widerrechtlichkeit vorliege. Ein solcher bloßer Rechtsirrtum entlastet den Drohenden nicht. Vorliegend unterlag B jedoch auch nicht einem solchen Rechtsirrtum.

   Im **Strafrecht** sind **Rechtsirrtümer** nach **§ 17 StGB** hingegen zwingend zu beachten, wenn sie unvermeidbar waren, und sie können beachtet werden, wenn sie vermeidbar waren.

3. Vielmehr kannte B die Tatsachen der Widerrechtlichkeit nicht und sie konnte sie auch nicht erkennen. B unterlag also einem **unverschuldeten Tatsachenirrtum**. Nimmt man an, dass dies ihrem Verhalten die sittliche Vorwerfbarkeit nimmt, so hatte B keinen Vorsatz und H könnte nicht anfechten.[397] Für die Bejahung[398] des Vorsatzes spricht aber, dass § 123 – anders als § 138 – nicht eine Sittenwidrigkeit sanktionieren, sondern die freie Willensbildung vor rechtswidrigen Beeinträchtigungen schützen soll. Es macht für die objektive Beeinträchtigung der Willensfreiheit keinen Unterschied, ob der Beeinträchtigende die Rechtswidrigkeit seines Handelns erkannt hat. Der Bedrohte ist in beiden Fällen gleich schützenswert.

   Im **Strafrecht** führen **Tatsachenirrtümer** nach **§§ 16 Abs. 1, 15 StGB** zur Straflosigkeit bzw. zu einer Strafbarkeit wegen nur fahrlässiger Tatbegehung.

Dem folgend hatte B hinsichtlich aller erforderlichen Umstände Vorsatz. Der Anfechtungsgrund des § 123 Abs. 1 Var. 2 ist erfüllt. H hat die Anfechtung auch **fristgemäß** (§ 124) gegenüber B **erklärt** (§ 143 Abs. 1 u. 2), sodass ihre Bürgschaftserklärung gemäß § 142 Abs. 1 unwirksam ist. Daher hat B gegen H keinen Anspruch aus § 765 Abs. 1.

---

397 So BGH NJW 1957, 1796.

398 So Wolf/Neuner § 41 Rn. 137.

Anfechtung gemäß § 123 Abs. 1

Var. 1: Arglistige Täuschung

- **Täuschung: Positives Tun** oder **Unterlassen trotz Aufklärungspflicht**. Eine solche besteht auf Nachfrage oder ungefragt bei wesentlichen Umständen.
- **Irrtum:** Fehlvorstellung über Tatsachen, auch innere oder negative
- **Kausalität** der Täuschung für den Irrtum und des Irrtums für die Erklärung.
- **Widerrechtlichkeit** der Täuschung (obwohl laut Wortlaut nur für Var. 2)
- Bei Täuschung eines **Dritten** nur dann Anfechtung gegenüber Erklärungsempfänger, wenn Empfänger die Täuschung kannte oder kennen musste (§§ 123 Abs. 2 S. 1, 122 Abs. 2). Nicht Dritter ist, wer im Lager des Empfängers steht (Fälle des § 278 S. 1: Vertreter, Verhandlungsführer, besonderes Vertrauen; i.Ü. Interessenabwägung im Einzelfall).
- Daneben (!) Anfechtung gegenüber **Viertem** als Nutznießer der Erklärung (z.B. § 328), wenn der Vierte die Täuschung des Dritten kannte/kennen musste oder erst recht, wenn der Vierte bzw. seine Hilfsperson selbst getäuscht hat.
- **Arglist:** Vorsatz im Sinne von **dolus eventualis** erforderlich und ausreichend. Auch bei **Angaben „ins Blaue hinein"** über Umstände, von denen der Täuschende keine Kenntnis hatte

Var. 2: Widerrechtliche Drohung

- **Drohung:** Ankündigung eines künftigen Übels, auf dessen Eintritt der Drohende einwirken zu können behauptet.
- **Kausalität** der Drohung für die Erklärung
- **Widerrechtlichkeit** des Mittels, des Zwecks oder der Zweck-Mittel-Relation. Letztere in der Regel (+), aber ausnahmsweise nicht, wenn Anspruch oder berechtigtes Interesse und innerer Zusammenhang.
- **Vorsatz** bezüglich Drohung und Kausalität. Die Widerrechtlichkeit muss in rechtlicher Hinsicht nicht erkannt werden (unstr.), in tatsächlicher Hinsicht hingegen schon (str., zweifelhaft).

Konkurrenz zu §§ 280 Abs. 1, 311 Abs. 2, 241 Abs. 2

- Stehen nebeneinander. Nach h.M. selbst dann, wenn die Anfechtungsfrist abgelaufen ist. Voraussetzung ist aber insbesondere ein Vermögensschaden des Getäuschten/Bedrohten. Dann gemäß § 249 Abs. 1 Anspruch wahlweise auf Vertragsaufhebung oder Nachteilskompensation bei Erhalt des Vertrags.

G. Ausübung und Rechtsfolgen der Anfechtung

Wird die Anfechtung wirksam **ausgeübt**, so treten ihre **Rechtsfolgen** ein. **368**

I. Ausübung

Der **Anfechtungsberechtigte** muss die Anfechtung **fristgemäß** gegenüber dem **Anfechtungsgegner** erklären. Dabei darf die Anfechtung **nicht ausgeschlossen** sein. **369**

1. Anfechtungsberechtigter und Anfechtungsgegner

Anfechtungsberechtigt ist der, den die **Rechtsfolgen der Erklärung treffen**. In der Regel ist das der **Erklärende** (vgl. §§ 119 Abs. 1 u. 123 Abs. 1 „Wer"). Treffen die Rechtsfolgen ausschließlich **einen anderen**, so ist dieser zur Anfechtung berechtigt. **370**

Beispiele für anderen: Vertretener im Fall der §§ 164 ff.; Vertragsschließende im Fall des § 318

Die Anfechtung erfolgt gemäß § 143 Abs. 1 gegenüber dem **Anfechtungsgegner**, also **371**

- bei einem **Vertrag** gegenüber dem Vertragspartner (§ 143 Abs. 2 Hs. 1) bzw. gegenüber dem Vierten i.S.d. § 123 Abs. 2 S. 2 (§ 143 Abs. 2 Hs. 2, vgl. Rn. 334),
- bei **einseitigen empfangsbedürftigen Willenserklärungen** gegenüber ihrem Empfänger (§ 143 Abs. 3) und
- bei **nichtempfangsbedürftigen Willenserklärungen** gegenüber dem, der aufgrund der Erklärung unmittelbar einen rechtlichen Vorteil erlangt hat (§ 143 Abs. 4).

Berechtigt zur **Anfechtung einer Vollmacht** ist der Vollmachtgeber. Wer in diesem Fall Anfechtungsgegner ist, ist umstritten.[399] **372**

2. Anfechtungserklärung

Die Anfechtung ist ein **Gestaltungsrecht**, daher treten ihre Rechtsfolgen gemäß § 143 Abs. 1 nur durch **Anfechtungserklärung des Anfechtungsberechtigten** ein. Diese ist eine **einseitige empfangsbedürftige Willenserklärung**. Das hat zur Folge,[400] **373**

- dass sie – wie andere Gestaltungserklärungen (vgl. § 388 S. 2) – **bedingungsfeindlich** ist. Zulässig sind aber Potestativbedingungen und Rechts„bedingungen".[401] **374**
- dass sie sich auch aus den Umständen **(konkludent)** und nach einer **Auslegung** gemäß §§ 133, 157 aus Sicht eines objektiven Empfängers ergeben kann. Insbesondere müssen **die zur Anfechtung berechtigenden Tatsachen** erkennbar sein und dass der Erklärende **gerade aufgrund dieser Tatsachen** seine Erklärung nicht gelten lassen will. Das Wort „anfechten" muss aber nicht verwendet werden.[402] **375**
- dass **auch die Anfechtungserklärung angefochten** werden kann. Das hat gemäß § 142 Abs. 1 zur Folge, dass die Anfechtungserklärung ex tunc nichtig ist, sodass die angefochtene Erklärung ohne Unterbrechung fortbestand und fortbesteht. **376**

---

399 S. ausführlich AS-Skript BGB AT 1 (2020), Rn. 366 ff.

400 Vgl. Palandt/Ellenberger § 143 Rn. 3.

401 Vgl. AS-Skript BGB AT 1 (2020), Rn. 247 ff. u. 265.

402 BGH NJW 2017, 1660.

Hinweis: *Ähnlich lebt ein nach §§ 48, 49 VwVfG durch Verwaltungsakt aufgehobener Verwaltungsakt wieder auf, wenn der aufhebende Verwaltungsakt aufgehoben wird.*[403]

Die Rechtsfolge ist also dieselbe wie bei der **Anfechtung eines Aufhebungsvertrags.**
Beispiel:[404] V und K vereinbaren mündlich für einen Pkw einen Kaufpreis von 10.000 €. In späteren E-Mails geben sie übereinstimmend als Kaufpreis 8.000 € an. Als V dies bemerkt, ficht er wegen eines Irrtums nach § 119 Abs. 1 Var. 2 seine Erklärung aus der E-Mail an. –
Die Erklärung per E-Mail und daher der komplette Änderungsvertrag sind nach § 142 Abs. 1 ex tunc nichtig. Zwischen K und V besteht ein Kaufvertrag über 10.000 € (und nicht etwa kein Kaufvertrag).

377 Eine **Teilanfechtung** kann erklärt werden, wenn das Rechtsgeschäft i.S.d. § 139 teilbar ist (zur Teilbarkeit Rn. 395 und zur Rechtsfolge der Teilanfechtung Rn. 387).

3. Anfechtungsfrist

378 Die Anfechtung nach **§§ 119, 120** muss gemäß § 121 Abs. 1 S. 1 **ohne schuldhaftes Zögern (unverzüglich)** erklärt werden, nachdem der Anfechtungsberechtigte Kenntnis vom Anfechtungsgrund erlangt hat. Nicht schuldhaft ist ein Zögern, das sich innerhalb einer **im Einzelfall angemessenen Prüfungs- und Überlegungsfrist** bewegt.[405] Unter Abwesenden[406] genügt gemäß § 121 Abs. 1 S. 2 die rechtzeitige Absendung. Unabhängig von der Kenntniserlangung ist die Anfechtung gemäß § 121 Abs. 2 zehn Jahre nach Abgabe (nicht: Zugang) der anfechtbaren Erklärung ausgeschlossen.

Hinweis: *Die* ***Definition der Unverzüglichkeit*** *gilt für die gesamte Rechtsordnung. Noch strenger ist* ***„sofort"*** *(z.B. in § 271 Abs. 1), es erlaubt* ***keinerlei Zögern****, auch kein schuldloses.*

379 Die Anfechtung nach **§ 123 Abs. 1** muss gemäß § 124 Abs. 1 binnen **Jahresfrist** erfolgen. Gemäß § 124 Abs. 2 beginnt die Frist erst mit Entdeckung der Täuschung bzw. Aufhören der drohungskausalen Zwangslage und bei ihrem Verlauf sind die §§ 210, 211 (vgl. Rn. 575) sowie § 206 anzuwenden. Auch hier ist die Anfechtung gemäß § 124 Abs. 3 zehn Jahre nach Abgabe der anfechtbaren Erklärung ausgeschlossen.

Neben der Anfechtung nach § 123 kann ein Schadensersatzanspruch aus **§§ 280 Abs. 1, 311 Abs. 2, 241 Abs. 2** bestehen, wenn ein über die Beeinträchtigung der Willensfreiheit hinausgehender Vermögensschaden besteht. Dieser Anspruch verjährt nach §§ 195, 199 Abs.1. § 124 ist nicht analog anzuwenden (str., vgl. Rn. 308).

4. Kein Ausschluss nach § 144 (Bestätigung) und § 242

380 Die Anfechtung ist ausgeschlossen, wenn der **Anfechtungsberechtigte** das Rechtsgeschäft **bestätigt**, § 144 Abs. 1.[407] Das zuvor anfechtbare Geschäft ist **endgültig wirksam.**

- Die Bestätigung ist **formlos** (§ 144 Abs. 2) und sogar **konkludent** möglich.

  Der **Geltendmachung von Gewährleistungsrechten** ist sie allerdings regelmäßig nicht zu entnehmen, weil der Anfechtende sich regelmäßig bis zur Erfüllung der Gewährleistungsrechte ein Zurückschwenken auf die Anfechtung (siehe den vergleichenden Fall in Rn. 335 ff.) offenhalten will.[408]

---

403 Näher Randbemerkung in RÜ 2015, 73, 74.
404 Nach OLG Koblenz RÜ 2015, 73. Die mustergültige Beweiswürdigung der Entscheidung wird dargestellt in RÜ2 2015, 19.
405 Palandt/Ellenberger § 121 Rn. 3.
406 Zum Begriff AS-Skript BGB AT 1 (2020), Rn. 115.
407 Vgl. zum Folgenden Palandt/Ellenberger § 144 Rn. 1 ff.
408 BGH NJW 1990, 1106.

- Die Bestätigung ist eine **nicht empfangsbedürftige Willenserklärung**, daher kann sie **auch Dritten gegenüber oder insgeheim** erfolgen.

- Der Bestätigende muss **Bestätigungswillen** haben, welcher voraussetzt, dass er sein **Anfechtungsrecht kennt oder zumindest für möglich hält**.[409] Zudem muss dieser Wille **frei vom vorherigen Willensmangel** gebildet werden. Soweit ein **neuer Willensmangel** besteht, ist die Bestätigung ihrerseits anfechtbar.

Die Bestätigung nach § 144 Abs. 1 schließt nur die Anfechtung, **nicht** aber **Schadensersatzansprüche** des Anfechtungsberechtigten aus. Allerdings enthält die Bestätigung regelmäßig ein **Angebot auf Abschluss eines Erlassvertrags** i.S.d. § 397 hinsichtlich derjenigen Ansprüche, die den Anfechtungsberechtigten so stellen würden, als hätte er seine Erklärung nicht abgegeben (insbesondere §§ 280 Abs. 1, 311 Abs. 2, 241 Abs. 2). Dieses Angebot kann der Anfechtungsgegner konkludent annehmen, der Zugang der Annahmeerklärung ist dann nach § 151 S. 1 entbehrlich.[410]

Hinweis: *Willenserklärungen, die* ***bereits*** *(sei es nach § 142 Abs. 1 oder aus einem anderen Grund)* ***nichtig*** *sind, können* ***nach § 141 bestätigt*** *werden (s. Rn. 406).*

Ist der **Anfechtungsgegner** dazu bereit, das **Rechtsgeschäft mit dem Inhalt gelten zu lassen, den der Anfechtende wirklich wollte**, so ist die Folge umstritten:[411] **381**

- Manche[412] sehen keinen Grund dafür, den Anfechtungsberechtigten dann am tatsächlich Gewollten festzuhalten. Die **Anfechtung kassiere, sie reformiere aber nicht**. Es stehe den Parteien ohnehin frei, ein Geschäft mit dem gewollten Inhalt neu abzuschließen. Die **Anfechtung** ist also **weiterhin möglich**. Im Ergebnis haben hiernach **beide Parteien Einfluss** darauf, ob eine veränderte rechtliche Bindung entstehen soll.

- Ganz vorherrschend[413] wird eingewendet, die Anfechtung sei **kein Reuerecht**. Auch nach der falsa-demonstratio-Regel[414] und bei einer Umdeutung (§ 140, s. Rn. 401) erlösche das Geschäfts nicht, sondern es werde dem tatsächlichen Willen angepasst. Der Anfechtungsberechtigte könne daher die rechtliche Bindung **nur soweit beseitigen, wie ihn der Willensmangel benachteilige**. Daher sei ihm nach **§ 242** die Anfechtung soweit versagt, wie das Geschäft aufgrund des Entgegenkommens des Anfechtungsgegners den Inhalt erhalte, den der Anfechtungsberechtigte gewollt habe. Im Ergebnis hat hiernach der **Anfechtungsgegner** die **Wahl**, ob er sich auf § 242 beruft und so das Rechtsgeschäft zum Teil aufrechterhält oder ob er die vollständige Anfechtung hinnimmt.

Beispiel: K erklärt V, für die Kaufsache 50 € zahlen zu wollen. Eigentlich wollte K „40 €" sagen. V ist bereit, die Sache auch für 40 € zu verkaufen. –
Nach der Mindermeinung kann K vollständig anfechten. Nach der h.M. hat V die Wahl, ob er die vollständige Anfechtung des K akzeptiert, oder ob er ihn am Kauf zu 40 € festhält.

Ferner ist gemäß **§ 242** dem die Anfechtung nach § 119 Abs. 2 Var. 2 verwehrt, der sich durch die Anfechtung seinen **Gewährleistungspflichten entziehen würde** (s. Rn. 278).

---

409 BGH NJW 2012, 296.
410 BGH NZM 2016, 582; Palandt/Ellenberger § 144 Rn. 2.
411 Vgl. zu beiden Lösungsansätzen Müller JuS 2005, 18, 19, m.w.N.
412 Spieß, JZ 1985, 593.
413 Medicus/Petersen BR Rn. 144; Bork Rn. 954.
414 S. AS-Skript BGB AT 1 (2020), Rn. 283.

II. Rechtsfolgen der Anfechtung

382 § 142 Abs. 1 regelt die bekannteste, aber nicht die einzige **Rechtsfolge** der Anfechtung.

1. Nichtigkeit der Willenserklärung gemäß § 142 Abs. 1

383 Mit dem Zugang der Anfechtungserklärung ist die angefochtene **Willenserklärung** gemäß § 142 Abs. 1 **von Anfang an** (ex tunc) nichtig. Ist sie Bestandteil eines **Vertrags**, so ist auch dieser (mittelbar) ex tunc unwirksam (s. Rn. 212).

384 Die **Rückabwicklung in Vollzug gesetzter Gesellschafts- und Arbeitsverträge** nach §§ 812 ff. würde zu praktischen Komplikationen führen. Zudem könnte der Arbeitgeber angesichts § 818 Abs. 2 u. 3 einwenden, die Arbeit sei weniger wert als der vereinbarte Lohn oder er sei entreichert. Daher wirkt die Anfechtung nur **ex nunc.**[415]

Eintragungspflichtige gesellschaftsrechtliche Erklärungen sind allerdings gar nicht anfechtbar.[416]

385 Bei **Mietverträgen** ließen sich diese Einwände ebenso anbringen. Gleichwohl sind sie **ex tunc** nichtig,[417] da die Einwände hier nicht das gleiche Gewicht haben. Zudem muss die Abweichung vom klaren Wortlaut des § 142 Abs. 1 eine enge Ausnahme bleiben.

386 Auch **Verfügungsgeschäfte** sind **ex tunc** nichtig. Ist zwischenzeitlich eine Verfügung an einen Dritten erfolgt, so geschah diese ohne Berechtigung.

Beispiel: A übereignet an B, weil B den A arglistig getäuscht hat. Sodann übereignet B an C weiter. Wenn A seine dingliche Einigungserklärung (§ 929 S. 1) mit B anficht, dann ist A Eigentümer geblieben und B war nie Eigentümer. B war daher zur Übereignung an C nie berechtigt. Die Übereignung an C ist – vorbehaltlich der §§ 932 ff., s. sogleich Rn. 388 – unwirksam.

Es ist für Verpflichtung und Verfügung getrennt zu beurteilen, ob sie anfechtbar sind. In den Fällen des § 123 sind oft beide Geschäfte anfechtbar **(Fehleridentität)**, bei § 119 ist das hingegen eine Frage des Einzelfalls.[418]

387 Ist eine wirksame **Teilanfechtung** erklärt (s. Rn. 377), so ist unmittelbar gemäß § 142 Abs. 1 **nur der angefochtene Teil** nichtig. Sodann ist allerdings nach Maßgabe des **§ 139** zu beurteilen, ob die Teilnichtigkeit zur **Gesamtnichtigkeit** führt (Rn. 393 ff.).

2. Kenntnis/Kennenmüssen der Anfechtbarkeit, § 142 Abs. 2

388 Immer wenn das **Kennen oder Kennenmüssen** (§ 122 Abs. 2) der **Nichtigkeit** Rechtsfolgen auslöst, genügt es gemäß § 142 Abs. 2, wenn der Betreffende die **Anfechtbarkeit kannte oder kennen musste**. Da durch die Anfechtungserklärung ohnehin gemäß § 142 Abs. 1 die Nichtigkeit eintritt, hat § 142 Abs. 2 Relevanz, wenn es auf einen Zeitpunkt zwischen Abgabe der Erklärung und Anfechtung der Erklärung ankommt.

Im **Beispiel** aus Rn. 386 ist C Eigentümer der Sache, wenn die (nunmehr) fehlende Berechtigung des B nach § 932 Abs. 1 S. 1 überwunden wurde. Das setzt aber gemäß § 932 Abs. 2 voraus, dass C bei Über-

---

415 AS-Skript Schuldrecht BT 3 (2019), Rn. 113, AS-Skript Gesellschaftsrecht (2021), Rn. 30 ff. und AS-Skript Arbeitsrecht (2019), Rn. 226 ff.

416 Vgl. Rn. 219.

417 BGH NJW 2009, 1266 Rn.33 ff.; Staudinger/Rolfs § 542 Rn. 201.

418 Näher AS-Skript BGB AT 1 (2020), Rn. 34.

gabe der Sache nicht wusste und auch nicht grob fahrlässig verkannt hatte, dass B nicht Eigentümer der Sache war, sie also nicht wirksam von A übereignet bekommen hatte. Die Nichtigkeit der Übereignung von A an B nach § 142 Abs. 1 konnte C bei Übergabe an ihn denklogisch nicht kennen, denn A hatte (noch) nicht die Anfechtung erklärt und die Nichtigkeit daher (noch) nicht herbeigeführt. Dem C schadet es gemäß § 142 Abs. 2 aber ebenso, wenn er bei Übergabe die Anfechtbarkeit der Übereignungserklärung des A an B kannte oder grob fahrlässig verkannt hatte.

Weitere Beispiele: § 166, § 179 Abs. 2, § 819 Abs. 1 (s. Rn. 340), § 990 Abs. 1

3. Ansprüche nach wirksamer Anfechtung

Bei Anfechtung gemäß **§§ 119, 120** (und im Fall des § 118) muss der Anfechtungsberechtigte dem Anfechtungsgegner **Schadensersatz gemäß § 122** leisten. Er muss den **Vertrauensschaden (negatives Interesse) kompensieren**, aber **maximal** in Höhe des **Erfüllungsinteresses (positives Interesse)**. 389

- **Vertrauensschaden** ist der Schaden, der im Vertrauen auf die Erklärung entsteht. Der Geschädigte ist zu stellen, **als hätte es die Erklärung nie gegeben**.
- **Erfüllungsschaden** ist der Schaden, der bei Gültigkeit der Erklärung und ordentlicher Erfüllung der in ihr versprochenen Leistung vermieden worden wäre. Der Geschädigte ist zu stellen, **als wäre gehörig erfüllt worden**.

Beispiel: V verkauft K einen Pkw für 4.000 €. Später ficht V seine Kauferklärung an. K hat 100 € Zulassungsgebühren bezahlt und er hätte den Wagen für 4.050 € weiterverkaufen können. –
Hätte es den Kaufvertrag zwischen V und K nicht gegeben, so wären K keine Kosten i.H.v. 100 € entstanden (Vertrauensschaden). Hätte V ordentlich erfüllt, so hätte K an D weiterverkaufen können und er hätte nur 50 € Gewinn gemacht (Erfüllungsschaden). K kann daher von V (nur) 50 € verlangen.

Ein weiteres **Beispiel** finden Sie im AS-Skript BGB AT 1in der Lösung von Fall 20.[419]

Die Ersatzpflicht **entfällt** gemäß **§ 122 Abs. 2**, wenn der Geschädigte den Grund der Anfechtbarkeit **kannte oder kennen musste**, d.h. infolge Fahrlässigkeit nicht kannte. Liegt das nicht vor, aber hat der Geschädigte gleichwohl den Anfechtungsgrund (wenn auch schuldlos) mit verursacht, so ist der Anspruch **analog § 254 Abs. 1** zu kürzen.[420] 390

Beispiel für Kennenmüssen:[421] Wenn V sich verspricht und sagt, er wolle seinen Pkw (Wert: 15.000 €) für 15 € verkaufen, dann ist angesichts der großen Diskrepanz der Erklärungsirrtum leicht erkennbar.

Haben die Parteien bei Anfechtung eines **Rechtsgrundes i.S.d. § 812 Abs. 1** bereits geleistet, so ist das Geleistete nach Maßgabe der §§ 812 ff. zurückzugewähren. Es ist umstritten, ob § 812 Abs. 1 S. 1 Var. 1 (wegen der Rückwirkung) oder § 812 Abs. 1 S. 2 Var. 1 (wegen der späteren Anfechtungserklärung) die Anspruchsgrundlage ist. Dies wirkt sich im Ergebnis nur aus, wenn § 814 erfüllt ist, da dieser nur für § 812 Abs. 1 S. 1 Var. 1 gilt.[422] 391

Bei **Anfechtung einer Übereignung** kann ein Anspruch aus **§ 985** bestehen. Ob dabei ein **Recht zum Besitz** besteht, kann u.a. von der **Anfechtung der Verpflichtung** abhängen.

Insbesondere in den Fällen des **§ 123** können Ansprüche aus §§ 280 Abs. 1, 311 Abs. 2, 241 Abs. 2; § 823 Abs. 1; § 823 Abs. 2 und § 826 bestehen (s. Rn. 336 ff.). 392

419 AS-Skript BGB AT 1 (2020), Rn. 372.

420 BGH NJW 1969, 1380; Staudinger/Singer § 122 Rn. 19.

421 Angelehnt an OLG Frankfurt/Main RÜ 2017, 477, 479 zu § 118.

422 Vgl. AS-Skript BGB AT 1 (2020), Rn. 13.

Anfechtung gemäß §§ 142 Abs. 1, 119 ff.

Zulässigkeit

Grundsätzlich **jede Willenserklärung**. Schweigen und Rechtsschein nicht, wenn Motivirrtum über Rechtsfolge. Bei anderem Anfechtungsgrund Schweigen anfechtbar, Rechtsschein sehr str.

Anfechtungsgründe

- **§ 119 Abs. 1**: Gewollte Erklärung und tatsächliche Erklärung stimmen unbewusst nicht überein.
- **§ 119 Abs. 2**: Vorgestellte verkehrswesentliche Eigenschaften der Person bzw. der Sache entsprechen nicht der Wirklichkeit. Letzterenfalls Konkurrenz zum Gewährleistungsrecht
- **§ 120:** Der Bote überbringt unbewusst eine unrichtige WE.
- **§ 123 Abs. 1 Var. 1, Abs. 2:** Arglistige Täuschung, auch „ins Blaue hinein". Wenn Dritter täuscht, Anfechtung nur zulässig, wenn Empfänger Täuschung kannte bzw. hätte kennen müssen. Daneben (!) Anfechtung gegenüber Viertem als Nutznießer möglich, wenn dieser Täuschung kennt/kennen muss.
- **§ 123 Abs. 1 Var. 2:** Widerrechtliche Drohung, d.h. Inaussichtstellen eines empfindlichen Übels und Mittel, Zweck bzw. Mittel-Zweck-Relation verwerflich. Vorsatz genügt bzgl. Tatsachen (str.).

Anfechtungserklärung, §§ 143, 121, 124

- **Anfechtungsberechtigt** ist der Erklärende
- **Anfechtungsgegner** gemäß § 143, beachte § 123 Abs. 2 S. 2
- **Anfechtungserklärung**: formlos, auch konkludent, aber Erkennbarkeit des Willens zur Anfechtung und des Grundes
- **Anfechtungsfrist**: § 121 bzw. § 124

Ausschluss der Anfechtung

- **Bestätigung** der anfechtbaren Erklärung, § 144
- **§ 242**, wenn Vertragspartner bereit ist, das wirklich Gewollte gelten zu lassen (h.M., da Anfechtung kein Reuerecht; nach a.A. kein Ausschluss, da Anfechtung kassiert, aber nicht reformiert)
- **§ 242**, wenn Anfechtung nach § 119 Abs. 2 nur Entziehen vor Gewährleistungspflicht dient.

Rechtsfolgen

- **§ 142 Abs. 1**: Nichtigkeit ex tunc, Ausnahme bereits vollzogene Arbeits- und Gesellschaftsverträge
- **§ 142 Abs. 2:** Kenntnis/Kennenmüssen der Anfechtbarkeit genügt, wenn das Gesetz Kenntnis/Kennenmüssen der Nichtigkeit fordert
- **§ 122:** Wenn §§ 118, 119, 120, dann Ersatz des Vertrauensschadens, gedeckelt auf den Erfüllungsschaden, es sei denn, der Gegner kannte die Anfechtbarkeit bzw. musste sie kennen
- **§ 812 Abs. 1 S. 1 Var. 1 bzw. S. 2 Var. 1**, wenn Rechtsgrund angefochten und bereits geleistet
- **§ 985** (Anfechtung der Übereignung und ggf. Anfechtung der Verpflichtung als Besitzrecht)
- Insbesondere **neben § 123** Ansprüche aus §§ 280 Abs. 1, 311 Abs. 2, 241 Abs. 2, 823, 826.

5. Abschnitt: Teilnichtigkeit, Umdeutung und Bestätigung

A. Teilnichtigkeit, § 139

Alle Nichtigkeitsgründe können nur den Teil eines Rechtsgeschäfts erfassen. Nach § 139 tritt trotzdem **Gesamtnichtigkeit** ein, wenn nicht **ausnahmsweise** anzunehmen ist, dass **auch das kupierte Rechtsgeschäft vorgenommen** worden wäre. **393**

Eine **ähnliche Regelung** enthält § 2085. Eine **gegenteilige Regelung** enthält § 306 Abs. 1 (s. Rn. 488).

§ 139 hat die folgenden **vier Voraussetzungen**:

I. Nichtigkeit eines Teils

Ein oder mehrere Nichtigkeitsgründe betreffen (nur) einen Teil des Rechtsgeschäfts. **394**

II. Teilbarkeit des Rechtsgeschäfts im juristischen Sinn

Das Geschäft muss juristisch teilbar sein. Der wirksame Teil muss von vornherein **ohne den nichtigen Teil verabredbar** gewesen sein. Nichtig sein können beispielsweise[423] **395**

- **einzelne Regelungen,**

  Beispiele: Haftungsausschlüsse nach § 444, Gerichtsstandsvereinbarungen (§§ 38 u. 40 ZPO)

- **einzelne Regelungskomplexe zusammengesetzter Verträge,**

  Beispiel: Mündlicher Verkauf eines Grundstücks nebst Pkw

- die **Beteiligung einer von mehreren Personen,**

  Beispiel: Ein 20-jähriger und ein 17-jähriger buchen ohne Einwilligung ihrer Eltern eine Reise.

- **einzelne Teilleistungen** oder **Vertragszeiträume.**

  Beispiel:[424] V und M vereinbaren eine Staffelmiete (vgl. § 557 a), die ab dem elften Jahr nichtig ist.

III. Einheitliches Rechtsgeschäft

Es muss ein einheitliches Rechtsgeschäft vorliegen. Die Parteien müssen bei Vornahme des Rechtsgeschäfts einen **Einheitlichkeitswillen** gehabt haben, d.h. dass die beiden Bestandteile des Geschäfts – obgleich juristisch teilbar – **miteinander „stehen und fallen"** sollen. Indizien sind ein **wirtschaftlicher Zusammenhang** der Geschäfte und die Frage, ob die Geschäfte **gemeinsam oder getrennt schriftlich fixiert** wurden.[425] **396**

Nach h.M. können auch das **Verpflichtungsgeschäft** und das **Verfügungsgeschäft** eine Einheit bilden. Dafür genügt allerdings nicht der immer bestehende wirtschaftliche Zusammenhang, denn dann würde das Trennungs- und Abstraktionsprinzip nie greifen. Ein entsprechender Parteiwille muss sich aus **weiteren Umständen** ergeben.

---

423 Vgl. auch Palandt/Ellenberger § 139 Rn. 10 ff.

424 Nach BGH NJW 2012, 1502.

425 Vgl. Palandt/Ellenberger § 139 Rn. 5 ff.; Staudinger/Roth § 139 Rn. 37.

Die **Gegenansicht** lehnt eine solche Verknüpfung über § 139 ab und verweist auf die Möglichkeit, die Abhängigkeit der beiden Geschäfte über Bedingungen nach § 158 herzustellen.[426]

IV. Kein entgegenstehender hypothetischer Wille

397 Die Gesamtnichtigkeit tritt nicht ein, wenn der einseitig Erklärende bzw. die Vertragsparteien das **Geschäft auch ohne den nichtigen Teil vorgenommen** hätte(n). Maßgeblich ist der **hypothetische Wille im Zeitpunkt des Vertragsschlusses**.

Hinweis: *Dieser ist auch bei der* ***ergänzenden Vertragsauslegung*** *das Maß der Dinge.*[427]

398 Wurde das **Geschäft bereits abgewickelt**, so zeigt dies, dass es ungeachtet der Teilnichtigkeit jedenfalls im Nachhinein gelten soll. Selbst wenn bei Abgabe der Erklärung(en) dieser (hypothetische) Wille noch nicht bestand, ist es den Beteiligten **jedenfalls nach § 242** verwehrt, sich auf eine Gesamtnichtigkeit zu berufen.[428]

399 Die **Darlegungs- und Beweislast** für diesen Willen trägt grundsätzlich der, der das Geschäft teilweise aufrechterhalten will, denn § 139 ordnet grundsätzlich die Gesamtnichtigkeit an („wenn nicht"). Eine **salvatorische Erhaltungsklausel**[429] kehrt die Darlegungs- und Beweislast um, sodass der, der das Geschäft nicht gelten lassen will, beweisen muss, dass die Gesamtnichtigkeit dem hypothetischen Willen entspricht.[430]

Beispiel für eine salvatorische Erhaltungsklausel: Sollten einzelne Bestimmungen dieses Vertrags unwirksam oder undurchführbar sein oder werden, so bleibt die Wirksamkeit des übrigen Vertrags hiervon unberührt.

Klausurhinweis: *Wie immer gilt bei Fragen der* ***Darlegungs- und Beweislast im 1. Examen****, dass Sie zunächst schauen müssen, ob der Sachverhalt ausdrücklich oder nach den Umständen („lebensnahe Auslegung") die in Rede stehende Tatsache (hier: den hypothetischen Willen als subjektive Tatsache) bejaht oder verneint. Oft sind Sachverhalte im 1. Examen vollständig und es liegen alle Tatsachen klar vor bzw. nicht vor.* ***Nur wenn der Sachverhalt ausnahmsweise unvollständig*** *ist, unterstellen Sie diejenige Tatsachenvariante, die für den Darlegungs- und Beweisbelasteten ungünstig ist.*

400 Oft wird zudem eine **salvatorische Ergänzungsklausel** vereinbart. Diese regelt, dass anstatt des nichtigen Teils nicht die dispositiven gesetzlichen Bestimmungen, sondern etwas anderes gelten soll. Diese Klauseln sind in der Regel zulässig, es sei denn, sie umgehen zwingendes Recht oder sie ändern den Vertrag (insbesondere das Synallagma) grundlegend. Soweit sie den hypothetischen Willen als maßgeblich erklären, verweisen sie letztlich deklaratorisch auf eine ergänzende Vertragsauslegung.

Beispiel für eine salvatorische Ergänzungsklausel: Anstelle einer unwirksamen oder undurchführbaren Bestimmung tritt diejenige wirksame und durchführbare Bestimmung, deren Wirkung den wirtschaftlichen Zielen, die die Parteien angestrebt haben, am nächsten kommt. Dies gilt auch, wenn dieser Vertrag unabhängig von einer Unwirksamkeit oder Undurchführbarkeit eine Regelungslücke aufweist.

---

426 Vgl. zu beiden Ansichten AS-Skript BGB AT 1 (2020), Rn. 27 ff.

427 S. zur ergänzenden Vertragsauslegung AS-Skript BGB AT 1 (2020), Rn. 291 ff.

428 Wolf/Neuner § 56 Rn. 29.

429 Vgl. zum Folgenden insgesamt Staudinger/Roth § 139 Rn. 22 f.

430 BGH NJW 2010, 1660, Rn. 8.

B. Umdeutung, § 140

Ein nichtiges Rechtsgeschäft wird nach Maßgabe des § 140 durch ein anderes Rechtsgeschäft (**Ersatzgeschäft**) ersetzt. Die Umdeutung ist **keine Gestaltungserklärung**, insofern führt die Bezeichnung in die Irre. Sie findet vielmehr **ipso iure** ohne Zutun der Parteien statt („gilt"). Der „Umdeutende" ist also der Rechtsanwender. **401**

Die **Voraussetzungen** der Umdeutung lauten:[431]

- Das **gewollte Rechtsgeschäft** muss **nichtig** sein. Bloße Anfechtbarkeit oder schwebende Unwirksamkeit genügen nicht. Nach h.M. meint Nichtigkeit i.d.S. nicht nur das Vorliegen von Einwendungen, sondern **auch das Fehlen von Entstehungsvoraussetzungen**. Um festzustellen, was gewollt ist, müssen die Erklärung(en) zunächst gemäß §§ 133, 157 ausgelegt werden. Ergibt sich dabei, dass die Erklärung(en) auf ein wirksames Geschäft gerichtet sind, ist für eine Umdeutung kein Raum. Die **Auslegung geht der Umdeutung** also **vor**. **402**

- Das nichtige Geschäft muss den Erfordernissen des Ersatzgeschäfts „entsprechen" (Wortlaut § 140). In dem nichtigen Geschäft müssen also **sämtliche Tatbestandserfordernisse des Ersatzgeschäfts enthalten** sein. Zudem dürfen dem Ersatzgeschäft **nicht** (dieselben und/oder andere) **Nichtigkeitsgründe entgegenstehen**. Eine Umdeutung ist also nur möglich, wenn die Rechtsordnung den erstrebten Erfolg nicht generell verbietet, sondern nur den zunächst gewollten Weg dahin. **403**

  Beispiel:[432] E übereignet an A einen Wäschetrockner unter Eigentumsvorbehalt, d.h. A soll erst mit vollständiger Zahlung Eigentümer werden (§§ 929 S. 1, 158 Abs. 1). A zahlt nicht und übereignet stattdessen den Trockner an X zur Sicherheit für einen Kredit, d.h. A will X gemäß §§ 929 S. 1, 930 das Eigentum übertragen, behält den Trockner aber in seinem unmittelbaren Besitz. –
  I. Die dingliche Einigung zwischen A und X ist auf die **Übereignung** gerichtet. X wird aber nicht Eigentümer, denn mangels Eigentums oder Ermächtigung nach § 185 Abs. 1 ist A nicht zur Übereignung berechtigt. Die fehlende Berechtigung zur Übereignung wurde auch nicht nach § 933 überwunden, denn A hat X den Trockner nicht übergeben.
  II. A ist aber aufgrund des bedingten Eigentums Inhaber eines **Anwartschaftsrechts**. Zur **Übertragung** (Zweiterwerb) dieses Rechts analog §§ 929 S. 1, 930 (h.M.) auf X war A als sein Inhaber auch berechtigt. Eine ausdrücklich Einigung über diese Übertragung liegt zwischen A und X allerdings nicht vor. Da das Anwartschaftsrecht aber wesensgleiches Minus zum Eigentum ist, ist nach einer Ansicht die **Einigung über die Übereignung** gemäß §§ 133, 157 so **auszulegen**, dass zumindest das Anwartschaftsrecht übertragen werden soll. Andere lehnen diese Auslegung als zu weit ab. Sie nehmen dann aber nach § 140 eine **Umdeutung** der Einigung über die Übereignung vor, obgleich sie nicht im engeren Sinne nichtig ist, sondern vielmehr bereits eine ihrer Voraussetzungen (die Berechtigung bzw. die Überwindung der fehlenden Berechtigung) fehlt.
  III. Sobald E den Kaufpreis erhält, erstarkt das Anwartschaftsrecht zum Eigentum des X. Im Ergebnis **erreichen** A und X also **ihr von der Rechtsordnung erlaubtes Ziel, nur auf anderem Wege**.

- Der ausdrückliche oder zumindest **hypothetische Wille** muss ergeben, dass die an dem Rechtsgeschäft Beteiligten **auch das Ersatzgeschäft getätigt hätten**, wenn sie die Nichtigkeit des primär angestrebten Rechtsgeschäfts gekannt hätten. Ein solcher Wille liegt regelmäßig vor, wenn der mit dem Rechtsgeschäft erstrebte **wirt-** **404**

431 Vgl. zum Folgenden m.w.N. Palandt/Ellenberger § 140 Rn. 2 ff.

432 Vgl. im Kontext AS-Skript Sachenrecht 1 (2020), Rn. 384.

schaftliche Erfolg durch das Ersatzgeschäft **im Wesentlichen erreicht werden kann**. Eine Umdeutung gegen den Willen ist hingegen nicht möglich.

Beispiel:[433] Eine einseitige Mieterhöhung (§ 557 Abs. 3) kann nur dann in ein Angebot auf Abschluss einer beidseitigen Mieterhöhungsvereinbarung (§ 557 Abs. 1) umgedeutet werden, wenn sich der Vermieter bewusst war, dass auch für eine einseitige Erhöhung der Miete die Zustimmung des Mieters (vgl. § 558 b) erforderlich sein kann. Anderenfalls ist sein Wille ausschließlich auf die einseitige Setzung einer Rechtsfolge und nicht auf eine wechselseitige Einigung gerichtet.

405 ■ Schließlich darf die **Rechtsfolge** des Ersatzgeschäfts **nicht weiter** gehen **als die des nichtigen Geschäfts.**

Beispiel: Eine Anfechtung beseitigt die Willenserklärung und somit den auf ihr basierenden Vertrag ex tunc (§ 142 Abs. 1). Der Rücktritt wirkt nur ex nunc, außerdem beseitigt er den Vertrag nicht ersatzlos, sondern er lässt ein Rückgewährschuldverhältnis entstehen (§§ 346 ff.). –
I. Im Wege der **Auslegung** kann eine Erklärung, selbst wenn sie ausdrücklich als „Anfechtung" bezeichnet ist, als Rücktritt auszulegen sein, und umgekehrt.
II. Stößt die Auslegung an ihre Grenze, so lässt sich zwar eine **Anfechtung in den** weniger gravierenden **Rücktritt umdeuten**. **Umgekehrt** ist das hingegen **nicht** möglich.

Beispiel:[434] Eine fristgemäße kann nicht in eine fristlose Kündigung umgedeutet werden, eine fristlose in eine weniger drastische fristgemäße Kündigung hingegen schon. Allerdings ist dabei zu prüfen, ob der Kündigende im Einzelfall hypothetisch auch eine solche gewollt hätte, weil er den Vertrag in jedem Fall zum nächstmöglichen Zeitpunkt beenden wollte, oder ob er entweder sofort oder gar nicht den Vertrag beenden wollte.

C. Bestätigung, § 141

406 Die Bestätigung **setzt** nach § 141 Abs. 1 **voraus:**[435]

- **Nichtigkeit** eines **Rechtsgeschäfts,**
- **Neuvornahme** dieses Rechtsgeschäfts, d.h. es müssen nunmehr sämtliche Wirksamkeitsvoraussetzungen (insbesondere Formvorschriften) erfüllt sein und
- der bzw. die Bestätigende(n) müssen **Bestätigungswillen** haben, d.h. sie müssen die Nichtigkeit kennen oder zumindest Zweifel an der Wirksamkeit haben.

407 **Rechtsfolge** der Bestätigung ist grundsätzlich die Entstehung des Rechtsgeschäfts **ex nunc, § 141 Abs. 1** – insofern ist die Norm also **deklaratorisch**, denn Rechtsgeschäfte können ohnehin jederzeit unter Beachtung der Wirksamkeitserfordernisse erfolgen. Bei **Verträgen** sind die Parteien weitergehend gemäß **§ 141 Abs. 2** im Zweifel **konstitutiv** dazu **verpflichtet**, **rückwirkend** einander die geschuldeten Leistungen zu gewähren.

Hinweis: *§ 141 greift auch bei Nichtigkeit nach Anfechtung.* ***Vor der Anfechtung*** *ist hingegen* ***§ 144*** *einschlägig (s. Rn. 380).*

---

433 Nach BGH NJW-RR 2005, 1464.

434 Nach BGH NJW-RR 2018, 1101; BAG NZA 2010, 1348.

435 Vgl. zum Folgenden Palandt/Ellenberger § 141 Rn. 3 ff.

2. Teil: Allgemeine Geschäftsbedingungen (AGB)

Verwendet eine Person dieselben Vertragsbedingungen mehrmals, so hat sie oft **besondere Kenntnisse** und **gewisse Marktmacht**. Der Geschäftsgegner ist schutzbedürftig, insbesondere, wenn er **Verbraucher** ist (vgl. § 310 Abs. 1 u. 3). 408

Hinweis: *Die §§ 305–306 a u. 310 regeln insbesondere die* ***Einbeziehung, Auslegung und die Folgen der Unwirksamkeit*** *solcher Vertragsbedingungen. Dies sind klassische Themen des BGB AT, die im Fokus der folgenden Ausführungen stehen. Die §§ 307–309 regeln hingegen die* ***Inhaltskontrolle*** *dieser Vertragsbedingungen. Dies ist eine Frage des jeweiligen Sachzusammenhangs, oft des Schuldrecht AT und BT. Im Folgenden werden hierzu nur die allgemeinen Strukturen erörtert. Näheres finden Sie in den jeweiligen AS-Skripten.*[436]
Zu den §§ 305–310 gibt es eine ***Fülle von Rspr.*** *Diese müssen und können Sie* ***nicht auswendig*** *kennen. Beispiele aus der Praxis dienen im Folgenden in gesteigertem Maße nur der Veranschaulichung der abstrakten Normen.* ***Konzentrieren Sie sich auf die gesetzliche Systematik und Prüfungsstruktur****.*

Prüfung von AGB (Überblick)

I. **Anwendbarkeit**, § 310 Abs. 4 S. 1 u. 2 Hs. 1

II. Vorliegen von **AGB**, § 305 Abs. 1; beachte § 310 Abs. 3 Nr. 1 u. 2

III. **Einbeziehung** in den Vertrag, § 305 Abs. 2 u. 3; beachte § 310 Abs. 1 u. Abs. 4 S. 2 Hs. 2; Sonderfälle in §§ 305 a, 305 b, 305 c Abs. 1, 306 a

IV. **Auslegung**, beachte § 305 c Abs. 2 u. § 310 Abs. 3 Nr. 3

V. **Inhaltskontrolle:** § 307 Abs. 3 (i.V.m. § 310 Abs. 4 S. 3) => § 309 => § 308 => § 307 Abs. 1 u. 2; beachte § 310 Abs. 1 u. 2

VI. **Rechtsfolgen** nach § 306 (ggf. i.V.m. § 1 UKlaG)

1. Abschnitt: Anwendbarkeit der §§ 305 ff., § 310 Abs. 4 S. 1 u. 2

Grundsätzlich sind die §§ 305 ff. auf **alle Verträge** anzuwenden, vgl. § 305 Abs. 1 S. 1. Gemäß § 310 Abs. 4 S. 1 bestehen aber **Bereichsausnahmen** für Verträge auf dem Gebiet des **Erb-, Familien- und Gesellschaftsrechts** sowie für **Tarifverträge, Betriebs- und Dienstvereinbarungen** 409

Gemäß § 310 Abs. 4 S. 2 Hs. 1 sind die § 305 ff. auch auf **Arbeitsverträge** anwendbar, aber die dort geltenden **Besonderheiten** sind angemessen zu berücksichtigen. 410

Beispiel:[437] Trotz § 309 Nr. 6 sind Vertragsstrafeversprechen des Arbeitnehmers auch in AGB wirksam, soweit sie eine gemäß § 888 Abs. 3 ZPO nicht per Vollstreckung durchsetzbare Pflicht betreffen.

2. Abschnitt: Begriff der AGB, § 305 Abs. 1 u. § 310 Abs. 3 Nr. 1 u. 2

Gemäß § 305 Abs. 1 liegen AGB unter folgenden **Voraussetzungen** vor: 411

436 Z.B. zu Arbeitsverträgen im AS-Skript Arbeitsrecht (2019), Rn. 143 ff.

437 Nach BAG NZA 2014, 777; vgl. AS-Skript Arbeitsrecht (2019), Rn. 147.

A. Vertragsbedingung

412 Nur Vertragsbedingungen, d.h. **Regelungen**, die **rechtlich verbindlich** sein sollen, können AGB sein. Bloße Empfehlungen oder unverbindliche Vorgaben hingegen nicht. Ob Rechtsverbindlichkeit gewollt ist, ist durch **objektive Auslegung** nach §§ 133, 157 zu ermitteln. **§ 305 c Abs. 2** (s. Rn. 440 f.) findet hierbei **keine Anwendung**, denn sein Tatbestand verlangt eine AGB, deren Existenz hier erst geprüft wird.[438]

Beispiel:[439] In einem Supermarkt befindet sich folgender Aushang: „Wir bitten Sie höflich, Ihre Taschen an der Information vor dem Betreten des Marktes abzugeben. Anderenfalls weisen wir Sie höflich darauf hin, dass wir an der Kasse gegebenenfalls Taschenkontrollen durchführen müssen." –
Der erste Satz ist ein unverbindliche Bitte. Der zweite Satz soll hingegen, wenn auch durch Höflichkeiten kaschiert, dem Supermarkt das Recht zu einer verdachtsunabhängigen Taschenkontrolle einräumen.

B. Vorformuliert

413 Eine Bestimmung ist vorformuliert, wenn sie **in irgendeiner Weise vor der Anbahnung des Vertragsschlusses** formuliert wurde, § 305 Abs. 1 S. 1 u. 2. Form, Umfang, Schriftart und Standort innerhalb oder außerhalb der Vertragsurkunde sind irrelevant. Unerheblich ist auch, ob der Verwender oder ein Dritter sie formuliert hat.

414 Wird ein schriftlich vorbereiteter Vertrag kurz vor der Unterzeichnung (insbesondere **handschriftlich**) **ergänzt**, so bleibt der AGB-Charakter erhalten, wenn die Ergänzung eine bereits vorhandene Regelung nur konkretisiert oder verdeutlicht, wenn es sich also um eine **unselbstständige Ergänzungsregel** handelt.[440] Sogar eine komplett (handschriftlich) ergänzte Bestimmung hat AGB-Charakter, wenn sie **„geistig" vorformuliert** wurde und bei Vertragsschluss auswendig niedergeschrieben wird.[441] Anderenfalls wäre § 305 Abs. 1 leicht zu umgehen, was aber gemäß § 306 a nicht geschehen darf.

Bei **beidseitigem konkreten Aushandeln** liegt keine Vorformulierung vor (§ 305 Abs. 1 S. 3), näher D.

C. Für eine Vielzahl von Verträgen

415 Für eine Vielzahl von Verträgen sind Bestimmungen vorgesehen, wenn die **Absicht ihrer Verwendung in mindestens drei Fällen** besteht. Unerheblich ist, ob dies gegenüber verschiedenen Personen oder derselben Person geschehen soll.[442] Besteht diese Absicht der Mehrfachverwendung, dann ist § 305 Abs. 1 S. 1 (Wortlaut: „für ... vorformuliert") **bereits bei der ersten Verwendung** (und nicht etwa erst der vierten) erfüllt.

416 Auch eine **nur einmalige Verwendungsabsicht reicht aus**

- gemäß § 310 Abs. 3 Nr. 2 grundsätzlich bei **Verbraucherverträgen**, soweit es die Anwendbarkeit der §§ 305 c Abs. 2, 306, 307–309 betrifft, oder
- wenn der Verwender die Klauseln zwar nur einmal verwenden will, jedoch ein **Dritter** sie **zur mehrfachen Verwendung für mehrere Verwender formuliert** hat.[443]

---

438 BGH NJW 2014, 2269, Rn. 23; 2016, 3015.

439 Nach BGH NJW 1996, 2574.

440 Palandt/Grüneberg § 305 Rn. 8.

441 BGH NJW-RR 2014, 1133, Rn. 20.

442 BGH NJW 2002, 138; BGHZIP 2004, 315.

443 BGH BauR 2006, 106.

Beispiel: V erbt eine einzelne Wohnung. Er will diese langfristig vermieten und keinesfalls weiter ins Vermietergewerbe einsteigen. Aus dem Internet lädt er sich einen Standardmietvertrag herunter.

D. Einseitiges Stellen vs. beidseitiges Aushandeln

Allgemeine Geschäftsbedingungen liegen gemäß § 305 Abs. 1 S. 1 nur vor, wenn sie **von einer Vertragspartei – dem Verwender – gestellt**, d.h. **auf seine Initiative in die Verhandlungen eingebracht und ihre Verwendung für den Vertragsschluss verlangt** wird.[444] Der Begriff des Verwenders ist **klauselbezogen**, d.h. soweit jede Partei einen Teil der Vertragsbedingungen stellt, ist jede Partei „Verwender" jeweils „ihrer" Bedingungen und „andere Vertragspartei" bezüglich der „fremden" Bedingungen. 417

Im Fall des § 310 Abs. 3 Nr. 2 (Unternehmer als Verwender gegenüber Verbraucher; nur einmalige Verwendungsabsicht) ist erforderlich, dass der Verbraucher **„auf ihren Inhalt keinen Einfluss nehmen konnte"**. Inhaltlich ist damit dasselbe gemeint.[445] Zur Beweislast siehe sogleich Rn. 420.

Gemäß § 305 Abs. 1 S. 3 liegt hingegen **keine Vorformulierung** vor, soweit eine Klausel **im Einzelnen ausgehandelt** wurde. Unerheblich ist dabei, ob die Vertragsparteien die Klausel „von Null an" gemeinsam aushandeln, oder ob sie einen Vorschlag der einen Partei gemeinsam ergänzen, verändern oder gar unverändert aufnehmen. 418

Entscheidend ist insbesondere im letztgenannten Fall, dass **über den Vorschlag nicht lediglich verhandelt**, also zu Belehrungszwecken und ohne Änderungswillen des Verwenders geredet wird. Der Verwender muss vielmehr seine Klausel **ernsthaft zur Disposition stellen.** Die Gegenseite muss die **reale Möglichkeit** erhalten, zur Wahrung ihrer eigenen Interessen den **gesetzesfremden Kerngehalt** der Klausel **mit eigenen Textvorschlägen zu beeinflussen.**[446] Die bloße Möglichkeit, unter mehreren Textvorschlägen zu wählen, die allesamt vom Verwender stammen, genügt nicht.[447]

Regelmäßig liegt ein **Aushandeln** vor,

- wenn der **Kerngehalt** einer Bestimmung **tatsächlich abgeändert** wurde,
- wenn an anderer Stelle **nachteilskompensierende Vorteile eingeräumt** werden,
- wenn die Gegenseite nach nicht nur vordergründiger Belehrung über den Inhalt der Klausel, sondern **nach Erörterung denkbarer Alternativen** die unveränderte Bestimmung **als sach- und interessengerecht anerkennt** oder
- nach umstrittener Ansicht[448] unter **Unternehmern** nach Maßgabe ihrer individuellen Branchenkenntnis und Verhandlungsstärke selbst dann, wenn sie **nur über andere Teile** des betroffenen Regelungskomplexes verhandeln oder gar bewusst und **einvernehmlich** auf ein Aushandeln **verzichten.**

Dritte, die den Vertrag **für den Verwender** als künftige Vertragspartei formulieren, sind diesem zuzurechnen (vgl. Rn. 413 u. 416). 419

---

444 BGH RÜ 2018, 487, 488, Rn. 10.

445 Palandt/Grüneberg § 310 Rn. 17.

446 BGH RÜ 2010, 273; BGH NJW 2016, 1230; MünchKomm/Basedow § 305 Rn. 43. m.w.N.

447 BGH NJW-RR 2018, 814.

448 Palandt/Grüneberg § 305 Rn. 22 m.w.N.; Berger ZGS 2004, 415; Pfeiffer ZGS 2004, 401.

Beispiel:[449] V betreibt ein Einrichtungshaus. Von seinen Mitarbeitern wird bei Abschluss von Kaufverträgen ein Formular verwandt, das mit „Auftragsbestätigung und Rechnung" überschrieben ist. In der Rubrik „Zahlung" wird von den Mitarbeitern neben dem Anzahlungsbetrag stets handschriftlich eine Ergänzung wie „Restzahlung vor Lieferung", „Lieferung erst nach Restzahlung" o.ä. eingetragen. – § 305 Abs. 1 ist erfüllt. Es handelt sich um eine inhaltlich im Kopf vorformulierte Bedingung, ungeachtet geringer sprachlicher Abweichungen. Sie soll mehrfach verwendet werden (und, was irrelevant ist, sie wird auch tatsächlich mehrfach verwendet). V ist Verwender, seine Mitarbeiter werden ihm zugerechnet.

Regelmäßig **neutrale Personen** (wie Notare) werden hingegen nur zugerechnet, wenn sie den Vertrag offensichtlich einseitig im Interesse des Verwenders formulieren.[450]

420 **Wer sich auf die §§ 305 ff. beruft, muss beweisen**, dass die Gegenseite die Bedingung gestellt hat. Bei **Verbraucherverträgen** gelten aber gemäß § 310 Abs. 3 Nr. 1 **grundsätzlich alle Bedingungen als vom Unternehmer gestellt**, es sei denn, dass sie durch den Verbraucher eingeführt wurden. Die Beweislast liegt also beim Unternehmer. **Anders** ist es nach § 310 Abs. 3 Nr. 2 bei nur **einmaliger Verwendungsabsicht** des Unternehmers, bei welcher der Verbraucher beweisen muss, dass er keinen Einfluss hatte.

3. Abschnitt: Einbeziehung der AGB als Vertragsbestandteil

421 Die einseitig gestellten AGB müssen **in den Vertrag einbezogen werden**.

A. Einbeziehung gegenüber Verbrauchern

422 Steht dem Verwender, sei er Verbraucher oder Unternehmer, eine nicht unter § 310 Abs. 1 S. 1 fallende Person, also **ein Verbraucher gegenüber**, so gilt § 305 Abs. 2 u. 3.

Für **Arbeitsverträge** gelten diese strengen Vorschriften allerdings gemäß § 310 Abs. 4 S. 2 Hs. 2 **nicht**. Das **NachwG**[451] schützt den Arbeitnehmer insofern ausreichend.[452]

I. Einbeziehung im Einzelfall, § 305 Abs. 2

423 Gemäß § 305 Abs. 2 a.E. muss die **Gegenseite mit der Geltung der AGB einverstanden** sein. Ein objektiver Empfänger muss dem Verhalten der Gegenseite nach §§ 133, 157 die Erklärung entnehmen können, dass sie die AGB des Verwenders gelten lassen will.

Klausurhinweis: *Das Merkmal wird oft vergessen. Dabei ist es doch bereits nach* ***allgemeinen Grundsätzen*** *(§§ 145 ff.) erforderlich und muss* ***bei jedem Vertrag*** *vorliegen.*

424 Gemäß § 305 Abs. 2 Nr. 1 muss zudem grundsätzlich ein **Hinweis** auf die AGB erfolgen.

- Der Hinweis muss **bei Vertragsschluss** erfolgen. Die nachträgliche Einbeziehung ist nur durch eine Änderungsvereinbarung möglich. Das bloße Schweigen auf ein Angebot zur Änderungsvereinbarung ist nicht als Zustimmung zu werten.[453]

  Es genügt also **nicht**, wenn **nach Vertragsschluss** Eintrittskarten, Garderobenmarken, Quittungen oder Rechnungen mit dem lapidaren Hinweis „Es gelten unsere AGB" ausgegeben werden.

449 Nach BGH RÜ 1999, 325.
450 Heinrichs NJW 1994, 1380, 1381; Palandt/Grüneberg § 305 Rn. 12.
451 Schönfelder Ergänzungsband Ordnungsziffer 78 a.
452 Palandt/Grüneberg § 310 Rn. 51.
453 Palandt/Grüneberg § 305 Rn. 28.

Hinweis: *Auch hier dürfen Sie nicht die Grundsätze der Vertragslehre vergessen. Was bereits* ***individualvertraglich unzulässig*** *ist, ist* ***auch AGB-rechtlich unzulässig****.*

- Der Verwender muss **ausdrücklich** hinweisen, d.h. der Hinweis muss **unmissverständlich** und **klar erkennbar** sein. Konkludente Hinweise genügen ebenso wenig wie der Aufdruck der AGB auf der Rückseite eines Vertragsformulars ohne entsprechenden Hinweis auf der Vorderseite. Ist ein ausdrücklicher Hinweis wegen der Art des Vertragsschlusses nur unter **unverhältnismäßigen Schwierigkeiten** möglich, genügt ausnahmsweise ein **deutlich sichtbarer Aushang des Hinweises** (nicht zwingend: der gesamten AGB!) am Ort des Vertragsschlusses.

  Ein Aushang des Hinweises ist **beispielsweise** ausreichend bei schnell abgeschlossenen **Massenverträgen** wie Kinobesuchen, Autowaschanlagenbenutzung, Textilreinigungen, Erwerb von Waren oder Eintrittskarten aus Automaten sowie bei der Benutzung automatischer Schließfächer.

Die Gegenseite muss zudem gemäß § 305 Abs. 2 Nr. 2 **bei Vertragsschluss** die **Möglichkeit** haben, **in zumutbarer Weise** von den AGB **Kenntnis zu nehmen.**[454] Auch insofern sind also nachträgliche Heilungsbemühungen des Verwenders ohne Erfolg. 425

- Bei gleichzeitiger **Anwesenheit vor Ort** und **mündlichem Vertragsschluss** kann ein **Aushang** der kompletten AGB erfolgen. Bei entsprechend deutlichem Hinweis (§ 305 Abs. 2 Nr. 1) genügt aber auch das **Bereithalten** der AGB zur Einsicht.

  Nach einem Judikat aus dem Jahr 1988 müssen umfangreiche AGB in Schriftform ausgehändigt werden.[455] Heutzutage wird man wohl, gleich wie umfangreich die AGB sind, die Möglichkeit des **Abfotografierens mit dem Smartphone** für erforderlich, aber ausreichend ansehen müssen.

- Bei **schriftlichem Vertragsschluss** müssen die **AGB in Schriftform** ausgehändigt oder – unter Abwesenden – zugeschickt werden.

- Beim Vertragsschluss **im Internet** müssen die AGB über einen **gut sichtbaren Link** aufgerufen werden können. Eine Download- oder Druckmöglichkeit kann aufgrund Art. 246 ff. EGBGB erforderlich sein.[456] § 305 Abs. 2 Nr. 2 erfordert sie aber nach h.M. nicht, soweit die AGB **auch am Bildschirm** in zumutbarer Weise zur Kenntnis genommen werden können.[457]

- Beim **telefonischen** Vertragsschluss kann die rechtzeitige Möglichkeit der Kenntnisnahme nur durch Zusendung vor dem Telefonat oder durch Verlesen am Telefon geschaffen werden. Beides ist **unpraktikabel**. Zulässig ist aber eine **Individualvereinbarung** (nicht: per AGB) mit dem **Verzicht der Gegenseite** auf die Einhaltung von § 305 Abs. 2 Nr. 2. Eine solche Vereinbarung ist nach h.M. zulässig, denn die Regelung ist disponibel. Allerdings muss der Kunde erkennbar den Regelungsgehalt des § 305 Abs. 2 Nr. 2 kennen und auf den von ihm gewährten Schutz verzichten.

- Einer für den Verwender **erkennbaren (!) körperlichen (!) Behinderung** muss der Verwender ferner gemäß § 305 Abs. 2 Nr. 2 **Rechnung tragen**, damit die Kenntnisnahme zumutbar ist. Ein Blinder muss etwa die AGB in Brailleschrift erhalten.

454 Vgl. zum Folgenden Palandt/Grüneberg § 305 Rn. 32 ff., m.w.N.

455 OLG Hamburg VersR 1989, 202.

456 Näher zu den Informationspflichten nach dem EGBGB AS-Skript Schuldrecht AT 2 (2020), Rn. 217 ff.

457 Palandt/Grüneberg § 305 Rn. 36, m.w.N. zu kritischen Stimmen.

II. Einbeziehung aufgrund Rahmenvereinbarung, § 305 Abs. 3

426 Gemäß § 305 Abs. 3 ist die Einbeziehung auch per Rahmenvereinbarung im Hinblick auf **bestimmte noch abzuschließende Verträge** möglich. Bei Abschluss der Rahmenvereinbarung müssen die **Voraussetzungen des § 305 Abs. 2** gewahrt werden.

B. Einbeziehung gegenüber Unternehmern u.a., § 310 Abs. 1 S. 1

427 Werden AGB gegenüber einem Unternehmer, einer juristischen Person des öffentlichen Rechts oder einem öffentlich-rechtlichen Sondervermögen verwendet, **finden § 305 Abs. 2 und 3** gemäß § 310 Abs. 1 S. 1 **keine Anwendung**. Die Einbeziehung richtet sich nach allgemeinen bürgerlich-rechtlichen und ggf. handelsrechtlichen Grundsätzen, welche – natürlich – insbesondere eine **Einigung nach §§ 145 ff.** erfordern.[458]

Die Einigung kann auch **konkludent** zustande kommen. Regelmäßig müssen dafür die folgenden **zwei Voraussetzungen** (die sich an § 305 Abs. 2 u. 3 orientieren) erfüllt sein.

Unter Kaufleuten kann nach den Regeln zum **kaufmännischen Bestätigungsschreiben**[459] eine Einigung sogar stillschweigend erfolgen. Zur Problematik sich **widersprechender AGB** näher Rn. 494 ff.

I. Hinweispflicht

428 Der Verwender muss auf seine AGB **klar und eindeutig** hinweisen. Der Hinweis kann **auch konkludent** erfolgen, erforderlich ist aber, dass bei dem Vertragspartner keine Zweifel auftreten können, dass die Geltung der Vertragsbedingungen gewollt ist.

Beispiel:[460] Es genügt nicht, wenn in einer Vielzahl von rechtlich nicht oder nur mittelbar relevanten Schriftstücken die AGB mit der Überschrift „Vorbemerkungen" der Gegenseite vorgelegt werden.

Im Rahmen einer **ständigen Geschäftsverbindung** muss nicht bei jedem Geschäft erneut auf die AGB verwiesen werden, wenn vereinbart wurde, dass die AGB **für alle künftigen Geschäfte** gelten sollen. **Selbst ohne** eine solche Vereinbarung werden die AGB Vertragsbestandteil, wenn die Gegenseite **nicht ausdrücklich widerspricht.**[461]

Branchenübliche AGB von Dachverbänden werden ohne Hinweis Vertragsbestandteil.

Beispiele: AGB der Banken; Allgemeine Deutsche Spediteurbedingungen (ADSp)

II. Möglichkeit der Kenntnisnahme

429 Die Gegenseite muss sich über die AGB **ohne Weiteres Kenntnis verschaffen** können. Zumindest ungebräuchliche Bedingungen müssen ausgehändigt werden.

C. Einbeziehung in Fällen der Daseinsvorsorge, § 305 a

430 Gemäß § 305 a sind bei bestimmten Massengeschäften der Daseinsvorsorge **weder ein Hinweis noch die Möglichkeit der Kenntnisnahme** nach § 305 Abs. 2 erforderlich.

---

458 Vgl. zum Folgenden Palandt/Grüneberg § 305 Rn. 49 ff. m.w.N.

459 Näher zum kaufmännischen Bestätigungsschreiben AS-Skript BGB AT 1 (2020), Rn. 227 ff.

460 Nach BGH NJW 1988, 1210.

461 BGH NJW-RR 1991, 570; NJW 1978, 2243.

Ein **Einverständnis** der Gegenseite ist auch hier erforderlich, vgl. § 305 a zu Beginn. Oft liegt es konkludent oder aufgrund sozialtypischen Verhaltens vor.[462]

D. Vorrang der Individualabrede, § 305 b

Eine AGB, die **zu einer Individualabrede im Widerspruch** steht, ist gemäß §§ 305 b, 306 Abs. 1 unwirksam und wird nicht Vertragsbestandteil. 431

Beispiel:[463] V verkauft K Mitte Mai ein Fertighaus. Im Kaufvertrag steht als ausgehandelter Liefertermin der 01.06. In den AGB des V steht „V kann die Auslieferung bis zu sechs Wochen verschieben." –
Die Klausel ist nach § 305 b nicht Vertragsbestandteil geworden. Sie würde K den individuell ausgehandelten Liefertermin versagen und V eine sanktionslose Fristüberschreitung ermöglichen.

Selbst vor einer **doppelten, in AGB enthaltenen Schriftformklausel** hat eine abweichende Individualabrede Vorrang, vgl. Rn. 171.

E. Überraschende Klauseln, § 305 c Abs. 1

Einzelne Klauseln werden gemäß § 305 c Abs. 1 nicht Vertragsbestandteil, 432

- wenn erstens die Klausel **ungewöhnlich** ist, also von den **berechtigten Erwartungen des Vertragspartners deutlich abweicht**, welche sich ergeben 433
  - aus den **allgemeinen Begleitumständen**, wie etwa dem Grad der Abweichung vom dispositiven Recht und der für den Geschäftskreis üblichen Gestaltung

    Hinweis: *Die* ***Abweichung von dispositivem Recht*** *ist gemäß § 307 Abs. 3 S. 1 auch die* ***zentrale Voraussetzung für die Inhaltskontrolle*** *nach §§ 309, 308, 307. Daher sollten Sie (wie die Rspr.) insofern § 305 c Abs. 1 nur in Extremfällen bejahen, um im Regelfall in die wesentlich konkretere Inhaltskontrolle einsteigen zu können.*

  - und aus den **individuellen Begleitumständen**, wie Ablauf und Inhalt der Vertragsverhandlungen und äußerem Zuschnitt des Vertrags,

    Beispiel:[464] M nimmt bei B einen Kredit für seinen Betrieb auf. Zur Sicherung dieses konkreten Darlehens bestellt seine Frau F an ihrem Grundstück eine Grundschuld für B. Laut AGB des Sicherungsvertrags zwischen B und F werden hingegen alle bestehenden und künftigen Verbindlichkeiten des M gegenüber B gesichert. –
    Die Klausel ist gemäß **§ 305 c Abs. 1** nicht Vertragsbestandteil geworden. Der Sicherungsgeber braucht nicht damit zu rechnen, dass seine Sicherheit eine Vielzahl von Forderungen absichern soll, wenn nur die konkret zu sichernde Forderung Anlass für den Sicherungsvertrag war.

- und wenn zweitens zudem der Vertragspartner mit der Klausel den Umständen nach vernünftigerweise **nicht zu rechnen brauchte** (**Überraschungsmoment**).[465] 434

F. Umgehungsverbot, § 306 a

Die §§ 305 ff. sind gemäß § 306 a auch bei **rechtsgestalterischer Umgehung** anzuwenden. 435

---

462 Vgl. zur Realofferte und zum sozialtypischen Verhalten AS-Skript BGB AT 1 (2020), Rn. 216 ff.

463 Nach BGH NJW 1984, 2468.

464 Nach BGH NJW 2001, 1416; vgl. zum Sicherungsvertrag bei einer Grundschuld AS-Skript Sachenrecht 2 (2019), Rn. 364 ff.

465 BGH NJW 2013, 1803.

Beispiel:[466] Arbeitgeber G legt Arbeitnehmer N einen Vertrag zur Unterschrift vor. Zu Beginn heißt es, dass im gegenseitigen Einvernehmen N der Verwender i.S.d. § 305 Abs. 1 der enthaltenen Klauseln sei.

4. Abschnitt: Auslegung und Inhaltskontrolle

436 Einbezogene AGB müssen **zuerst ausgelegt** und **dann inhaltlich kontrolliert** werden.

A. Auslegung

437 AGB werden nach h.M. **nicht** nach §§ 133, 157 vom Horizont eines objektiven Dritten in der Person des **konkreten Vertragspartners** ausgelegt.

I. Grundsatz der objektiven Auslegung

438 Vielmehr sind AGB gegenüber allen Vertragspartnern **objektiviert einheitlich** auszulegen. Zu fragen ist, wie ein verständiger, aber rechtlich nicht vorgebildeter **Durchschnittskunde** die Bedingungen redlicherweise und unter Abwägung der Interessen der **normalerweise an derartigen Geschäften beteiligten Kreise** versteht.[467]

439 Bei **Verbraucherverträgen** sind gemäß § 310 Abs. 3 Nr. 3 **auch** die den Vertragsschluss begleitenden **individuell-konkreten Umstände** zu berücksichtigen, wenn § 307 und die wertenden Begriffe des § 308 geprüft werden. Das gilt aber nur in einem **individuellen Rechtsstreit zwischen Verbraucher und Unternehmer**. Bei der Verbandsklage (s. Rn. 508 ff.) bleibt es beim reinen objektiv-generellen Maßstab.[468]

II. Verwenderfeindliche Auslegung im Zweifelsfall, § 305 c Abs. 2

440 Gemäß § 305c Abs. 2 gehen Zweifel bei der Auslegung zulasten des Verwenders. **Zweifel** in diesem Sinne bestehen, wenn eine Klausel **mehrdeutig** ist und sich diese Mehrdeutigkeit **nicht durch die vorrangige Auslegung beseitigen** lässt.

441 Es ist bei **jeder Norm nach ihrer jeweiligen Rechtsfolge getrennt** zu entscheiden, welche Auslegung **der Gegenseite den größten Vorteil** bringt:[469]

- Bei der **Verbandsklage** nach dem UKlaG (s. Rn. 508 ff.) ist die **inhaltlich kundenfeindlichste Auslegung** zu wählen, da diese die größtmögliche Nichtigkeit auslöst.
- Im **Individualprozess**
  - ist zunächst die **inhaltlich kundenfeindlichste Auslegungsmöglichkeit** der **Inhaltskontrolle** nach §§ 307–309 zu unterziehen, da diese **mit größter Wahrscheinlichkeit zur Unwirksamkeit** der Klausel führt;
  - stellt sich aber trotzdem die **Wirksamkeit** dieser Auslegungsvariante heraus, so steht fest, dass erst recht alle anderen Varianten wirksam sind. Von diesen ist dann die **kundenfreundlichste Variante** zugrundezulegen.

---

466 Nach Palandt/Grüneberg § 306 a Rn. 2.

467 Palandt/Grüneberg § 305 c Rn. 16, m.w.N.; BGH RÜ 2018, 140, 143 Rn. 32; BGH RÜ 2020, 205 Rn. 18.

468 Palandt/Grüneberg § 310 Rn. 19.

469 Palandt/Grüneberg § 305c Rn. 19 m.w.N.

B. Inhaltskontrolle gemäß §§ 307–309

Klauseln sind nur auf ihren Inhalt zu kontrollieren, soweit die **Inhaltskontrolle eröffnet** ist (dazu I.). Bei der Inhaltskontrolle zugunsten eines Verbrauchers sind die **§§ 309, 308, 307 Abs. 2 und 307 Abs. 1** (dazu II.–IV.) in eben dieser **Reihenfolge** zu prüfen, denn § 309 ordnet zwingend eine Unwirksamkeit an, § 308 führt nur über unbestimmte, wertende Rechtsbegriffe zur Unwirksamkeit und § 307 ist als lex generalis eine Auffangnorm, deren Absatz 2 den Absatz 1 konkretisiert. Zugunsten eines **Unternehmers** sind hingegen nur § 308 Nr. 1a u. 1b und § 307 Abs. 1 u. 2 zu prüfen (dazu V.). 442

Bei bestimmten Verträgen der **Daseinsvorsorge** gelten gemäß § 310 Abs. 2 die §§ 308, 309 nicht, auch nicht zugunsten von Verbrauchern.

Nochmaliger Hinweis: *Lernen Sie die folgenden Beispiele nicht auswendig, sondern nutzen Sie sie, um sich die abstrakten Inhalte und Strukturen zu veranschaulichen.*

I. Eröffnung der Inhaltskontrolle, § 307 Abs. 3

Es sind **nicht alle AGB**, sondern nur solche **bestimmten Inhalts** zu kontrollieren. 443

1. Abweichung oder Ergänzung von Rechtsvorschriften

Nach § 307 Abs. 3 S. 1 muss die jeweilige Bestimmung eine **von disponiblen Rechtsvorschriften abweichende oder diese ergänzende Regelung** beinhalten. 444

Beispiel:[470] Ausschluss eines Stornierungsrechts durch Flugveranstalter (abweichend von § 648 S. 1)

Rechtsvorschriften i.d.S. sind gemäß §§ 310 Abs. 4 S. 3 auch **Tarifverträge, Betriebs- und Dienstvereinbarungen**. Auch ihre Modifikation eröffnet also die Inhaltskontrolle.

Von der Inhaltskontrolle **ausgenommen** sind daher:[471] 445

- **Deklaratorische Klauseln**, die den Gesetzeswortlaut wiedergeben oder inhaltsgleich umschreiben, denn sie weichen weder vom Gesetz ab noch ergänzen sie es.
- Von **zwingenden Normen** kann nicht einmal individualvertraglich abgewichen werden, sodass die Prüfung der **§§ 305 ff. sich komplett erübrigt** (vgl. § 309 Hs. 1).

  Beispiel: viele Regelungen zur Wohnraummiete, vgl. §§ 551 Abs. 4, 552 Abs. 2, 553 Abs. 3 usw.
- **Leistungsbeschreibungen** und **Preisvereinbarungen**, die **Art, Umfang und Güte der zu erbringenden Leistungen und Gegenleistungen** – seien sie der Hauptbestandteil des Vertrags oder nur eine ergänzende Neben- oder Zusatzleistung – **unmittelbar festlegen**. Dies sind solche Leistungsversprechen, die die essentialia negotii[472] des Vertrags ausmachen und ohne welche daher der Vertrag nicht wirksam wäre. Denn diese Vertragsbestandteile sind in einer Marktwirtschaft grundsätzlich einer Regelung durch den Gesetzgeber und einer Kontrolle durch die Gerichte entzogen. Es ist alleine Sache der Privatrechtssubjekte, **nach den Gesetzen von Angebot und Nachfrage festzulegen**, welche Partei welche Leistung für welche Gegen-

470 Nach BGH NJW 2018, 2039.

471 Vgl. insgesamt und, soweit nicht gesondert gekennzeichnet, zu den Beispielen Palandt/Grüneberg § 307 Rn. 44 ff.

472 Zum Begriff AS-Skript BGB AT 1 (2020), Rn. 85 ff.

leistung erbringt.[473] So legt etwa § 433 zwar fest, welche Art von Hauptpflichten einen Kaufvertrag ausmachen, nicht jedoch ihr wertmäßiges Verhältnis zueinander.

Beispielsweise ist die Bestimmung, dass ein Mobilfunkkunde nach Ausschöpfen des inkludierten Datenvolumens automatisch aufpreispflichtiges weiteres Volumen erhält (sog. Datenautomatik), eine Leistungsbeschreibung.[474] Die Festlegung von Überziehungszinsen oder Rabatten ist eine Preisvereinbarung. Angaben zu Liefer- und Anfahrtskosten sind sowohl Leistungsbeschreibung als auch Teil der Preisvereinbarung. Die Pflicht des Architekten, bestimmte Planungs- und Überwachungsziele zu erreichen, ist eine Leistungsbeschreibung.[475]

446 **Zu kontrollieren** sind hingegen **Preisnebenabreden**, die mittelbar den Preis und/oder die Leistung betreffen können, die aber **primär der Durchführung des Vertrags dienen**. Insofern bestehen nämlich **dispositive gesetzliche Regelungen**.

Beispiele: Fälligkeitsklauseln (abweichend von § 271 Abs. 1 Var. 1), Vorleistungsklauseln (§§ 320, 322), Preisänderungsklauseln (§§ 313 f., 315 ff.), Verzinsungsklauseln (§§ 280, 286, 288)

447 Zu kontrollieren sind ferner solche Klauseln, die zwar ein **Entgelt für eine Leistungspflicht** festschreiben, aber für eine solche, die **nicht im Interesse des Entgeltverpflichteten** liegt, sondern vielmehr zum Pflichtenprogramm oder zumindest zu den Obliegenheiten des Entgeltberechtigten gehören.

Beispiel:[476] Eine Bank lässt sich für ein Darlehen (neben den Zinsen und daher abweichend von § 488 Abs. 1 S. 2) gesonderte Entgelte für die Auszahlung, die Bearbeitung des Darlehensantrags, die Bonitätsprüfung, die Vertragsverhandlungen und/oder die Kundenberatung versprechen.

Beispiel:[477] Ein Tickethändler schlägt auf den Ticketpreis nicht nur beim Versand, sondern (abweichend von § 448 Abs. 1 Hs. 1) auch beim Ausdrucken durch den Kunden (print@home) eine Gebühr auf.

2. Verweis auf das Transparenzgebot

448 Auch Klauseln, die nach § 307 Abs. 3 S. 1 der Inhaltskontrolle entzogen sind, können **wegen Intransparenz** unwirksam sein (§ 307 Abs. 3 S. 2, Abs. 1 S. 2, Abs. 1 S. 1, s. Rn. 484 f.).

II. Inhaltskontrolle nach § 309

449 **Stets unwirksam** sind AGB mit dem folgenden Inhalt:[478]

450 ■ § 309 Nr. 1 (**kurzfristige Preiserhöhung**) verbietet Klauseln, die dem Verwender eine Preiserhöhung in den ersten vier Monaten nach Vertragsschluss gestatten. Die Norm gilt nicht für Dauerschuldverhältnisse. Preisanpassungsklauseln fallen nicht in den Anwendungsbereich, können aber gegen § 307 Abs. 1 verstoßen.

451 ■ Gemäß § 309 Nr. 2 (**Leistungsverweigerungsrecht**) sind formularmäßige Einschränkungen der Leistungsverweigerungsrechte (§ 320, § 273) unwirksam. Da § 320 bei einer Vorleistungspflicht nicht greift (§ 320 Abs. 1 S. 1 Hs. 2), fällt eine solche nach h.M. nicht unter § 309 Nr. 2, sondern allenfalls unter § 307 Abs. 1.

---

473 BGH RÜ 2019, 686.

474 BGH NJW 2018, 534.

475 BGH RÜ 2019, 686.

476 Nach OLG Frankfurt RÜ 2016, 549; BGH NJW 2014, 2420; BGH NJW 2017, 1461, Rn. 19; BGH NJW 2019, 3778.

477 Nach BGH ZIP 2018, 1934.

478 Vgl. zum Folgenden Palandt/Grüneberg Rn. 1 ff.

- Nach § 309 Nr. 3 (**Aufrechnungsverbot**) ist ein Aufrechnungsverbot unwirksam, wenn es (auch) die Aufrechnung der Gegenseite mit einer Aktivforderung/Gegenforderung erfasst, die der Verwender entweder nicht bestreitet oder die rechtskräftig festgestellt ist. Ihre Einführung in einen Rechtsstreit um die Passivforderung/Hauptforderung des Verwenders verzögert den Rechtsstreit nicht, daher hat der Verwender kein schützenswertes Interesse, diese Einführung zu verhindern. 452

- § 309 Nr. 4 **(Mahnung, Fristsetzung)** verbietet es, den Verwender von der Obliegenheit zur Mahnung oder Fristsetzung freizustellen. Damit sind u.a. die Erfordernisse des § 281 Abs. 1 und § 286 Abs. 1 klauselfest. Die Festlegung der Fälligkeit oder eines Leistungstermins (§§ 281 Abs. 2, 286 Abs. 2) sind hingegen nicht erfasst.[479] 453

  Beispiele: Bei „Einer Fristsetzung bedarf es nicht." greift § 309 Nr. 4. „Die Leistung muss eine Stunde nach Vertragsschluss erbracht werden." ist hingegen an § 307 und an § 281 Abs. 1 (bei welchem nach h.M. eine unangemessen kurze Frist eine angemessene Frist in Gang setzt) zu messen.

- § 309 Nr. 5 (**Pauschalierung von Schadensersatzansprüchen**) verbietet die Pauschalierung von Schadensersatz- oder Wertminderungsansprüchen. In Abgrenzung zu § 309 Nr. 6 erfasst diese Klausel Fälle, in denen ein Anspruch **dem Grunde nach besteht** und seine Höhe pauschalisiert werden soll. Dies ist unwirksam, wenn 454

  - die Pauschale den **gewöhnlich zu erwartenden Anspruch übersteigt**

    Beispielsweise übersteigt eine Pauschale i.H.v. 150 € für den Verlust eines RFID-Chips, mit welchem im Schwimmbad Lebensmittel für maximal 150 € gekauft werden können, den gewöhnlichen Schaden. Redliche Kunden konsumieren in aller Regel deutlich weniger und auch unehrliche Finder werden das Limit nicht ausreizen, um das Entdeckungsrisiko zu minimieren.[480]

  - oder nicht ausdrücklich der **Nachweis eines niedrigeren Schadens** gestattet ist.

    Beispiel: Auf der Verzehrkarte eines Clubs steht „Bei Verlust sind 50 € zu zahlen.". Ohne eine ergänzende Gestattung des Gegenbeweises ist die Klausel unwirksam. Der Clubbetreiber muss also dann dem Gast den Verzehr jedes einzelnen abgerechneten Getränks nachweisen.

- Nach § 309 Nr. 6 **(Vertragsstrafe)** sind Klauseln unwirksam, durch die dem Verwender eine Vertragsstrafe versprochen wird für den Fall der Nichtabnahme oder verspäteten Abnahme, des Zahlungsverzugs oder für den Fall, dass sich der Kunde vom Vertrag löst. Die §§ 286 ff., 300 ff., 346 ff. schützen den Verwender ausreichend. 455

  Vertragsstrafen i.S.d. §§ 339 ff. sind zu zahlen, wenn die Hauptleistungspflicht nicht (rechtzeitig, vollständig und/oder in geschuldeter Qualität) erfüllt wird. **Selbstständige Strafversprechen** (§ 311 Abs. 1) greifen hingegen, wenn eine nicht geschuldete, sondern unerwünschte Handlung vorgenommen wird. Durch eine **Verfallklausel** gehen Vertragspflichten unter, während sie bei der Vertragsstrafe bestehen bleiben. Ein **Reuegeld** ist schließlich u.U. im besonderen Fall des Rücktritts zu zahlen, vgl. § 353. § 309 Nr. 6 ist auf die drei letztgenannten Institute **analog anwendbar**.[481]

- Nach § 309 Nr. 7 ist ein **Haftungsausschluss** für **Schäden** bei Verletzung von **Körper, Gesundheit, Leben** sowie bei **grober Fahrlässigkeit oder Vorsatz** unwirksam. 456

- § 309 Nr. 8 (**Sonstige Haftungsausschlüsse**) erfasst Haftungen im weitesten Sinne, die **nicht aus Schadensersatzansprüchen** herrühren. 457

---

479 Staudinger/Coester-Waltjen § 309 Nr. 4 Rn. 7.

480 So BGH NJW-RR 2015, 690.

481 Palandt/Grüneberg § 309 Rn. 33.

- Buchstabe a verbietet es, bei **Kauf- oder Werkverträgen** das Recht, **sich vom Vertrag zu lösen**, auszuschließen oder einzuschränken.
- Buchstabe b trifft differenzierte Regelungen für **Beschränkungen der Gewährleistung** bei **allen Werkverträgen** und **Kaufverträgen** (nur) **über neue Sachen.**

  Soweit es sich um **bewegliche** neue Sachen handelt, kann zudem ein **Verbrauchsgüterkauf** vorliegen. Angesichts §§ 475, 476 hat § 309 Nr. 8 b) dann geringere Bedeutung.

  Hinweis: *Die einzelnen Doppelbuchstaben des § 309 Nr. 8 b) müssen Sie sich systematisch zusammenhängend* ***mit dem Gewährleistungsrecht***[482] ***erarbeiten.***

458 ■ § 309 Nr. 9 (**Laufzeit von Dauerschuldverhältnissen**) stellt für bestimmte Dauerschuldverhältnissen die **3-2-1-Regel** auf: maximal drei Monate Kündigungsfrist (Begriff Rn. 522), maximal zwei Jahre Erstlaufzeit und maximal ein Jahr Verlängerung.

459 ■ § 309 Nr. 10 (**Wechsel des Vertragspartners**) untersagt für bestimmte Verträge den Austausch des Verwenders durch einen nicht zuvor benannten Dritten, wenn nicht der Gegenseite für diesen Fall ein Lösungsrecht eingeräumt wird.

460 ■ § 309 Nr. 11 (**Haftung des Abschlussvertreters**) will eine zu weitgehende Haftung des Vertreters verhindern, der für den Kunden auftritt. Der im fremden Namen Auftretende soll grundsätzlich nur nach § 179 haften. § 309 Nr. 11 lässt gleichwohl eine Haftung (z.B. als Bürge für den Kunden) zu, allerdings muss der Vertreter eine solche Erklärung dann ausdrücklich und von den restlichen AGB gesondert abgeben.

461 ■ § 309 Nr. 12 (**Beweislast**) erklärt Klauseln für unwirksam, die die Beweislast zum Nachteil des Kunden verändern oder ihn Tatsachen bestätigen lassen. Ausgenommen sind gesondert formulierte Empfangsbekenntnisse ohne weiteren Inhalt.[483]

462 ■ § 309 Nr. 13 (**Form von Anzeigen und Erklärungen**) soll verhindern, dass dem Kunden bei Ausübung seiner Rechte durch überzogene Form- und Zugangserfordernisse Rechtsnachteile entstehen, vgl. auch Rn. 184.

463 ■ § 309 Nr. 14 (**Klageverzicht**) betrifft Klauseln, die einen (zur Unzulässigkeit einer Klage führenden) Klageverzicht der Gegenseite beinhalten, solange keine außergerichtliche Streitbeilegung versucht wurde.

464 ■ § 309 Nr. 15 (**Abschlagszahlungen und Sicherheitsleistung**) sichert den Schutz des Werkbestellers durch §§ 632 a Abs. 1 u. 650 m Abs. 1 u. 2. Abschlagszahlungen dürfen nicht wesentlich höher als dort bestimmt ausfallen (i.d.R. maximal 20%). Die Sicherheitsleistung darf in keinster Weise gekürzt werden.

III. Inhaltskontrolle nach § 308

465 § 308 bezieht sich insbesondere auf Regelungen, die das Zustandekommen und die Abwicklung des Vertrags betreffen. Seine **unbestimmten Rechtsbegriffe** (unangemessen; sachlich gerechtfertigt; zumutbar; unverzüglich) erfordern eine **Wertung.**[484]

---

482 Dazu AS-Skript Schuldrecht BT 1 (2019).

483 BGH NJW-RR 2019, 428.

484 Vgl. zum Folgenden Palandt/Grüneberg § 308 Rn. 1 ff.

***Klausurhinweis:** Sie müssen **alle Umstände des konkreten Einzelfalles benennen und abwägen**. Das Auswendiglernen einzelner Entscheidungen ist (wie oft) nicht zielführend.*

- § 308 Nr. 1, 1a, 1b u. 2 **(Annahme- und Leistungsfrist; Zahlungsfrist; Überprüfungs- und Abnahmefrist; Nachfrist):** Neben unbestimmten sind insbesondere unangemessen lange Fristen unwirksam. Ist der Verwender kein Verbraucher, so bestehen für die Fristen aus § 308 Nr. 1a u. 1b **Höchstfristen** von 30 bzw. 15 Tagen, deren Überschreitung **im Zweifel** zur Unwirksamkeit führt. Sie betragen die Hälfte der individualvertraglich zulässigen Fristen, vgl. § 271 a Abs. 1 u. 3. Aber auch kürze Fristen können unangemessen sein, insbesondere im Fall des § 308 Nr. 1a, denn Fälligkeit soll nach § 271 Abs. 1 Var. 1 grundsätzlich sofort eintreten.[485] § 308 Nr. 2 betrifft insbesondere Verlängerungen der Fristen aus § 281 Abs. 1 u. § 323 Abs. 1; **466**

- § 308 Nr. 3 u. 4 **(Rücktrittsvorbehalt und Änderungsvorbehalt)** trägt dem Grundsatz „pacta sunt servanda" Rechnung; **467**

- § 308 Nr. 5 **(Fingierte Erklärungen):** Schweigen ist keine Willenserklärung, aber es kann – auch per AGB – vereinbart werden, dass künftigem Schweigen Erklärungswirkung zukommt (beredtes Schweigen).[486] Allerdings muss der Verwender eine angemessene Frist einräumen und sich zum Hinweis auf Rechtsfolgen verpflichten; **468**

- § 308 Nr. 6 **(Fiktion des Zugangs):** Der Zugang von Erklärungen, die nachteilige Folgen für den Vertragspartner auslösen, kann nicht fingiert werden. Bei anderen Erklärungen ist die Fiktion zulässig; es wird § 309 Nr. 12 entschärft, nach dem hinsichtlich nachteiliger Tatsachen keine Beweislastumkehr (oder gar Fiktion) zulässig ist; **469**

- § 308 Nr. 7 **(Abwicklung von Verträgen)** verhindert unangemessen hohe Nutzungsersatz- und Aufwendungsersatzzahlungen im Fall von Rücktritt, Kündigung und Rückabwicklung nach §§ 812, 818 Abs. 1 – während § 309 Nr. 5 Schadensersatz- und Wertminderungsansprüche betrifft; **470**

- § 308 Nr. 8 **(Nichtverfügbarkeit der Leistung):** Auch ein nach § 308 Nr. 3 zulässiger Lösungsvorbehalt ist nur wirksam, wenn der Verwender sich zur unverzüglichen (§ 121 Abs. 1 S. 1) Information über die Nichtverfügbarkeit seiner Leistung und zur unverzüglichen Erstattung der Gegenleistung verpflichtet. **471**

IV. Inhaltskontrolle nach § 307 Abs. 2 u. 1

Nach § 307 Abs. 1 S. 1 sind Vertragsklauseln, die den Vertragspartner **unangemessen benachteiligen,** unwirksam. § 307 Abs. 2 enthält **Regelbeispiele** und § 307 Abs. 1 S. 2 statuiert eine **Fallgruppe** einer unangemessenen Benachteiligung. **472**

1. Wesentlicher Grundgedanke, § 307 Abs. 2 Nr. 1

Nach § 307 Abs. 2 Nr. 1 ist im Zweifel eine Benachteiligung unangemessen, wenn eine Klausel mit **wesentlichen Grundgedanken der gesetzlichen Regelung, von der abgewichen wird, unvereinbar** ist. **473**

---

485 Näher zur Einführung der §§ 271 a, 308 Nr. 1a u. 1b (sowie zu §§ 286 Abs. 5, 288) Lüdde RÜ 2014, 636.
486 Vgl. AS-Skript BGB AT 1 (2020), Rn. 222.

Hinweis: *Machen Sie sich bewusst, dass es angesichts der Vertragsfreiheit (§ 311 Abs. 1, Art. 2 Abs. 1 GG)* ***auch zulässige Abweichungen vom disponiblen Recht*** *gibt.*

474 **Gesetzliche Regelungen** i.d.S. sind **auch die dem Gerechtigkeitsgebot entsprechenden allgemein anerkannten Rechtsgrundsätze**, insbesondere richterliche Rechtsfortbildungen und die Rechte und Pflichten aus der Natur des Schuldverhältnisses.[487]

475 **Wesentliche Grundgedanken** der gesetzlichen Regelung sind ihr **Zweck** und ihre **Wertentscheidungen**, aber nur soweit sie dem **Schutz der Gegenseite** dienen.

Klausurhinweis: *Üben Sie,* ***Gesetzen ihre Grundgedanken zu entnehmen*** *und* ***anhand aller Umstände des Einzelfalls zu argumentieren****, ob eine unvereinbare Abweichung vorliegt. Zur Veranschaulichung (nochmal: nicht zum Auswendiglernen) einige Beispiele.*

Beispiel:[488] Die Provision des Maklers ist nach dem Grundgedanken des § 652 Abs. 1 S. 1 („nur") erfolgsabhängig. Klauseln, die einen erfolgsunabhängigen Anspruch begründen, sind daher unwirksam.

Beispiel:[489] Grundgedanke des Schadensrechts ist, dass Ansprüche auf Schadensersatz nur bei einem Verschulden entstehen (§§ 280 Abs. 1 S. 1, 276 Abs. 1 Hs. 1; § 823 Abs. 1 u. Abs. 2 S. 2). Die Auferlegung einer verschuldensunabhängigen Haftung ist daher unwirksam.

Eine Vorleistungsklausel wie etwa im **Beispiel**[490] aus Rn. 419 weicht vom Grundgedanken der §§ 320, 322 ab, den Vertragsparteien die gegenseitige Ausübung von Erfüllungsdruck zu ermöglichen. Sie ist nur wirksam, soweit sie durch einen sachlichen Grund gerechtfertigt ist. Das kann etwa die auf berechtigter Tatsachengrundlage basierende Prognose des Verwenders sein, dass die Gegenseite sich zu einem späteren Zeitpunkt ihrer Leistungspflicht entziehen wird.

Die Erhebung der zahlreichen Leistungsentgelte im ersten **Beispiel**[491] in Rn. 447 ist unwirksam. Gesetzliches Leitbild des Darlehens ist gemäß § 488 Abs. 1 S. 2, dass der Darlehensgeber sämtliche administrativen Kosten, die ihm bei der Vertragsanbahnung und der Erfüllung seiner Pflicht aus § 488 Abs. 1 S. 1 entstehen, über die Zinsen deckt. Hinsichtlich deren Höhe ist er in den Grenzen der §§ 138, 242 frei.

Beispiel:[492] Der Vermieter ist nach dem Grundgedanken des § 535 Abs. 1 S. 2 verpflichtet, die Mietsache in dem zum vertragsmäßigen Gebrauch erforderlichen Zustand zu halten. Dazu zählen auch die sog. Schönheitsreparaturen. Er darf diese Pflicht zwar auf den Mieter abwälzen, weil er anderenfalls die Miete erhöhen würde, aber nur in begrenztem Umfang.

Beispiel:[493] Wesentlicher Grundgedanke des § 651f Abs. 1 ist die Schaffung von Transparenz. Eine Preiserhöhungsklausel, die den Ausgangspreis einer Erhöhung nicht klarstellt, ist daher unwirksam.

Der zweite Satz im **Beispiel**[494] aus Rn. 412 weicht vom Grundgedanken der §§ 229, 859 ab. Private dürfen Gewalt nur bei objektiv erwiesenem Diebstahl anwenden. Selbst der Staat darf gemäß § 102 StPO nicht verdachtsunabhängig, sondern nur bei hinreichendem Tatverdacht Taschen durchsuchen.

476 Auch die **§§ 305 ff.** selbst werden **von § 307 Abs. 2 Nr. 1 geschützt**.

Beispiel:[495] Der Vorrang der Individualabrede ist wesentlicher Grundgedanke des § 305 b. Schriftformklauseln (Begriff: Rn. 431 u. 171) sind daher unwirksam, wenn sie den Eindruck erwecken, eine nachträgliche mündliche Abrede sei unwirksam. So ist es etwa bei „Änderungen oder Ergänzungen bedürfen der Schriftform." oder „Sämtliche Vereinbarungen sind schriftlich niederzulegen.".

---

487 Palandt/Grüneberg § 307 Rn. 29.
488 Nach BGH NJW 1987, 1634.
489 BGH NJW 1991, 2414; BGH NJW 1991, 1886.
490 Nach BGH RÜ 1999, 325 (dort Zulässigkeit der Klausel verneint).
491 Nach BGH RÜ 2016, 549; BGH NJW 2017, 1461; BGH NJW 2019, 3778.
492 Nach BGH RÜ 2018, 752; BGH RÜ 2015, 417; BGH RÜ 2004, 457; näher AS-Skript Schuldrecht BT 2 (2020), Rn. 105.
493 Nach BGH RÜ 2003, 51 (zu § 651a Abs. 4 in der bis 30.06.2018 gültigen Fassung).
494 Nach BGH NJW 1996, 2574.
495 Nach BGH NJW 1995, 1488; BGH NJW 2001, 292.

2. Gefährdung des Vertragszwecks, § 307 Abs. 2 Nr. 2

Gemäß § 307 Abs. 2 Nr. 2 liegt eine unangemessene Benachteiligung vor, wenn wesentliche Rechte oder Pflichten so eingeschränkt werden, dass die **Erreichung des Vertragszwecks gefährdet** ist. 477

Zuvorderst sind dies bei **gegenseitigen Verträgen** die sog. **Kardinalpflichten**, die nach §§ 320 ff. im **Synallagma** stehen. 478

Beispiel:[496] Zugang zu einem Bus bekommen nur Fahrgäste mit einer auf sie personalisierten Fahrkarte. Der jeweilige Busfahrer hat eine Namensliste. Trotzdem befindet sich in den AGB folgende Klausel: „Für verlorene oder gestohlene Fahrausweise wird weder Ersatz gewährt, noch werden sie erstattet." – Die Klausel ist unwirksam. Es besteht für Reisende das Risiko, bei Ticketverlust zahlen zu müssen ohne befördert zu werden, obwohl Zahlung und Beförderung gemäß § 631 im Synallagma stehen. Das Risiko des Busunternehmens, Nichtberechtigte mit gestohlenen oder gefundenen Tickets zu befördern, ist hingegen wegen der Namensliste und der Kartenpersonalisierung sehr gering.

Erfasst sind auch **Nebenpflichten von grundlegender Bedeutung** für die Gegenseite. 479

Fall 12: Waschschäden

B betreibt automatische Waschanlagen für Kraftfahrzeuge. In die Verträge sind folgende „Allgemeine Waschbedingungen" einbezogen:

Nr. 2 Abs. 2: Folgeschäden, wie z.B. Nutzungsausfall, Wertminderung oder Mietwagenkosten, sind von der Haftung des Waschstraßenbetreibers ausgenommen.

Nr. 3: Eine Haftung für Lack- und Schrammschäden sowie für die Beschädigung der außen an der Karosserie angebrachten Teile ist ausgeschlossen.

Nr. 6: Soweit in diesen Allgemeinen Bedingungen die Haftung für einen Schaden ausgeschlossen oder begrenzt wird, gilt dies nicht für einen Schaden, der auf einem vorsätzlichen oder grob fahrlässigen Verhalten beruht.

Verbraucher A benutzt die Waschanlage für 8 €. Es entsteht infolge eines leichten Versehens des Angestellten X ein Schaden am Fahrzeug. A verlangt Schadensersatz.

A. A könnte einen Schadensersatzanspruch aus **§§ 280 Abs. 1, 249 Abs. 2** haben. 480

I. Bei der Beschädigung bestand zwischen A und B ein **wirksamer Werkvertrag**.

II. Die **Vertragspflicht** des B, das Fahrzeug des A beim Waschvorgang nicht zu beschädigen, ist **verletzt**. Der Angestellte X hat infolge leichter Fahrlässigkeit den Schaden **verursacht**. B muss sich analog § 278 S. 1 Var. 2 das Verhalten des X und gemäß § 278 S. 1 Var. 2 zudem das nach § 280 Abs. 1 S. 2 **vermutete Verschulden** des X **zurechnen** lassen. Der Tatbestand des § 280 Abs. 1 ist erfüllt.

III. Nach Nr. 6 der einbezogenen AGB soll eine Haftung nur bestehen, wenn der Schaden vorsätzlich oder grob fahrlässig verursacht worden ist. Dies weicht von § 276 Abs. 1 Hs. 1 ab, sodass gemäß § 307 Abs. 3 S. 1 die **Inhaltskontrolle eröffnet** ist. Die Klausel könnte daher nach §§ 309, 308, 307 aufgrund ihres Inhalts unwirksam sein.

---

496 Nach BGH NJW 2005, 1774.

1. Die Klausel verstößt nicht gegen **§ 309 Nr. 7**, da sie die Haftung nicht generell, sondern **nur für einfaches Verschulden** ausschließt und zudem, wie eine Gesamtschau mit Nr. 3 der AGB ergibt, **nur für Sachschäden** gilt.

2. Die Regelung ist dennoch gemäß **§ 307 Abs. 1** unwirksam, wenn A **unangemessen benachteiligt** wird. Eine unangemessene Benachteiligung ist gemäß **§ 307 Abs. 2 Nr. 2 im Zweifel** gegeben, wenn **Kardinalpflichten** so eingeschränkt werden, dass die **Erreichung des Vertragszwecks gefährdet** ist.

    a) Kardinalpflichten sind jedenfalls die **synallagmatischen Hauptpflichten**. Hauptpflicht des B ist das Waschen des Fahrzeugs, sodass die Nichtbeschädigung des Fahrzeugs nur **Nebenpflicht** ist. Auch eine solche kann Kardinalpflicht sein, wenn sie **von grundlegender Bedeutung** für die Gegenseite ist.

    Gegen[497] eine solche grundlegende Bedeutung der Pflicht zur Nichtbeschädigung spricht, dass der Kunde einer Waschanlage für das geringe Entgelt nicht erwarten kann, dass sein Auto (wie bei einer Handwäsche) makellos bleibt. Für größere Schäden muss der Betreiber natürlich haften, aber kleine Schrammen nimmt der Kunde bewusst in Kauf. **Dafür**[498] spricht jedoch, dass bei dem heutigen Stand der Sensortechnik und Bürstenmaterialien der Kunde erwarten darf, dass sein Fahrzeug überhaupt nicht beschädigt wird. Es gehört zu seinen zentralen Leistungserwartungen, dass er sein Fahrzeug in einem besseren (nämlich gereinigten) und nicht in einem lädierten Zustand zurückerhält.

    b) Die Einschränkung dieser Kardinalpflicht war auch nicht erforderlich, denn B hätte sich entsprechend versichern und die Kosten hierfür auf den Preis der Wäsche draufschlagen können. Die **Zweifelsregelung** des § 307 Abs. 1 Nr. 2 ist nicht widerlegt. Die Benachteiligung ist **unangemessen** i.S.d. § 307 Abs. 1 S. 1.

A hat einen Schadensersatzanspruch aus § 280 Abs. 1 nach Maßgabe des § 249 Abs. 2.

481 B. Angesichts der widerrechtlichen und schuldhaften Eigentumsverletzung hat A auch aus **§ 823 Abs. 1** gegen B einen inhaltsgleichen Schadensersatzanspruch.

---

3. Verstoß gegen das Transparenzgebot, § 307 Abs. 1 S. 2

482 Nach § 307 Abs. 1 S. 2 kann eine unangemessene Benachteiligung vorliegen, wenn eine Bestimmung nicht klar und verständlich ist (**Transparenzgebot**). **Rechte und Pflichten** müssen **sprachlich klar und verständlich** benannt und **wirtschaftliche Folgen** müssen erkennbar sein. Der Gegenseite muss klar sein, was **„auf sie zukommt"**.[499]

497 OLG Bamberg NJW 1984, 929; OLG Düsseldorf WPM 80, 1128.

498 BGH NJW 2005, 422.

499 BAG NZA 2016, 487; BGH NJW 2004, 1041.

Aufbauhinweis: *Bei Intransparenz* ***„kann“*** *eine unangemessen Benachteiligung vorliegen. Strang genommen muss zunächst die Intransparenz und dann die unangemessene Benachteiligung gesondert festgestellt werden. Vielfach wird dies aber nicht gesondert erörtert, sondern als Automatismus angesehen. Im Gutachten können Sie salomonisch formulieren „Mangels atypischer Anhaltspunkte ist die i.S.d. § 307 Abs. 1 S. 2 intransparente Regelung auch unangemessen benachteiligend und daher gemäß § 307 Abs. 1 S. 1 unwirksam.“*

Beispiel:[500] Ein Haftungsausschluss „soweit gesetzlich zulässig“ ist intransparent und unwirksam, da der Laie, auf den es bei der objektiven Auslegung der Bedingung ankommt, allenfalls unter größerem Aufwand herausfinden kann, wie weit der Ausschluss konkret gehen soll. Für eine unangemessene Benachteiligung spricht zudem, dass der Verwender sich mit dieser Klausel ohne Risiko an den Rand des noch Zulässigen begibt, obwohl angesichts § 306 Abs. 2 gerade der Verwender dieses Risiko tragen soll.

Wäre F in dem **Beispiel**[501] in Rn. 433 bei Vertragsschluss bekannt gewesen, dass B die Sicherung auch anderer Forderungen anstrebt, dann wäre die Klausel zwar nicht überraschend i.S.d. § 305 c Abs. 1 und daher einbezogen worden. Sie lässt aber nicht klar erkennen, welche konkreten künftigen Forderungen gesichert werden sollen. Sie verstößt gegen das Transparenzgebot und ist daher inhaltlich unwirksam.

Beispiel:[502] Eine Haftungsfreistellung für „Umstände, die eine Haftung begründen“ in einem Kaufvertrag über einen Kommanditanteil ist sprachlich nicht klar und verständlich. Es lässt sich nicht eindeutig bestimmen, wie sie in den Regelungsgehalt der §§ 160, 161, 171, 172 HGB eingreift.

Auch wenn die Regelung **teilweise zulässige bzw. richtige Inhalte** hat, ist sie insgesamt unwirksam. Gerade aus „Halbwahrheiten“ kann sich nämlich eine Unverständlichkeit ergeben. § 306 Abs. 1 (näher Rn. 488 ff.) gilt insofern also nicht. **483**

Beispiel:[503] Eine Verfallsklausel in einem Arbeitsvertrag lautet: „Wechselseitige Ansprüche verfallen, wenn sie nicht innerhalb von drei Monaten nach Fälligkeit geltend gemacht werden.“ –
I. Der Arbeitnehmer kann gleichwohl auch später (bis zur Verjährung) seinen **Mindestlohnanspruch** aus § 1 Abs. 1 MiLoG gelten machen. Die Einschränkung seiner Geltendmachung ist nämlich bereits nach dem nicht disponiblen § 3 S. 1 MiLoG nicht zulässig.
II. Hinsichtlich **anderer Ansprüche** (hier: Urlaubsabgeltung nach § 7 Abs. 4 BUrlG) sind Verfallsklauseln zwar grundsätzlich zulässig. Die Klausel suggeriert aber hinsichtlich des Mindestlohnanspruchs eine falsche Rechtslage. Sie ist daher gemäß § 307 Abs. 1 S. 2 u. 1 bezüglich aller Ansprüche des Arbeitnehmers unwirksam. Der Arbeitnehmer kann auch nach drei Monaten noch Urlaubsabgeltung verlangen.

4. Allgemeine unangemessene Benachteiligung, § 307 Abs. 1

Eine unangemessene Benachteiligung kann sich nach Treu und Glauben schließlich in einem **unbenannten Fall** alleine aus § 307 Abs. 1 S. 1 ergeben. Die Klausel muss **von dem abweichen, was die Parteien** bei Aushandlung **redlicherweise** – also im Rahmen eines Kompromisses unter Berücksichtigung beider Interessen – **vereinbart hätten.**[504] **484**

Hinweis: *Die Bejahung erfordert den* ***größten Begründungsaufwand****, denn der Rechtsanwender muss die Begriffe „Treu und Glauben“ und „unangemessen“ mit Leben füllen.*

Der Ausschluss des Stornierungsrechts in dem **Beispiel**[505] in Rn. 444 ist in Beförderungsbedingungen jedenfalls dann wirksam, wenn die Fluglinie günstige Flugpreise ohne und teure Flugpreise mit Stornie-

500 BGH NJW 2013, 1668.
501 Nach BGH NJW 2001, 1416; BGH ZIP 2001, 1361.
502 Nach BGH NJW 2019, 456.
503 Nach BAG RÜ 2019, 69.
504 BGH NJW 2005, 422.
505 Nach BGH NJW 2018, 2039.

rungsrecht anbietet. Der Fluglinie drohen hohe finanzielle Einbußen, wenn der Fluggast kurzfristig storniert. Der Fluggast hat hingegen bei der Buchung die freie Wahl, ob er sich für einen finanziellen Ausgleich das Stornierungsrecht erkauft oder nicht. Nach § 308 Nr. 7 ist die Klausel übrigens ebenfalls nicht unwirksam. Die Norm betrifft Ansprüche aus Rücktritt, die Klausel hingegen das Recht auf Rücktritt.

Beispiel:[506] Der Ausschluss des Kündigungsrechts für 60 Monate bei Anmietung einer Immobilie als Flüchtlingsunterkunft durch Gemeinde G ist nicht unangemessen benachteiligend und daher wirksam. Zwar lässt sich aus § 557 a Abs. 3 BGB herleiten, dass bei der Wohnraummiete eine Ausschluss über mehr als vier Jahre regelmäßig unwirksam ist. Es handelt sich aber hier nicht um eine Wohnraummiete, weil G die Immobilie nicht zwecks Bewohnung, sondern lediglich zwecks Erfüllung ihrer hoheitlichen Pflicht, Flüchtlinge unterzubringen, anmietet. G wird daher nicht vom Wohnraummietrecht geschützt.

Beispiel:[507] Eine Klausel in einer Sicherungsabrede ist unwirksam, wenn sie zur Stellung einer Bürgschaft verpflichtet, deren Inhalt wiederum nach §§ 307–309 gegenüber dem Bürgen unwirksam wäre (hier: Ausschluss der Einrede aus § 770 Abs. 2 auch für rechtskräftige und unbestrittene Forderungen).

485 Mittelbar sind **Umkehrschlüsse aus den benannten Fällen** zu ziehen. Was nach ihnen zulässig ist, ist in der Regel nicht nach § 307 Abs. 1 S. 1 unzulässig.

Beispiel:[508] Eine Klausel in Auktionsbedingungen über die Versteigerung „gebrauchter" Pferde, die (trotz § 476 Abs. 2 wegen § 474 Abs. 2 S. 2 zulässigerweise) die Verjährungsfrist auf drei Monate verkürzt und dabei die Verbote des § 309 Nr. 7 beachtet, ist wirksam.

V. Inhaltskontrolle im unternehmerischen Bereich

486 Nach § 310 Abs. 1 S. 1 sind **§ 308 Nr. 1 u. 2–8 sowie § 309 unanwendbar** auf AGB, die gegenüber Unternehmern oder juristischen Personen bzw. Sondervermögen des öffentlichen Rechts verwendet werden. **§ 308 Nr. 1a u. 1b** ist hingegen **anwendbar**.

Ebenso ist gemäß § 310 Abs. 1 S. 2 **§ 307 Abs. 1 u. 2 anwendbar**, wenn auch unter Berücksichtigung der Gewohnheiten und Gebräuche des Handelsverkehrs. Zudem stellt er klar, dass eine **Verletzung der nicht anwendbaren Normen** zwar nicht zwingend zur **Unwirksamkeit** führt, diese aber auch **nicht ausschließt**. Vielmehr gilt:[509]

- Die Fallgruppen des **§ 308** können **regelmäßig übertragen** werden. Bei den dortigen wertenden Rechtsbegriffen lässt sich der Handelsverkehr berücksichtigen.
- Bei **§ 309** fehlt eine Wertungsmöglichkeit. Der Verstoß gegen **manche seiner Tatbestände** ist gleichwohl ein **Indiz** für die Unwirksamkeit und daher nach § 307 **bei der Wertung** („unangemessene Benachteiligung") **zu berücksichtigen.**[510]
- Bei folgenden Tatbeständen des **§ 309** besteht jedoch **keine Indizwirkung**, da dies gegen die handelsrechtlichen Besonderheiten (insbesondere geringe Schutzwürdigkeit, dafür Schnelligkeit und Leichtigkeit) verstoßen würde. Ob die Klausel hier unwirksam ist, ist eine Frage der **ergebnisoffenen Abwägung** im Einzelfall:[511]
  - § 309 Nr. 1 (**kurzfristige Preiserhöhung**), insbesondere Umsatzsteuergleitklauseln sind grundsätzlich zulässig;

506 Nach BGH RÜ 2020, 5.
507 Nach BGH NJW 2018, 857.
508 Nach NJW 2020, 759.
509 Vgl. Palandt/Grüneberg § 307 Rn. 40.
510 BGH RÜ 2008, 8, Rn. 12.
511 Vgl. die Kommentierung bei Palandt/Grüneberg zu § 309, jeweils am Ende der jeweiligen Nummer.

- § 309 Nr. 2 (**Leistungsverweigerungsrecht**);
- § 309 Nr. 6 (**Vertragsstrafe**);
- § 309 Nr. 8 b) ee) (**Ausschlussfrist für Mängelanzeige**), vgl. § 377 HGB, der ohnehin eine unverzügliche (§ 121 Abs. 1 S. 1) Anzeige fordert;
- § 309 Nr. 9 (**Laufzeit von Dauerschuldverhältnissen**);
- § 309 Nr. 13 (**Form von Anzeigen und Erklärungen**).

Beispiel:[512] H gibt ein Gutscheinheft („Schlemmerblock") für Restaurantbesuche, in welchem Gastronomen Gutscheine für ihr Restaurant platzieren können, heraus. Die Gastronomen verpflichten sich zum Angebot einer bestimmten Anzahl, Qualität und Quantität von Speisen und zur Berechnung des im Schlemmerblock angegeben (rabattierten) Preises. Für jeden Verstoß wird laut wirksam einbezogenen AGB eine Vertragsstrafe von 2.500 € fällig. –
I. Die Klausel weicht von §§ 280 Abs. 1, 276 Abs. 1 und von §§ 249, 251 ab. Die **Inhaltskontrolle** ist gemäß § 307 Abs. 3 S. 1 **eröffnet**.
II. § 309 Nr. 5 oder Nr. 6 kommt inhaltlich zwar in Betracht. Er ist aber gemäß § 310 Abs. 1 S. 1 gegenüber den Gastronomen als Unternehmer i.S.d. § 14 nicht unmittelbar anwendbar.
III. Die Klausel benachteiligt die Gastronomen unangemessen. Sie ist nach **§ 307 Abs. 1 S. 1** unwirksam.
1. Der Verstoß der Klausel gegen **§ 309 Nr. 5** spricht gemäß **§ 310 Abs. 1 S. 2** bereits **indiziell** für die Unwirksamkeit.
2. Der Verstoß gegen **§ 309 Nr. 6** ist hingegen **kein Indiz** in die eine oder andere Richtung.
3. Die **Abwägung** ergibt: Nach der Zweifelsregel des § 305 c Abs. 2 ist die Klausel so zu verstehen, dass jeder kleinste Verstoß gegen jede noch so unbedeutende Pflicht die Vertragsstrafe verwirkt (d.h. auslöst, vgl. § 339 S. 1). Angesichts §§ 280 Abs. 1 S. 2, 345 gilt dies zudem bei unklarer Verschuldenslage, solange der Gastronom sich nicht exkulpiert. Eine Strafzahlung i.H.v 2.500 € steht aber außer jeder Relation zu nicht erwiesenermaßen verschuldeten Kleinigkeiten wie der Lokalschließung zehn Minuten vor der vereinbarten Uhrzeit oder der Streichung eines von dutzenden Gerichten von der Speisekarte.

5. Abschnitt: Rechtsfolgen der Nichteinbeziehung und der Unwirksamkeit

Die Rechtsfolgen der Nichteinbeziehung und Unwirksamkeit regelt **§ 306** (dazu A.). Einen **Sonderfall** stellen gegenseitige, sich widersprechende Klauseln dar (dazu B.). 487

A. Rechtsfolgen nach § 306

Sind einzelne Klauseln nicht Vertragsbestandteil geworden oder unwirksam, so bleibt (in **Ausnahme zu § 139,** vgl. Rn. 393 ff.) gemäß **§ 306 Abs. 1** der **Vertrag im Übrigen wirksam**. Die entstehende **Regelungslücke** ist wie folgt zu schließen: 488

- Nach **§ 306 Abs. 2** treten an die Stelle der nicht Vertragsbestandteil gewordenen oder unwirksamen AGB die **dispositiven gesetzlichen Vorschriften**, die im Falle des Fehlens einer Vereinbarung Gültigkeit erlangt hätten. 489

  Ist **beispielsweise** der Leistungsort oder die Leistungszeit unwirksam geregelt, so gelten die §§ 269 bis 271; ist die Nichterfüllung in Form der Unmöglichkeit oder des Verzuges unwirksam geregelt, gelten die §§ 275, 286 ff., 293 ff., 326; die unwirksame Regelung der Mängelhaftung wird ersetzt durch die gesetzlichen Gewährleistungsregeln etwa in §§ 437 ff., 536 ff., 634 ff.

512 Nach BGH RÜ 2017, 755.

490 ■ **Unzulässig** ist eine **geltungserhaltende Reduktion**. Die unwirksame Klausel wird nicht auf das nach §§ 307–309 gerade zulässige Maß reduziert. Sonst könnte der Verwender risikolos jede Regelung treffen und müsste nur mit einer Entschärfung auf das Maß rechnen, das ein redlicher Verwender von vornherein gewählt hätte.[513]

Beispiel:[514] Ein Haftungsausschluss, der sich auch auf Vorsatz und grobe Fahrlässigkeit bezieht und daher gegen § 309 Nr. 7 b) verstößt, wird nicht auf einen Haftungsausschluss für einfache Fahrlässigkeit reduziert, sondern fällt komplett weg.

Beispiel: Eine nach § 309 Nr. 9 a) unwirksame Klausel über 25 Monate Mindestlaufzeit wird nicht auf die noch zulässigen 24 Monate gekürzt. Vielmehr gilt keinerlei Mindestlaufzeit. Das Dauerschuldverhältnis kann zu den gesetzlich bestimmten Fristen (z.B. § 573 c) gekündigt werden, es sei denn, es wurde abweichend eine (nach § 309 Nr. 9 c] wirksame) Kündigungsfrist festgelegt.

491 ■ Fehlt eine Regelung in den dispositiven Vorschriften zur Ausfüllung der Regelungslücke, so finden die Grundsätze der **ergänzenden Vertragsauslegung** Anwendung.[515] Auch diese darf **nicht zu einer geltungserhaltenden Reduktion** zugunsten des Verwenders führen. Vielmehr ist der **hypothetische, den beiderseitigen Interessen entsprechende Parteiwille** zu ermitteln.

492 ■ **Teilbare Klauseln** können teilweise wirksam bleiben. Eine Klausel ist teilbar, wenn ihr unwirksamer Teil **gestrichen werden kann, ohne dass der Sinn des anderen Teils darunter leidet** (**blue-pencil-test**). Es muss eine **sprachlich und inhaltlich selbstständige und sinnvolle Regelung** verbleiben.

Beispiel:[516] Laut AGB eines Zahnarztes stimmen die Patienten (angesichts § 203 StGB, vgl. Rn. 108, u. 121) der Abtretung der Honorarforderungen sowohl an eine Inkassofirma zwecks Abrechnung als auch an eine Bank zwecks Kreditsicherung zu. –
Die Klausel ist hinsichtlich der Zessionare sinnerhaltend teilbar. Falls die Zustimmung hinsichtlich der Bank unwirksam, hinsichtlich der Inkassofirma wirksam sein sollte, so bleibt es bei dieser teilweisen Unwirksamkeit. Die Einwilligung hinsichtlich der Inkassofirma wäre also wirksam.

493 Gemäß **§ 306 Abs. 3** ist der Vertrag jedoch ausnahmsweise **insgesamt unwirksam**, wenn das Festhalten an ihm auch unter Berücksichtigung der nach Abs. 2 vorgesehenen Regelung für eine Partei eine **unzumutbare Härte** darstellen würde. Es sind die **Interessen** des Verwenders daran, lieber keinen Vertrag als einen für ihn nachteilig nach §§ 305–310 veränderten Vertrag zu haben, und das Interesse des anderen Teils an der Aufrechterhaltung des veränderten Vertrags **zu ermitteln und abzuwägen.**[517]

B. Widersprüchliche AGB zweier Verwender

494 Die bisherigen Ausführungen gingen davon aus, dass nur eine Vertragspartei Verwender von AGB ist. **Verwenden beide Parteien ihre jeweiligen AGB** und widersprechen sich diese AGB, so fragt es sich, **ob überhaupt eine Einigung** über (irgend-)einen Vertrag vorliegt und wenn ja, **welchen Inhalt** der Vertrag im widersprüchlichen Bereich hat.

513 BGH NJW 2013, 991, Rn. 25.
514 Nach BGH NJW 2001, 751.
515 BGH NJW 2013, 991, Rn. 23; s. zur ergänzenden Vertragsauslegung AS-Skript BGB AT 1 (2020), Rn. 291 ff.
516 Nach BGH RÜ 2014, 214.
517 BGH BB 2002, 1017.

Fall 13: AGB im Widerspruch

V bietet K Textilien für 110.000 €, zu zahlen in zwölf monatlichen Raten, an. Dem Angebot fügt er seine Verkaufsbedingungen bei, in denen ein Eigentumsvorbehalt an den Textilien enthalten ist. K nimmt das Angebot an, wobei er seine Einkaufsbedingungen beilegt, die einen Eigentumsvorbehalt des Verkäufers nicht vorsehen und in denen es heißt: „anders lautende Bedingungen des Verkäufers gelten nicht."

V liefert. Kann K von V vor Zahlung aller Raten Übereignung der Textilien verlangen?

K könnte gegen V einen Anspruch auf Übereignung aus einem Kaufvertrag i.V.m. **§ 433** **495**
Abs. 1 S. 1 Var. 2 haben.

A. Das erfordert einen **wirksamen Kaufvertrag** zwischen K und V. **496**

I. V hat K ein **Angebot** unterbreitet. Dieses beinhaltete die essentialia negotii eines **497**
Kaufvertrags nach § 433 (K und V als Parteien, Kaufsache und Preis) und im Übrigen die **AGB des V** i.S.d. § 305 Abs. 1.

II. Der Umkehrschluss aus § 150 Abs. 2 ergibt, dass K das Angebot des V **uneinge-** **498**
schränkt annehmen muss. Die Erklärung des K ist auf **dieselben essentialia negotii** gerichtet. Allerdings hat auch K AGB beigefügt, die sich mit denen des V **nicht völlig decken**.

1. **Manche**[518] sehen § 150 Abs. 2 bereits dann nicht als erfüllt an, wenn **sich die essentialia negotii decken**. Demnach läge ein wirksamer Vertrag vor. Dieses Verständnis findet jedoch im Wortlaut keinerlei Stütze. Daher ist mit der h.M.[519] auch eine Erklärung, die von den übrigen Vertragsbestandteilen (**accidentalia negotii**) abweicht, als **Ablehnung des Angebots** anzusehen.

2. Entscheidend ist daher, ob die **nicht völlige sprachliche Deckungsgleichheit** der AGB **einen Vertragsbestandteil betrifft**, also rechtlich erheblich ist.

   Hinsichtlich der AGB des V enthalten die AGB des K eine **Abwehrklausel**, laut der „anders lautende Bedingungen" nicht „gelten" sollen, also vom Willen des K nicht umfasst sind. Die AGB des K enthalten keinerlei Aussagen zu einem Eigentumsvorbehalt, sodass bei **engem Verständnis** (lies: „anders als die AGB des K lautend") diese Regelung nicht greifen würde. Bei einem **weiten Verständnis** (lies: „anders als die AGB des K oder die gesetzlichen Regelungen lautend") würde die Klausel hingegen ihre abwehrende Wirkung entfalten, da ein Eigentumsvorbehalt (also die Pflicht des Verkäufers zur nur aufschiebend bedingten Übereignung) **der Pflicht zur sofortigen und unbedingten Übereignung** aus §§ 433 Abs. 1 S. 1 Var. 2, 271 Abs. 1 Var. 1 **widerspricht**.

   Für das weite Verständnis[520] spricht, dass es K ersichtlich darum geht, einen Vertrag nur nach seinem Willen und den gesetzlichen Regelungen entstehen

---

518 Köster JuS 2000, 22, 26.

519 BGH NJW-RR 2001, 484.

520 Vgl. BGH NJW-RR 2001, 484.

zu lassen. Nach dem engen Verständnis hätte K seiner Erklärung nicht nur seine AGB, sondern auch die umfangreichen gesetzlichen Regelungen im Wortlaut anlegen müssen, um eine für ihn nachteilige Abweichung vom Gesetz zu verhindern. Das ist unpraktikabel und lebensfremd.

Also weicht die Erklärung des K hinsichtlich der Pflicht zur Übereignung vom Angebot des V ab. Gemäß § 150 Abs. 2 Hs. 1 hat K das Angebot abgelehnt.

Hinweis: *Die Lösung ist noch lange nicht fertig! Wer an dieser Stelle die Prüfung beendet und § 150 Abs. 2 nicht bis zum Ende liest, verschenkt viele Punkte.*

499 III. Zugleich hat K gemäß § 150 Abs. 2 Hs. 2 ein **neues Angebot** abgegeben, welches die AGB des K beinhaltet.

500 IV. Dieses neue Angebot könnte V mit der Lieferung der Textilien **konkludent angenommen** haben.

V hat seinerseits den AGB des K **nicht widersprochen**. Dies könnte man so auslegen, dass V sich den Bedingungen des K fügt (**Prinzip des letzten Wortes**).[521] Dann würde aber derjenige seine Vorstellungen durchsetzen, der am beharrlichsten auf ihnen besteht, auch wenn der andere Teil (wie hier V) seinen gegenteiligen Willen bereits ausdrücklich geäußert hatte. Aus objektiver Empfängersicht ist das Verhalten des V mit der h.M.[522] daher so auszulegen, dass V **nochmals** (diesmal konkludent) **erklärte**, den Vertrag **nur nach seinen Bedingungen**, also mit einer Pflicht zur nur bedingten Übereignung abschließen zu wollen.

501 V. K und V sind sich also hinsichtlich der essentialia negotii einig, sodass kein **stets zur Nichtigkeit** führender, gesetzlich nicht geregelter **Totaldissens**[523] vorliegt.

Sie haben sich aber für beide erkennbar nicht über die Modifikation der Übereignungspflicht geeinigt. Dieser **offene Dissens über vertragliche Nebenpunkte** führt gemäß § 154 Abs. 1 S. 1 **(nur) im Zweifel zur Nichtigkeit** des gesamten Vertrags. Jedoch haben V und K **bereits mit dem Vollzug des Vertrags begonnen**, indem V die Textilien lieferte und K diese annahm, was dafür spricht, dass sie **den Vertrag als wirksam ansahen**. Hinzu kommt, dass der offene Dissens aufgrund sich widersprechender AGB entstanden ist. Bei nichtigen (einseitigen) AGB ordnet **§ 306 Abs. 1** an, dass der Vertrag im Übrigen grundsätzlich wirksam ist.[524]

Die Zweifelsregelung des § 154 Abs. 1 S. 1 ist widerlegt. Der Kaufvertrag ist wirksam.

502 B. Bezüglich des **Inhalts des Vertrags bei widersprüchlichen AGB** gilt Folgendes:[525]

503 I. Soweit die AGB beider Parteien **übereinstimmen**, werden sie **Vertragsinhalt**.

---

521 Frühere Rspr., z.B. BGH NJW 1955, 214.

522 Vgl. BGH NJW 1985, 1838.

523 Vgl. zu den Formen des Dissenses AS-Skript BGB AT 1 (2020), Rn. 193 ff.

524 Vgl. MünchKomm/Busche § 154 Rn. 6; Palandt/Ellenberger § 154 Rn. 3.

525 Vgl. Wolf/Neuner § 47 Rn. 35 m.w.N.

II. Soweit sich die AGB **aktiv widersprechen**, werden sie nicht Vertragsinhalt. Es gelten nach dem Rechtsgedanken des § 306 Abs. 2 die **gesetzlichen Vorschriften**. Verbleibende Lücken sind durch **ergänzende Vertragsauslegung** zu schließen. 504

III. Ist eine bestimmte Frage **nur in den AGB eines Teils konkret geregelt**, so ist durch Auslegung anhand der übrigen Umstände zu ermitteln, ob **der andere Teil** sein **Einverständnis** mit der Klausel erklärt hat. Dies tut er regelmäßig, soweit die Klausel für ihn günstig ist. Dann stimmen die Parteien überein, es gilt das zu I. Ausgeführte. Eine **Abwehrklausel** hingegen beinhaltet – jedenfalls nach dem hier vertretenen weiten Verständnis – die **Verweigerung des Einverständnisses**. Dann gilt das Gleiche wie zu II. ausgeführt. 505

IV. **Vorliegend** besteht der letztgenannte Fall (III. i.V.m. II.). Die AGB des V enthalten eine Klausel hinsichtlich des Eigentumsvorbehalts, die AGB des K enthalten diesbezüglich jedoch keine konkrete Klausel bezüglich dieses Punktes. Die AGB des K enthalten aber eine Abwehrklausel, aus welcher sich ergibt, dass **K sein Einverständnis mit der Klausel des V verweigert**. Nach dem **Rechtsgedanken des § 306 Abs. 2** gilt daher die gesetzliche Ausgestaltung der Übereignungspflicht nach §§ 433 Abs. 1 S. 1 Var. 2 u. 271 Abs. 1 Var. 1: V muss K die Textilien, die er K bereits übergeben hat (wie von § 433 Abs. 1 S. 1 Var. 1 vorgesehen) **sofort übereignen**, was er insbesondere nach § 929 S. 2 bewerkstelligen kann. 506

C. V kann diesem Anspruch auch nicht bis zur vollständigen Zahlung durch K die Einrede des **§ 320** entgegenhalten, denn K darf nach der übereinstimmenden Vereinbarung in Raten zahlen, sodass V **vorleistungspflichtig** ist, vgl. § 320 Abs. 1 S. 1 a.E. 507

K hat gegen V aus dem Kaufvertrag i.V.m. § 433 Abs. 1 S. 1 Var. 2 einen Anspruch auf sofortige Übereignung der Textilien noch vor Zahlung des vollständigen Kaufpreises.

---

6. Abschnitt: Verbandskontrolle nach dem UKlaG

Gemäß § 1 UKlaG[526] können die in § 3 UKlaG benannten Stellen (z.B. Verbraucherschutzorganisationen, Handwerkskammern) bei AGB, die nach §§ 307–309 unwirksam sind, einschreiten. Sie können vom Verwender **Unterlassung der Verwendung** und vom Empfehler (z.B. einer Vermietervereinigung) **Unterlassung sowie Widerruf der Empfehlung** verlangen. Erforderlichenfalls können Sie nach §§ 5 ff. UKlaG klagen. 508

Gemäß **§ 1a UKlaG** sind auch Verstöße gegen §§ 271a Abs. 1–3, 286 Abs. 5, 288 Abs. 6 abmahnfähig.[527]

Die AGB werden dann nicht inzident in einem Anspruch, sondern **abstrakt geprüft**.

Hinweis: *Eine solche* ***abstrakte Normenkontrolle*** *kennen Sie aus § 47 VwGO und aus Art. 93 Abs. 2 Nr. 2 u. 2a i.V.m. §§ 76 ff. BVerfGG.*

---

526 Schönfelder Ordnungsziffer 105.

527 Vgl. zu § 271a Rn. 466 und Lüdde RÜ 2014, 636.

Fall 14: Die Garantiekarte

Hersteller F legt seinen Waschmaschinen Garantiekarten mit folgendem Inhalt bei: „In der Gewährleistungszeit beseitigen wir jeden Mangel am Gerät, der nachweislich auf einem Material- oder Herstellungsfehler beruht oder wir liefern einen Ersatzartikel. Die Garantiezeit beginnt am Tage der Lieferung; Dauer sechs Monate." Auf der Verpackung der Maschine wird deutlich sichtbar mit dieser Garantie geworben.

Ist die zulässige Klage des Verbrauchervereins X auf Unterlassung nach entsprechender Abmahnung des F begründet?

509 Die Klage ist begründet, soweit X aus **§ 1 UKlaG** einen Unterlassungsanspruch hat.

A. X ist als rechtsfähiger Verbraucherschutzverein gemäß § 3 Abs. 2 Nr. 1 UKlaG Anspruchsinhaber und daher **aktivlegitimiert**. F ist als Verwender Anspruchsgegner und daher **passivlegitimiert**.

B. Die Klausel ist für eine Vielzahl von Fällen vorformuliert und daher eine **AGB** i.S.d. § 305 Abs. 1.

C. Die Klausel müsste **nach §§ 307–309 unwirksam** sein.

510 I. Die **Inhaltskontrolle** müsste **eröffnet** sein, also gemäß § 307 Abs. 3 S. 1 von Rechtsvorschriften abweichen oder diese ergänzen. Bei einem **Kaufvertrag** ist die **Mängelbeseitigung** in den §§ 437 ff. näher ausgestaltet, sodass eine **Abweichung** von diesen Normen der Inhaltskontrolle unterliegt.

Mit der Aushändigung der Garantiekarte des Verkäufers an den Käufer überbringt der Verkäufer aber als Bote des Herstellers F ein **Angebot zum Abschluss eines selbstständigen Garantievertrags mit dem Hersteller** (Herstellergarantie i.S.d. § 443). Dieses wird konkludent vom Kunden angenommen. Der Zugang der Annahmeerklärung ist gemäß § 151 S. 1 entbehrlich, sodass ein Garantievertrag zustande kommt, der **neben den Kaufvertrag** tritt.

1. Die Inhaltskontrolle ist daher nur ausnahmsweise eröffnet, wenn der Garantievertrag nicht nur Ansprüche gegen den Hersteller begründet, sondern **zugleich** in Abweichung von §§ 437 ff. **Gewährleistungsansprüche gegen den Verkäufer beschränkt oder ausschließt**. Das tut die Klausel des F aber nicht.

2. Bei dem Garantievertrag ist die **Mängelbeseitigung zentrale Hauptpflicht** des Herstellers. Die Festlegung ihres Umfangs ist also eine **Leistungsbeschreibung**, welche nicht vom Gesetz abweicht. Sie soll nicht vom Rechtsanwender kontrolliert werden, sondern sich nach den Regeln von Angebot und Nachfrage in den Grenzen der §§ 134,138, 242 herausbilden.

Mithin ist die Inhaltskontrolle nicht eröffnet.

511 II. Auch für solche Klauseln gilt aber gemäß § 307 Abs. 3 S. 2, Abs. 1 S. 2, Abs. 1 S. 1 das **Transparenzgebot**. Die Klausel muss **klar und verständlich** sein. Sie darf den Vertragspartner **nicht über seine Ansprüche im Unklaren lassen** und ihn dadurch von der Rechtsverfolgung abhalten.[528]

Auch **§ 477 Abs. 1 S. 1** verlangt, dass die Garantieerklärung einfach und verständlich ist.

Aus der Klausel der F ergibt sich **keine klare Trennung zwischen gesetzlichen Gewährleistungsrechten und vertraglichen Garantieansprüchen**. Ein rechtlich nicht vorgebildeter Durchschnittskunde kann die Klausel so verstehen, dass ihm bei mangelhafter Lieferung lediglich die in der Garantieurkunde aufgeführten Rechte zustehen sollen. Selbst wenn F die gesetzlichen Gewährleistungsrechte nicht beschränken, sondern ihnen im Rahmen der Garantie sogar zusätzliche Ansprüche zur Seite stellen wollte, **kommt diese Besserstellung in den AGB jedenfalls nicht zum Ausdruck**.

F hätte also in etwa **ergänzen** müssen: „Die gesetzlichen Gewährleistungsrechte des Käufers gegenüber dem Verkäufer werden von dieser Garantie nicht eingeschränkt."

Die Klausel verstößt also gegen das Transparenzgebot. Sie ist daher gemäß § 307 Abs. 3 S. 2, Abs. 1 S. 2, Abs. 1 S. 1 nichtig. Die Klage ist somit begründet.

Abwandlung:

K hat eine der Waschmaschine von V gekauft. Es treten Mängel auf. Rechte des K?

A. K hat gegen V die in § 437 genannten **Gewährleistungsrechte**. 512

B. K könnte gegen F aus der **Garantie** trotz der Intransparenz die in ihr aufgeführten Ansprüche haben.

Dafür spricht als **inhaltliches Argument**, dass es nicht sein kann, dass K aufgrund der Intransparenz schlechter steht als bei einer transparenten und wirksamen Klausel. Die Unwirksamkeit der Klausel ergibt sich ja gerade nicht aus einer inhaltlichen Benachteiligung des K i.S.d. §§ 307 Abs. 1 S. 1, 308, 309.

Dogmatisch betrachtet lässt sich erstens anführen, dass nach den Prinzipien der ergänzenden Vertragsauslegung die von der Intransparenz hervorgerufene Lücken mit einer redlicherweise vereinbarten, wirksamen Regelung zu füllen ist. Hätte F die Nichtigkeit gekannt, so hätte er K gleichwohl Garantieansprüche eingeräumt, weil F mit eben diesen Ansprüchen wirbt und sie daher dem Kunden nicht nur scheinbar, sondern rechtlich wirksam einräumen wollte. Zweitens ist nach dem Prinzip der verwenderfeindlichen Auslegung (§ 305 c Abs. 2) die Klausel zugunsten des K in Zweifelsfällen so auszulegen, dass sie ihm auch bei Intransparenz Ansprüche einräumen soll. Das wird drittens durch § 306 Abs. 1 u. 3 gestützt, laut dem grundsätzlich eine Teilunwirksamkeit den übrigen Garantievertrag unberührt lässt.

Mithin hat K gegen F die Ansprüche aus der Garantie.[529]

---

528 BGH NJW 1988, 1726.

529 Vgl. NJW 1988, 1726.

Allgemeine Geschäftsbedingungen (AGB), §§ 305 ff.

I. Anwendbarkeit der §§ 305 ff.

1. **§ 310 Abs. 4 S. 1 *nicht* bei Verträgen im**
   - Erbrecht
   - Familienrecht
   - Gesellschaftsrecht
   - Tarifverträge/Betriebs- und Dienstvereinbarungen
2. **§ 310 Abs. 4 S. 2 Hs. 1: *Anwendbar*** (eingeschränkt) auf Arbeitsverträge

II. Vorliegen von AGB

Voraussetzungen (§ 305 Abs. 1 S. 1)	Ausnahmen/Besonderheiten
1. **Vorformulierte** Vertragsbedingungen →	nicht wenn ausgehandelt (§ 305 Abs. 1 S. 3)
2. für eine **Vielzahl von** Verträgen →	gegenüber **Verbrauchern** auch bei einmaliger Verwendung (§ 310 Abs. 3 Nr. 2)
3. vom Verwender (einseitig) **gestellt** →	gegenüber **Verbrauchern** gelten AGB als vom Unternehmer gestellt (§ 310 Abs. 3 Nr. 1) Auch wenn begrifflich keine AGB vorliegen, sind die §§ 305 ff. gem. **§ 306 a *anwendbar*** bei **Umgehung**.

III. Einbeziehung in den Vertrag

Voraussetzungen	Ausnahmen/Besonderheiten
▪ **Gegenüber Verbrauchern: § 305 Abs. 2** → (1) ausdrücklicher Hinweis/Aushang (2) Möglichkeit der Kenntnisnahme (3) Einverständnis mit Geltung (4) Nicht überraschend (§ 305 c Abs. 1)	**§ 305 a** Auch ohne Einhaltung der Voraussetzungen (1) und (2) werden Vertragsbestandteil: ▪ genehmigte Beförderungsbedingungen ▪ veröffentlichte Telekommunikationsbedingungen ▪ Postbedingungen **§ 305 b** Individualabrede verdrängt AGB
▪ **Vereinbarung im Voraus möglich: § 305 Abs. 3**	
▪ **Gegenüber Unternehmern: § 310 Abs. 1 S. 1, Abs. 3 Nr. 2** → (1) keine Geltung des § 305 Abs. 2 und 3 (2) Einbeziehung nach allg. Grundsätzen (konkludente oder ausdrückliche Einigung, kfm. Bestätigungsschreiben)	Ⓟ *Sich widersprechende AGB* ▪ *Soweit AGB übereinstimmen bzw. sich nicht widersprechen, gelten sie.* ▪ *Soweit sich die AGB widersprechen (auch: Abwehrklausel), werden sie nicht einbezogen; es gilt § 306 Abs. 2.*
▪ **Bei Arbeitsverträgen gelten § 306 Abs. 2 u. 3 nicht:** § 310 Abs. 4 S. 2 Hs. 2	

Allgemeine Geschäftsbedingungen (AGB), §§ 305 ff.

IV. Inhaltskontrolle

- **Allgemeines:**
  1. Verwenderfeindliche, objektive Auslegung, § 305 c Abs. 2 (**vor** der Inhaltskontrolle). Bei Verbraucherverträgen Begleitumstände beachtlich (§ 310 Abs. 3 Nr. 3).
  2. Keine Kontrolle der Hauptleistungspflichten (arg. § 307 Abs. 3 S. 1)! Gleichwohl Transparenzprüfung (§ 307 Abs. 3 S. 2, Abs. 1 S. 2). Gilt auch für Tarifvertrag, Betriebs- und Dienstvereinbarung (§ 310 Abs. 4 S. 3).

- **Gegenüber Verbrauchern: §§ 307–309**
  1. § 309 (Klauselverbote ohne Wertungsmöglichkeit) → Jeder Verstoß führt zu Unwirksamkeit der Klausel.
  2. § 308 (Klauselverbote mit Wertungsmöglichkeit) → Unangemessene Regelung führt zu Unwirksamkeit.
  3. § 307 Abs. 1 S. 1 (Allg. Unwirksamkeit bei unangemessener Benachteiligung) → Verstoß bei Abweichen von Grundgedanken der gesetzlichen Regelung (§ 307 Abs. 2 Nr. 1) oder Zweckgefährdung (§ 307 Abs. 2 Nr. 2) oder Intransparenz (§ 307 Abs. 1 S. 2)

  Ausnahmen:
  §§ 308, 309 gelten für Versorgungsverträge gem. § 310 Abs. 2 nicht.

- **Gegenüber Unternehmern: nur § 307 (vgl. § 310 Abs. 1)**
  Unwirksamkeit nur nach §§ 307 u. 308 Nr 1a u. 1b , wobei § 308 i.Ü. übertragbar ist und § 309 **Indizwirkung** haben kann (vgl. § 310 Abs. 1 S. 2). – Auf die Besonderheiten des Handelsverkehrs ist Rücksicht zu nehmen. → Keine Indizwirkung: § 309 Nr. 1, 2, 6, 8 b) ee), 9, 13.

V. Rechtsfolgen der Nichteinbeziehung (III.) bzw. Unwirksamkeit (IV.)

- **§ 306 Abs. 1:** Wirksamkeit des Vertrages (und der anderen Klauseln); Ausn.: § 306 Abs. 3

  ⚠ ***Spezialregelung zu § 139***
- **§ 306 Abs. 2:** Lückenschließung durch gesetzliche Regelung/Vertragsauslegung
- **§ 1 UKlaG:** Unterlassung, Widerruf

Ⓟ *Teilunwirksamkeit einer Klausel: Grundsätzlich **Verbot der geltungserhaltenden Reduktion**, d.h. Klausel insgesamt unwirksam; Ausnahme: **„blue-pencil-test“** (kann die unwirksame Passage gestrichen werden ohne Sinnverlust des Restes, dann bleibt dieser bestehen)*

3. Teil: Fristen, Termine, Verjährung, Verwirkung

1. Abschnitt: Fristen und Termine, §§ 186 ff.

513 Die §§ 187 ff. stellen gemäß § 186 **Auslegungsregeln** für **Rechtsgeschäfte**, **gerichtliche Verfügungen** und **Gesetze** bereit, soweit keine speziellere Regelung besteht.

Insbesondere über die Verweisungen in § 222 Abs. 1 ZPO, § 57 Abs. 2 VwGO und § 31 VwVfG gelten die Normen auch für das **gerichtliche und behördliche Verfahrensrecht**.

A. Termine

514 Ein Termin ist ein **Zeitpunkt**, an dem etwas Tatsächliches geschehen oder eine Rechtsfolge eintreten soll.[530]

B. Fristen

515 Eine Frist ist ein **Zeitraum**, der durch bestimmte oder zumindest **bestimmbare Anfangs- und Endtermine begrenzt** wird.[531]

Beispiele: Ersitzungsfristen (Ablauf führt zur Rechtsbegründung, § 937); **Ausschlussfristen** (Ablauf führt zum Rechtsausschluss, § 124 Abs. 1); **Verjährungsfristen** (Ablauf begründet Einrede gegen einen Anspruch, §§ 214 Abs. 1, 194 Abs. 1, näher Rn. 527 ff.); **Nachfristen** (Zeitrahmen für Leistungserbringung, nach Ablauf Rechtsbegründung, § 281 u. § 323)

I. Grundsätze der Fristberechnung

516 Es gilt das Prinzip der **Zivilkomputation**, d.h. es wird nicht auf die Sekunde genau gerechnet, sondern in der Regel **in ganzen Tagen**, vgl. §§ 187, 188. Fristen enden daher mit **Tagesablauf** (Wortlaut § 188; Synonym „Schluss", vgl. § 199 Abs. 1), wenn die Parteien nichts anders bestimmen.

Hinweis: *Ein Tag* ***läuft um 23 Uhr, 59 Minuten und 59,999 Sekunden ab****. Der* ***nächste Augenblick*** *wird teils als „24 Uhr"*[532] *und teils als „0:00:00 Uhr"*[533] *bezeichnet und gehört* ***unstreitig*** *zum* ***Folgetag****, die Frist ist also bereits abgelaufen.*[534] ***Inhaltlich ist daher „0:00:00 Uhr" treffender****. „24 Uhr" gibt es sicherlich auch auf Ihrer Digitaluhr nicht.*

Klausurhinweis: *In der Klausur kommt es hierauf nur seltenst an. Es genügt in aller Regel völlig, wenn Sie den* ***Gesetzeswortlaut*** *verwenden. Ein Fax geht um 23:59:57 Uhr deutlich vor „Ablauf" bzw. „Schluss" des Tages und um 0:00:02 Uhr deutlich danach ein.*

517 Das **Fristende** berechnet sich nach Maßgabe des **§ 188** wie folgt:

Hinweis: *Der Fristbeginn (§ 187) kommt zwar zeitlich zuerst, aber die* ***maßgeblichen Rechtsfolgen sind an das Fristende geknüpft****. Isolierte Ausführungen zum Fristbeginn, ohne zu verdeutlichen, welchen Erkenntnisgewinn das bringen soll, wirken anfängerhaft.*

---

530 Palandt/Ellenberger § 186 Rn. 4.

531 Palandt/Ellenberger § 186 Rn. 3.

532 Etwa BAG BB 1969, 1135; BGH NJW 2007, 2045 im amtlichen Leitsatz.

533 BGH RÜ2 2019, 172, 172 f. Rn. 14.

534 BGH NJW 2007, 2045 Rn. 8 ff.; BGH RÜ2 2019, 172, 172 f. Rn. 14; BeckOK/Henrich § 187 Rn. 3.

Beginnen Sie Ihre Ausführungen daher mit dem Fristende und sprechen Sie dabei inzident die Art der Frist und den damit zusammenhängenden Fristbeginn an.

- **Tagesfristen** enden gemäß § 188 Abs. 1 mit Ablauf des letzten Tages. 518

  Eine **Stundenfrist** muss ausgelegt werden: Wird am Dienstag um 14 Uhr eine Frist von „24 Stunden" gesetzt, so kann die Frist am Mittwoch um 14 Uhr oder mit Ablauf des Mittwochs enden.

- **Wochen-, Monats- und Jahresfristen** enden gemäß § 188 Abs. 2 519

  - als **Ereignisfristen** i.S.d. § 187 Abs. 1 gemäß § 188 Abs. 2 Hs. 1 mit Ablauf des Tages, der nach seiner Benennung dem Tag des Ereignisses **entspricht**

    Beispiel: V und K haben vereinbart, dass K binnen zwei Wochen nach Lieferung zahlen muss. Wenn V am Dienstag, den 30.11., nachmittags liefert, dann endet die Frist mit Ablauf des Dienstags, den 14.12. (und sie beginnt am Mittwoch, den 01.12. um 0 Uhr).

  - und wenn der **Beginn eines Tages** maßgeblich ist (§ 187 Abs. 2), dann gemäß § 188 Abs. 2 Hs. 2 mit dem Tag, der nach seiner Benennung dem Tag **vorhergeht**, an dem die Frist beginnt.

    Beispiel: V und K haben vereinbart, dass K ab Dienstag, den 30.11., binnen zwei Wochen zahlen muss. Die Frist endet mit Ablauf des Montags, den 13.12. (und sie beginnt am Dienstag, den 30.11., um 0 Uhr).

- Bei **Monatsfristen** (gleich ob i.S.d. § 187 Abs. 1 oder 2) wir gemäß § 188 Abs. 3 das Ende **auf den letzten Tag des Endmonats vorverlegt**, wenn der maßgebliche Tag in ihm fehlt. Im umgekehrten Fall bleibt es nach h.M. bei der „Entsprechensregelung" des § 187 Abs. 2, eine **Verlegung nach hinten** findet also **nicht** statt. 520

  Beispiele:[535] Fällt das Ereignis i.S.d. § 187 Abs. 1 einer Monatsfrist auf den 31.01., dann endet gemäß § 188 Abs. 3 die Frist bereits am 28.02. bzw. in einem Schaltjahr am 29.02. Fällt das Ereignis hingegen auf den 28.02., dann endet die Frist nach h.M. gemäß § 188 Abs. 2 Hs. 1 am 28.03. (a.A.: am 31.03.).

- Bei allen Fristen, deren Ende rechnerisch auf einen **Samstag** (=Sonnabend), **Sonntag** oder einen (am Erklärungsort staatlich anerkannten allgemeinen) **Feiertag** fällt, tritt gemäß **§ 193** an die Stelle des rechnerischen Fristendes **der nächste Werktag**. 521

  Beispiel: Rechnerisches Fristende am 23.12. (Samstag) wird auf den 27.12. (Mittwoch) verschoben.

  Bei den folgenden zwei **Fallstricken** (II. und III.) spielt **§ 193** eine zentrale Rolle:

II. Kündigungsfristen als Rückwärtsfristen, Verlängerungsklauseln

Keine Frist ist das, was oft als **„Kündigungsfrist des Kündigenden"** bezeichnet wird. 522
Sie hat zwar einen Endpunkt (Termin der spätestmöglichen Kündigung), aber keinen Anfangspunkt. Daher ist insbesondere **§ 193 nicht** auf den Kündigungstermin des Kündigenden **anzuwenden, auch nicht analog.**[536] Der Termin der spätestmöglichen Kündigung ist vielmehr der **Anfangspunkt der die andere Seite schützenden Kündigungsfrist**, die zum Termin der Beendigung des Dauerschuldverhältnisses endet.

Beispiel: Im Mietvertrag zwischen V und M heißt es „Die Kündigung ist zu jedem Monatsende zulässig. Sie muss drei Monate vorher erklärt werden". M kündigt dem V am Montag, den 02.10. –

535 Nach Palandt/Ellenberger § 188 Rn. 2 u. BGH NJW 1984, 1358; a.A. bzgl. § 187 Abs. 2: OLG Celle OLGZ 1979, 360.
536 BGH NJW 2005, 1354; MünchKomm/Grothe § 193 Rn. 7; Staudinger/Repgen § 193 Rn. 15 ff.

Der Vertrag endet (erst) zum 31.01. Zwar bestimmt § 193, dass im Falle eines Fristendes an einem Sonnabend die Frist erst am nächsten Werktag endet. Der 30.09. war ein Samstag. Gleichwohl hätte die Kündigung für eine Beendigung bereits zum 31.12. dem V spätestens am 30.09. zugehen müssen:
I. § 193 greift nicht **direkt**. Der 30.09. ist nicht der letzte Tag einer Frist, es gibt keinen vorherigen Anfangstermin. Er markiert vielmehr – was an dieser Stelle aber irrelevant ist – den ersten Tag der dem V zur Verfügung stehenden Frist, um sich auf das Vertragsende einzustellen.
II. § 193 ist mangels vergleichbarer Interessenlage auch nicht **analog** anwendbar. Die Norm ist auf Fristen ausgelegt, die den **Erklärenden schützen** (z.B. Verjährungsfristen) und die daher **verlängert** werden sollen. Eine sog. **Kündigungsfrist schützt** aber im Gegenteil **den Erklärungsgegner** vor einem zu raschen Vertragsende. Würde man § 193 hier anwenden, dann würde man zudem diesen Zeitraum nicht verlängern, sondern zum Nachteil des V vom 31.01. auf den 31.12. **verkürzen**.

523 Derartige „Kündigungsfristen“ werden auch als **Rückwärtsfristen** bezeichnet, weil bei Ihnen nicht das Fristende aufgrund eines feststehenden Fristbeginns (Regelfall der §§ 188, 187), sondern umgekehrt **von einem festen Endtermin auf den Anfangstermin rückgeschlossen** wird. § 187 wird dabei anlog angewendet, es wird also über Monatsgrenzen hinweg taggenau gerechnet.[537]

Beispiel:[538] Bei einer „Frist von vier Wochen“ (vgl. § 622 Abs. 1) muss die Kündigung zum 15.05 am 17.04, zum 15.04. am 18.03 und zum 15.03 am 15.02 bzw. im Schaltjahr am 16.02. erfolgen.

524 Das in Rn. 522 Dargestellte ist von einer **Verlängerungsklausel** in einem nach §§ 158 Abs. 2, 163 **befristeten Vertrag** abzugrenzen („Der Vertrag verlängert sich jeweils um ein Jahr, wenn nicht der Mieter spätestens drei Monate vor dem jeweiligen Vertragsende kündigt.“). Hier bietet der Verwender der anderen Seite befristet (§ 148) an, einen neuen, inhaltsgleichen Vertrag (konkludent bzw. durch Schweigen) abzuschließen. „Kündigt“ die andere Seite, so ist dies **keine Kündigung im Rechtssinne**, sondern die **Ablehnung des Angebots** (§ 146). Die h.M.[539] hält eine **Frist nach § 148** – anders als eine Kündigungsfrist – nicht für unantastbar. Daher ist § **193 analog** anzuwenden.

Hätte V im **Beispiel** in Rn. 522 eine Verlängerungsklausel benutzt, so könnte M auch am 02.10. noch wirksam zum 31.12. „kündigen“, also das Verlängerungsangebot ablehnen.

III. Samstag als Werktag

§ 193 trägt durch die Benennung des Samstags dem Umstand Rechnung, dass in der Bundesrepublik (zumindest nach dem Idealbild) eine Fünf-Tage-Woche gilt (vgl. auch § 222 Abs. 2 ZPO). Gleichwohl ist der **Samstag kein Feiertag, sondern ein Werktag**, wie der Umkehrschluss etwa aus § 9 Abs. 1 ArbZG[540] oder den Landesfeiertagsgesetzen (z.B. § 1 Abs. 1 Feiertagsgesetz NRW) ergibt.

525 ■ Dementsprechend sind **Samstage grundsätzlich mitzuzählen**, nach h.M. etwa beim Beginn der den Kündigungsempfänger schützenden **Kündigungsfrist** mit Ablauf des dritten Werktags des Monats, **§ 573 c Abs. 1 S. 1**. Wie bei jeder empfangsbedürftigen Willenserklärung ist der **Zugang** der Kündigung maßgeblich.[541]

Beispiel: Will M seine Wohnung zum 30.04. kündigen, so muss seine Kündigung dem V spätestens mit Ablauf des 03.02. zugehen, wenn dies ein Samstag (oder natürlich Montag bis Freitag) ist.

537 Palandt/Ellenberger § 187 Rn. 4.
538 Nach Staudinger/Preis § 622 Rn. 24; vgl. Palandt/Ellenberger § 187 Rn. 4.
539 MünchKomm/Grothe § 193 Rn. 7 m.w.N.
540 Schönfelder Ergänzungsband Ordnungsziffer 78.
541 BGH NJW 2005, 2154.

- Nach h.M. ist jedoch der **Samstag kein Werktag**, wenn es auf den Tag einer **Banküberweisung** ankommt, denn Banken führen Buchungen nur von Montag bis Freitag durch. Dies gilt jedenfalls bei **Fälligkeitsregelungen**, die eine **schwächere Partei schützen**, wie **§ 556 b Abs. 1**, der dem Mieter nach Eingang seines Gehalts zum Monatswechsel eine Karenzzeit von drei Werktagen zur Entrichtung der Miete einräumt.[542] Um diesem Schutz volle Geltung zu verleihen, genügt es für eine „Entrichtung", wenn der Mieter bei gedecktem Konto seiner Bank **innerhalb der Karenzzeit den Zahlungsauftrag erteilt**, selbst wenn die Zahlung dem Vermieter **erst später gutgeschrieben** wird.[543] **526**

  Beispiel: M muss seine Miete für Februar erst am Montag, den 05.02. überweisen. Selbst wenn die Zahlung bei V erst am 06.02. gebucht wird, kommt M weder in Schuldnerverzug (vgl. § 286 Abs. 2 Nr. 1) noch liegt ein im Rahmen des § 573 Abs. 2 Nr. 1 zu würdigender Zahlungsverzug des M vor.

2. Abschnitt: Verjährung

Ansprüche, also das Recht, von einem anderen ein Tun oder Unterlassen zu verlangen, **unterliegen** gemäß § 194 Abs. 1 **der Verjährung.** **527**

Andere Rechte und Rechtsstellungen unterliegen nicht der Verjährung. Dies sind z.B. **Gestaltungsrechte, absolute Rechte, das Recht zum Besitz i.S.d. § 986, Einwendungen und Einreden.** Auch **Schuldverhältnisse im weiteren Sinne**[544] (Verträge, Rückgewährschuldverhältnis nach §§ 346 ff., EBV nach §§ 987 ff.) verjähren nicht, sondern nur die sich aus ihnen ergebenden einzelnen Ansprüche.

Dauerverpflichtungen sind zwar auch Ansprüche. Sie **verjähren** aber **nicht**, weil sie immer wieder neu entstehen. **528**

Beispiel:[545] A ist vertraglich verpflichtet, dem B die Durchfahrt durch sein Grundstück zu gestatten.

A. Rechtsfolgen, §§ 214 ff.

Der Schuldner hat gemäß **§ 214 Abs. 1** eine **dauerhafte (peremptorische) Einrede.**[546] Es soll **Rechtsfriede** eintreten, unabhängig vom Bestehen des Anspruchs. **529**

Da der Anspruch **weiterhin besteht**, bringt er dem Gläubiger noch mittelbaren Nutzen: **530**

- Er liefert dem Gläubiger einen **Rechtsgrund**, wenn der Schuldner **trotz Verjährung leistet**, sodass der Schuldner nicht nach § 812 Abs. 1 kondizieren kann. Nach § 813 Abs. 1 S. 1 kann der Schuldner zwar grundsätzlich das einmal Geleistete auch zurückverlangen, wenn ihm eine dauerhafte Einrede zur Seite stand. Gemäß **§ 813 Abs. 1 S. 2, 214 Abs. 2** gilt dies für die Verjährung allerdings gerade nicht.[547] **531**

  § 214 Abs. 2 enthält eine ähnliche Regelung wie § 762 Abs. 1 S. 2 und § 656 S. 2 für die **unvollkommenen Verbindlichkeiten.**[548]

---

542 BGH RÜ 2010, 548.
543 BGH RÜ 2017, 216.
544 Vgl. zum Begriff Schuldverhältnis AS-Skript Schuldrecht AT 1 (2020), Rn. 3 f.
545 Nach BGH NZM 2016, 640.
546 Vgl. zum Begriff der Einrede AS-Skript BGB AT 1 (2020), Rn. 12.
547 Vgl. hierzu auch AS-Skript BGB AT 1 (2020), Rn. 13.
548 Vgl. zum Begriff AS-Skript BGB AT 1 (2020), Rn. 185.

532 ■ Der Gläubiger kann nach Maßgabe des **§ 215** mit dem Anspruch aufrechnen (§ 389) oder ein sich aus ihm (z.B. gemäß §§ 273, 320, 1000) ergebendes Zurückbehaltungsrecht ausüben. Grundsätzlich wäre das nicht möglich, denn beide Institute erfordern Einredefreiheit des Anspruchs. Erforderlich ist nur, dass im **Zeitpunkt der Entstehung der Aufrechnungslage** (§ 387) bzw. **des Zurückbehaltungsrechts** die **Verjährung noch nicht eingetreten** war. Nicht erforderlich ist, dass der Gläubiger vor Verjährung aufrechnet bzw. das Zurückbehaltungsrecht geltend macht.[549] § 215 **konserviert** diese Möglichkeiten über den Verjährungseintritt hinaus.

Auch § 406 **konserviert** eine einmal eingetretene **Aufrechnungslage**.[550]

533 ■ Ist der Anspruch (insbesondere aus § 488 Abs. 1 S. 2) **durch eine gegenständliche Sicherheit** gesichert,[551] so kann gemäß § 216 Abs. 1 u. Abs. 2 S. 1 der Gläubiger bei Eintritt des Sicherungsfalls (d.h. keine Erfüllung des Anspruchs trotz Fälligkeit) auch dann die **Sicherheit verwerten, wenn der Anspruch bereits verjährt ist**. Eine abstrakte Sicherheit muss der Gläubiger nicht an den Sicherungsgeber zurückübertragen (wozu er aufgrund des Sicherungsvertrags grundsätzlich verpflichtet ist, sobald er aus dem Anspruch nicht mehr vorgehen kann [Fortfall des Sicherungszwecks]). Selbst eine akzessorische (d.h. vom Anspruch unmittelbar abhängige) Sicherheit wird von der Verjährung des Anspruchs nicht beeinträchtigt.

Beispielsweise von § 216 Abs. 1 u. Abs. 2 S. 1 erfasst sind die Hypothek, die Grundschuld, das Faustpfandrecht, ein zur Sicherheit abgetretener weiterer Anspruch und eine zur Sicherheit übereignete Sache. **Nicht** erfasst sind hingegen die Vormerkung (welche ohne einen durchsetzbaren Anspruch keinerlei Sinn hat) und persönliche Sicherheiten, z.B. die Bürgschaft.[552]

Die **Verjährung eines Anspruchs** auf **Zinsen oder wiederkehrende Leistungen** steht hingegen gemäß § 216 Abs. 3 der Verwertung der Sicherheit entgegen.

Beispiel:[553] Ist vereinbart, dass ausnahmsweise der Mieter von Wohnraum die Betriebskosten trägt (vgl. § 556 Abs. 1 S. 1), so sind sowohl die monatlichen Abschlagszahlungen als auch die Nachforderung des Vermieters nach Erstellung der Jahresabrechnung wiederkehrende Leistungen. Sobald diese Ansprüche nach Maßgabe der §§ 195, 199 Abs. 1 verjährt sind, darf der Vermieter die Mietsicherheit (vgl. § 551) nicht mehr verwerten und muss sie ggf. herausgeben (z.B. eine Kaution).

534 ■ Ansprüche auf **Nebenleistungen** (insbesondere Zinsen) verjähren gemäß § 217 **gemeinsam mit dem Hauptanspruch**.

535 ■ Hinsichtlich **Rücktritt und Minderung** ist schließlich **§ 218** zu beachten:

- Gestaltungsrechte verjähren nicht (s. Rn. 527). **Rücktritt** und **Minderung** sind aber gemäß § 218 Abs. 1 S. 1 u. 2 i.V.m. § 438 Abs. 4 u. 5 bzw. § 634 a Abs. 4 u. 5 **unwirksam**, sobald der ihnen **zugrundeliegende Anspruch verjährt bzw. verjährt wäre**. Ansprüche aus der Ausübung des Gestaltungsrechts (für Rücktritt und Minderung: § 346 Abs. 1 u. 2) unterliegen dann – natürlich – der Verjährung.

---

549 BGH RÜ 2016, 8, zur Mängeleinrede nach §§ 320, 634 Nr. 1, 635.

550 Vgl. hierzu AS-Skript Schuldrecht AT 2 (2020), Rn. 434 ff.

551 Vgl. zu den Grundlagen und Grundbegriffen des Kreditsicherungsrechts AS-Skript Schuldrecht BT 2 (2020), Rn. 309 ff.

552 Palandt/Ellenberger § 216 Rn. 2, 4 u. 6.

553 BGH RÜ 2017, 7.

Hinweis: *Bei Ansprüchen aus Gestaltungsrechten muss also eine* ***doppelte Fristprüfung*** *erfolgen.* ***Erstens*** *darf z.B. das* ***Recht auf Rücktritt*** *(z.B. aus § 323)* ***nicht*** *nach § 218 Abs. 1 S. 1 u. 2* ***ausgeschlossen*** *sein. Dafür muss* ***inzident*** *eine Verjährung vor Gefahrübergang des Anspruchs auf die Primärleistung (§ 433 Abs. 1 S. 1; § 631 Abs. 1) und danach des Anspruchs auf Nacherfüllung (§ 439; § 635) geprüft werden.* ***Zweitens*** *darf der* ***Anspruch aus*** *dem (nicht ausgeschlossenen und erklärten)* ***Rücktritt*** *(§ 346 Abs. 1 u. 2) nicht verjährt sein.*

§ 218 Abs. 1 S. 1 gilt **nicht für den Verbraucherwiderruf nach § 355**. Im Wortlaut wird er nicht genannt. Zudem ist er anders als Rücktritt und Minderung nicht mit einem zugrundeliegenden, verjährungsfähigen Anspruch verknüpft. Insbesondere hat der Verbraucher keinen Anspruch auf die Belehrung. Sie ist nur Obliegenheit des Unternehmers, deren Unterlassen Vorteile für den Verbraucher begründet (insbesondere: längere Widerrufsfrist, vgl. § 356 ff.).[554]

- **Leistet** der Schuldner auf den (vermeintlichen) Anspruch aus Rücktritt bzw. aus Minderung **trotz des Ausschlusses** des Rücktritts bzw. der Minderung, so darf der Gläubiger die **Leistung behalten**, denn § 218 Abs. 2 verweist auf § 214 Abs. 2.
- Von einem Kaufvertrag, der auf einen **Eigentumsvorbehalt** (§ 449 Abs. 1: aufschiebend bedingte Übereignung, §§ 929 ff., 158 Abs. 1) gerichtet ist, kann der Verkäufer zurücktreten, wenn der Käufer nicht zahlt (vgl. § 449 Abs. 2). Auch dies ist i.w.S. eine Kreditsicherung, daher verweist § 218 Abs. 1 S. 3 auf § 216 Abs. 2 S. 2. Der Rücktritt ist also **nicht ausgeschlossen**. Der Verkäufer kann auch nach Verjährung zurücktreten.

B. Berechnung, insbesondere Regelverjährung nach §§ 195, 199

Drei Punkte müssen Sie bei der Berechnung der Verjährung ansprechen: **536**

- **Beginn** der Verjährungsfrist, unter Berücksichtigung eines **Neubeginns** nach § 212,
- **Dauer** der Verjährungsfrist unter Beachtung von **Höchstfristen** und
- **Ende** der Verjährungsfrist, berechnet mit den **Auslegungsregeln** der §§ 186 ff. und unter Berücksichtigung einer **Hemmung** oder **Ablaufhemmung** nach §§ 203 ff.

Hinweis: *Nochmal, die* ***Rechtsfolge*** *insbesondere des § 214 Abs. 1 („berechtigt, zu verweigern") wird* ***vom*** *Tatbestandsmerkmal* ***Fristende*** *(„Eintritt der Verjährung") ausgelöst.* ***Beginn und Dauer*** *prüfen Sie* ***inzident*** *(„S kann gemäß § 214 Abs. 2 die Leistung verweigern, wenn die Verjährung bereits eingetreten, also die Verjährungsfrist bereits abgelaufen ist. Das Ende der Verjährungsfrist wird nach §§ 186 ff. abhängig von Beginn und Dauer der Verjährungsfrist berechnet. Vorliegend begann die Frist gemäß § 187 Abs. ... am .... Sie dauerte bis .... Gemäß § 188 Abs. ... endete sie daher grundsätzlich am .... Dies war aber ein Sonntag, daher fiel das Fristende gemäß § 193 auf ....")*

Die für die Berechnung erforderlichen Angaben zu **Beginn und Dauer** entnehmen Sie **537**

- primär der **Parteivereinbarung** unter Beachtung des **§ 202** (näher Rn. 551 ff.),
- hilfsweise den **speziellen Normen** im jeweiligen **Sachzusammenhang**,

Beispiele: § 438 Abs. 1–3; § 548; § 634 a Abs. 1 u. 2; § 902 (Unverjährbarkeit!)

554 BGH NJW 2018, 225.

- wiederum hilfsweise den **speziellen Normen** in den §§ 195 ff.
  - die **Dauer** folgt aus **§ 196** (Ansprüche auf Verfügung über Grundstück),[555] aus **§ 197** (bestimmte Schadensersatz- und Herausgabeansprüche, rechtskräftig festgestellte Ansprüche) bzw. aus **§ 198** (Anrechnung der Besitzzeit bezüglich dinglichem Anspruch bei Rechtsnachfolge) und
  - der **Beginn** folgt aus **§ 200** (Entstehung des Anspruchs) bzw. aus **§ 201** (Rechtskraft der Entscheidung o.ä.)
- und schließlich hilfsweise aus **§§ 195, 199** (**Regelverjährung**).

Hinweis: *Im Examen hilft Ihnen in der Regel bei §§ 196, 197, 198, 200, 201 ein Blick in den Wortlaut. Weitergehendes Wissen benötigen Sie zu den Normen aus dem Sachzusammenhang (dazu näher im jeweiligen AS-Skript) und zur Regelverjährung (dazu im Folgenden).*

I. Beginn und Dauer nach §§ 195, 199 Abs. 1 u. 5

538 Die Verjährungsfrist dauert regelmäßig **drei Jahre**, § 195. Sie beginnt gemäß § 199 Abs. 1 – soweit nicht ein anderes bestimmt ist – mit dem **Schluss des Jahres**, in dem **zwei kumulative Voraussetzungen** eintreten:

1. Entstehung des Anspruchs, § 199 Abs. 1 Nr. 1

539 Der Anspruch ist i.S.d. § 199 Abs. 1 Nr. 1 entstanden, wenn er **eingeklagt werden kann.** Es müssen grundsätzlich **sämtliche Anspruchsvoraussetzungen** vorliegen und der Anspruch muss **fällig** i.S.d. § 271 Abs. 1 Var. 1 sein.[556] Insbesondere gilt:

540 - Eine **aufschiebende Bedingung** i.S.d. § 158 Abs. 1 muss **eingetreten** sein.

Beispiel:[557] R buchte seit 2015 mehrere Reisen bei B. Für jede Buchung erhielt er ein Bonusguthaben für spätere Buchungen. Der Anspruch des R gegen B auf Einlösung des Guthabens ist aufschiebend bedingt auf das Begehren des R, das Guthaben für eine bestimmte Reise zu verrechnen. Löst R im Sommer 2019 das gesamte Guthaben für eine Reise nach Mallorca ein, so entsteht der (aus mehreren Gutschriften zusammengesetzte) Anspruch einheitlich im Sommer 2019.

541 - Bei **Ansprüchen aus gegenseitigen Verträgen** beginnt die Verjährungsfrist allerdings **ungeachtet der Einrede des § 320.**

Beispiel: V und K schließen im November 2019 einen Kaufvertrag. –
1. Auch wenn V aufgrund von Lieferschwierigkeiten **nicht mehr im Jahr 2019 liefert**, beginnt die Verjährung der Ansprüche aus § 433 Abs. 1 S. 1 u. Abs. 2 mit Ablauf des 31.12.2019. Wenn allerdings vereinbart wurde, dass Lieferung und Zahlung **erst im Januar 2020 fällig** sein sollen, dann beginnt die Verjährungsfrist für die genannten Ansprüche mit Ablauf des 31.12.2020.
2. Für die in §§ 433 Abs. 1 S. 2, 437 Nr. 1 u. 3 aufgezählten **Gewährleistungsansprüche** beginnt die Verjährungsfrist gemäß § 438 Abs. 2 hingegen erst bei Übergabe bzw. Ablieferung.
3. Die in § 437 Nr. 2 aufgeführten **Gestaltungsrechte** verjähren nicht, vgl. Rn. 527.

542 - Bei **Schadensersatzansprüchen** entsteht der Schaden mitunter zeitlich versetzt. Der Gläubiger kann aber schon vorher Stufenklage (§ 254 ZPO) und/oder Feststellungsklage (§ 256 ZPO) auf Feststellung des Anspruchs dem Grunde nach – auch be-

---

555 Fallbeispiel (zu einem solchen Anspruch aus § 313) bei BGH RÜ 2015, 289.

556 Vgl. zum Folgenden Palandt/Ellenberger § 199 Rn. 3 u. 14 m.w.N.

557 Nach BGH MDR 2017, 1314.

züglich der noch ungewissen Schadensposten – erheben. Der Anspruch entsteht daher hinsichtlich aller Schadensposten, **sobald ein einziger Schadensposten durch Leistungsklage einklagbar** ist (**Grundsatz der Schadenseinheit**).[558]

Zwei Schadensersatzansprüche aufgrund **zweier Pflichtverletzungen** entstehen (und verjähren) hingegen unabhängig voneinander, selbst wenn sie in gewissem Zusammenhang stehen. Das gilt **beispielsweise** für die Ansprüche aus einem Behandlungsvertrag über eine Behandlung nach § 280 Abs. 1 aufgrund unterbliebener Aufklärung (Pflicht aus § 630 e) und aufgrund Behandlungsfehlers (Pflicht aus § 630 a Abs. 1 Hs. 1 i.V.m. Abs. 2). Liegt zwischen beiden Pflichtverletzungen ein Jahreswechsel, so beginnt die Verjährung beider Ansprüche zu unterschiedlicher Zeit.[559] Gleiches gilt für die beiden Ansprüche aus Anwaltshaftung, wenn der Rechtsanwalt einerseits die Forderung des Mandanten pflichtwidrig verjähren lässt und andererseits pflichtwidrig einen Dritten erfolglos in Anspruch nimmt.[560]

- **Ausnahmsweise** kann der Gesetzeszweck es gebieten, **zwei eigenständige Ansprüche gemeinsam verjähren zu lassen**. 543

Beispiel:[561] Die Eheleute M und F leben seit 2017 getrennt. Im Jahr 2019 hat F die Scheidung beantragt. 2020 wird der Scheidungsbeschluss rechtskräftig (vgl. § 1564, § 38 Abs. 1 S. 1 FamFG[562]). –
1. Nach dem **Wortlaut** des Gesetzes entstehen der Auskunftsanspruch aus § 1379 Abs. 2 im Jahr 2017 und der Auskunftsanspruch aus § 1379 Abs. 1 S. 1 im Jahr 2019; ihre Verjährung ist jeweils gemäß §§ 209, 207 Abs. 1 S. 1 gehemmt (näher Rn. 558 ff.), solange die Ehe besteht. Der Zahlungsanspruch aus § 1378 Abs. 3 S. 1 entsteht im Jahr 2020. Aufgrund unterschiedlicher Entstehung könnten die Ansprüche also zu verschiedenen Zeitpunkten verjähren.
II. Zweck der Auskunftsansprüche ist aber alleine, als Hilfsansprüche die Bezifferung des Zahlungsanspruchs als Hauptanspruch durchzusetzen. Die Verjährungszwecke (allseitiger Rechtsfriede und Rechtssicherheit, Schutz des Schuldners) treten daher hinsichtlich der Auskunftsansprüche zurück. Die Verjährung der Auskunftsansprüche muss an die Verjährung des Zahlungsanspruchs angeglichen werden. Die Verjährung sämtlicher Ansprüche beginnt daher erst 2020; insofern ist „etwas anderes bestimmt“ i.S.d. § 199 Abs. 1.

- Spätere **Inhaltsänderungen** eines Anspruchs können im Einzelfall zur Hemmung oder zum Neubeginn (näher D.) führen. Auf die Entstehung i.S.d. § 199 Abs. 1 Nr. 1 haben sie aber **keinen Einfluss**. Das gilt insbesondere für den **Ausgleichsanspruch unter Gesamtschuldnern** aus **§ 426 Abs. 1 S. 1.** 544

Beispiel:[563] Mit Begründung der Gesamtschuld im Jahr 2018 entsteht zeitgleich der Anspruch aus § 426 Abs. 1 S. 1, inhaltlich zunächst gerichtet auf anteilige Freistellung vom Zahlungsbegehren des Gläubigers. Zahlt ein Gesamtschuldner Ende 2021 an den Gläubiger die volle Summe, so wandelt sich sein Anspruch aus § 426 Abs. 1 S. 1 inhaltlich in einen anteiligen Zahlungsanspruch gegen die anderen Gesamtschuldner. Trotz der Inhaltsänderung ist der Anspruch aber nach wie vor 2018 entstanden, sodass er mit Schluss des Jahres 2021 verjährt – wenige Tage nach der Inhaltsänderung!

- Bei **Unterlassungsansprüchen** tritt gemäß § 199 Abs. 5 die **Zuwiderhandlung** an die Stelle der Entstehung i.S.d. § 199 Abs. 1 Nr. 1. Soweit und solange die Zuwiderhandlung nicht punktuell, sondern **dauerhaft während eines bestehenden Vertrags** geschieht, kann der Anspruch **nicht verjähren**. 545

Beispiel:[564] Anspruch des Vermieters bei zweckwidriger Nutzung der Mietsache aus § 541.

558 Ständige Rspr., vgl. BGH RÜ 2017, 78.
559 BGH NJW 2017, 949.
560 BGH NJW-RR 2017, 506.
561 Nach BGH NJW 2018, 950; ausführlich zum Zugewinnausgleich AS-Skript Familienrecht (2020), Rn. 72 ff.
562 Schönfelder Ordnungsziffer 112.
563 Nach BGH RÜ 2017, 78 u. BGH RÜ 2009, 617; ausführliche Darstellung in AS-Skript Schuldrecht AT 2 (2020), Rn. 539 ff.
564 Nach BGH RÜ 2019, 213; s. zu Dauerverpflichtungen bereits Rn. 528.

2. Kenntnis oder grob fahrlässige Unkenntnis, § 199 Abs. 1 Nr. 2

546 Der Gläubiger muss seinen **Schuldner** und die **anspruchsbegründenden tatsächlichen Umstände kennen oder grob fahrlässig nicht kennen**, § 199 Abs. 1 Nr. 2.

Beispielsweise wird man angesichts umfangreicher Presseberichte von **grob fahrlässiger Tatsachenunkenntnis** einer in Deutschland lebenden Person ausgehen müssen, wenn diese Ende 2015 immer noch nichts vom sog. „Dieselskandal" wegen Manipulation der Pkw-Abgaswerte gewusst hat.[565]

Beispielsweise besteht keine Pflicht des Geschädigten und seines ihm als Wissensvertreter zugerechneten Rechtsanwalts, Krankenhausunterlagen auf einen Behandlungsfehler zu überprüfen, soweit sie kein medizinisches Fachwissen haben. Das Fachwissen eines Sozius des Rechtsanwalts wird dabei nicht zugerechnet.[566]

Auch wenn Gläubiger und Schuldner einen **Rechtsstreit** über eine mit dem Anspruch **zusammenhängende Frage** führen, kann der Gläubiger die maßgeblichen Umstände gleichwohl kennen – das ist eine Frage des Einzelfalls.[567] Würde es in dem Rechtsstreit um den fraglichen Anspruch selbst gehen, dann läge ohnehin nach §§ 204 Abs. 1 Nr. 1, 209 Hemmung vor (näher Rn. 558 ff.).

- Soweit einzelne Tatbestandsmerkmale eine vorgelagerte **rechtliche Wertung** erfordern, ist die Grenze zur grob fahrlässigen Unkenntnis abhängig davon, wie leicht ein **rechtlicher Laie** diese Wertung als **möglicherweise zutreffend** ansieht.

  Beispiel:[568] Amtspflichtwidriges Handeln als Voraussetzung eines Amtshaftungsanspruchs. Wenn der Amtsträger die Pflichtverletzung vertuscht, dann ist die Unkenntnis nicht grob fahrlässig.[569]

547 - Bei **Schadensersatzansprüchen** ist nur die grob fahrlässige (Un-)Kenntnis solcher Schadensposten möglich und daher maßgeblich, die durch einen **Fachmann vorhersehbar** waren.[570] Hinsichtlich **unvorhersehbarer Schäden** beginnt die Verjährung erst später, es wird also der **Grundsatz der Schadenseinheit eingeschränkt**.

  Beispiel, auch zu Rn. 542: G hat gegen S aus einem Verkehrsunfall vom 30.11.2019 dem Grunde nach einen Schadensersatzanspruch. Die Höhe der Sachschäden erfährt G am 15.12.2019. Am 20.12.2019 stehen die Behandlungskosten für seinen Beinbruch fest und es ist klar, dass im Frühjahr 2020 noch Kosten für Reha-Maßnahmen anfallen werden, deren Höhe erst nach Abschluss der Reha feststehen wird. Im Sommer 2031 stellt sich heraus, dass die Hüfte des G – zwar kausal aufgrund des Unfalls, aber unvorhersehbar – operiert werden muss. –
  I. Der Anspruch **entsteht** i.S.d. § 199 Abs. 1 Nr. 1 mit Einklagbarkeit des ersten bekannten Schadenspostens am 15.12.2019 hinsichtlich sämtlicher Schadensposten.
  II. Im Jahr 2019 hat G auch **Kenntnis** von den Sachschäden sowie den Behandlungs- und Reha-Kosten für das Bein, auch wenn letztere noch nicht in konkreter Höhe feststehen. Hinsichtlich dieser Schäden beginnt die Verjährung mit Ablauf des 31.12.2019. Hinsichtlich der Hüftschäden erlangt G hingegen erst 2031 Kenntnis, sodass insofern die Verjährung mit Ablauf des 31.12.2031 beginnt.

548 - **Unerheblich** ist hingegen, ob der Gläubiger durch Subsumtion auch den **rechtlichen Schluss** auf den Anspruch zieht bzw. grob fahrlässig nicht gezogen hat.

  Anders ist es **ausnahmsweise**, wenn die Rechtslage **selbst für Rechtskundige** nicht einschätzbar ist, insbesondere wenn **mehrere niederinstanzliche Gerichte in vergleichbaren Fällen divergierend entschieden** haben und eine Entscheidung des letztinstanzlichen Gerichts aussteht.[571]

---

565 So OLG München, MDR 2020, 348.
566 BGH RÜ 2020, 545.
567 BGH RÜ 2015, 277.
568 Nach BGH NJW 2020, 466.
569 BGH NJW 2019, 1953.
570 Palandt/Ellenberger § 199 Rn. 34.
571 Vgl. BGH NJW 2019, 1145 zu einer ausstehenden Entscheidung des BFH.

Hinweis: *Hier kann* ***Wissen um aktuelle Entwicklungen in der Rspr.*** *abgeprüft werden. Handgreifliches Beispiel ist auch insofern derzeit der „Dieselskandal".*

- Nach Maßgabe des **§ 166 Abs. 1** wird dem Gläubiger die **Kenntnis Dritter zugerechnet**. Die **Kenntnis des Schuldners** wird hingegen **nicht** zugerechnet. Von ihm wird nicht erwartet, dass er den Gläubiger über den gegen ihn gerichteten Anspruch informiert, dann soll er insofern auch nicht von der Verjährung profitieren. 549

  Beispiel:[572] B erhält von Rechtsanwalt R1 die glaubhafte, aber rechtlich unrichtige Auskunft, dass er gegen S keinen Anspruch habe. Später beauftragt B Rechtsanwalt R2 anstatt R1 mit dem Vorgehen gegen S. R1 und R2 haben beide grob fahrlässig verkannt, dass B den Anspruch gegen S hatte, welcher zwischenzeitlich verjährt ist. Nunmehr nimmt B den R1 aus § 280 Abs. 1 in Anspruch. – Die Verjährung des Anspruchs B gegen R1 hängt maßgeblich davon ab, wann B wusste bzw. grob fahrlässig verkannte, dass er gegen S einen Anspruch hatte.
  I. B selbst hatte keine grob fahrlässige (Un-)Kenntnis von seinem Anspruch gegen S. Selbst, wenn die Rechtslage für einen Laien klar war, durfte B auf die Auskunft des fachkundigen R1 vertrauen.
  II. R1 hatte zwar grob fahrlässige Unkenntnis vom Anspruch des B gegen S. Als **Wissensvertreter** des B wird er ihm grundsätzlich auch analog § 166 Abs. 1 zugerechnet. Ausnahmsweise findet hier aber keine Zurechnung statt, weil niemand von R1 erwartet, dass er B Kenntnisse weiterleitet (hier: Bestehen des Anspruchs des B gegen S), die einen Anspruch gegen ihn selbst begründen.
  III. Die grob fahrlässige Unkenntnis des **Wissensvertreters R2** wird B hingegen zugerechnet.

II. Höchstfristen, § 199 Abs. 2–4

Die Verjährung tritt nach einer Höchstdauer **selbst dann** ein, wenn die Voraussetzungen des **§ 199 Abs. 1 nicht erfüllt** sind. 550

- Gemäß § 199 Abs. 2 verjähren vertragliche und gesetzliche **Schadensersatzansprüche**, die auf der Verletzung des **Lebens**, des **Körpers**, der **Gesundheit** oder der **Freiheit** beruhen, 30 Jahre nach dem schadensauslösenden Ereignis, selbst wenn sie bis dahin nicht bekannt und/oder entstanden waren.

  Im **Beispiel** aus Rn. 547 verjähren die Ansprüche aus dem Unfall vom 30.11.2019 spätestens am 30.11.2049 (§§ 188 Abs. 2 Hs. 1, 187 Abs. 1), selbst für bis dahin nicht bekannte Schadensposten.

- Gemäß § 199 Abs. 3 S. 1 verjähren **andere Schadensersatzansprüche** (z.B. wegen Eigentums- und Vermögensverletzungen) auch ohne Kenntnis zehn Jahre nach ihrer Entstehung sowie ohne Kenntnis und ohne Entstehung 30 Jahre nach dem schadenauslösenden Ereignis. Die früher endende Frist ist maßgeblich, § 199 Abs. 3 S. 1.
- Bestimmte **erbrechtliche Ansprüche** verjähren gemäß § 199 Abs. 3a unabhängig von der Kenntnis 30 Jahre nach ihrer Entstehung.
- Alle **übrigen Ansprüche** verjähren kenntnisunabhängig zehn Jahre nach Entstehung, § 199 Abs. 4.

C. Gewillkürte Verjährungserleichterung oder -erschwerung, § 202

Gläubiger und Schuldner können **grundsätzlich** die Verjährung **frei regeln**. Nach h.M. ist das trotz § 311 b Abs. 1 selbst bei Grundstücksgeschäften **formfrei** möglich.[573] 551

572 Nach BGHNJW-RR 2019, 116; zum Wissensvertreter AS-Skript BGB AT 1 (2020), Rn. 416.
573 Vgl. Palandt/Ellenberger § 202 Rn. 5 m.w.N. zu beiden Ansichten.

Individualvertragliche Vereinbarungen und sogar Einredeverzichte beziehen sich im Zweifel auch auf mit dem Anspruch **konkurrierende** oder **wirtschaftlich an dessen Stelle tretende** Ansprüche.[574]

552 **Verjährungserleichternde** Vereinbarungen (Verkürzung der Verjährungsfrist, Vorverlegung eines gesetzlichen Verjährungsbeginns) sind weitestgehend zulässig. Gemäß § 202 Abs. 1 kann lediglich bei vertraglichen oder gesetzlichen Schadensersatzansprüchen wegen Vorsatzes die Verjährung nicht im Voraus (aber sehr wohl im Nachhinein) erleichtert werden.

Daneben bestehen **Sonderregeln**, z.B. § 476 Abs. 2 oder § 651 y i.V.m. § 651 j.

553 **Verjährungserschwerende** Vereinbarungen (Verlängerung der Verjährungsfrist, Hinausschieben des Verjährungsbeginns) sind uneingeschränkt zulässig. Nur im Gesamtergebnis darf gemäß § 202 Abs. 2 die Verjährung nicht später als 30 Jahre nach dem gesetzlichen Verjährungsbeginn enden oder gar ganz ausgeschlossen werden.

Eine Verjährungserschwerung kann auch durch **Verzicht** auf die Einrede der Verjährung entstehen. Üblicherweise wird dieser nur **zeitlich befristet** erklärt, um über den Anspruch weiter außergerichtlich zu verhandeln, anstatt nur zwecks Hemmung (vgl. §§ 204 Abs. 1 Nr. 1, 209) eine kostenpflichtige Klage erheben zu müssen. Er wirkt sich **im Zweifel nicht** auf die **Dauer der Hemmung** oder den **Neubeginn der Verjährung** aus.

Beispiel:[575] Ein Anspruch des G gegen S droht zum 31.12. zu verjähren. S hofft auf eine gütliche Einigung, daher verzichtet S am 20.12. auf die Einrede der Verjährung bis zum 31.03. des Folgejahres. Die Verhandlungen scheitern, daher reicht G gegen S am 20.03. Klage ein. Während des Verfahrens verhandeln G und S erneut, das Gericht ordnet daher auf Antrag am 20.05. das Ruhen des Verfahrens an (§ 251 ZPO). Am 24.11. nimmt G das Verfahren wieder auf (§ 250 ZPO). S beruft sich auf Verjährung. –
Das Gericht wird die Klage als unbegründet abweisen, weil der Anspruch **verjährt** ist, § 214 Abs. 1.
I. Zwar hat der **Verzicht** des S die Verjährung zunächst bis zum 31.03. aufgehalten. Ab dem 20.03. hat sodann die **Klageerhebung** (auf die Zustellung der Klage kommt es nach Maßgabe des § 167 ZPO nicht an, näher Rn. 563) die Verjährung gemäß §§ 204 Abs. 1 Nr. 1, 209 **gehemmt**.
II. Diese Hemmung **endete gemäß § 204 Abs. 2 S. 3 BGB** sechs Monate nach der Ruhensanordnung als letzte Verfahrenshandlung, also am 20.11. (§§ 188 Abs. 2 Hs. 1, 187 Abs. 1).
1. Ab dann **läuft** gemäß § 209 die vor der Hemmung noch vorhandene Frist (hier: 10 Tage) **zwar grundsätzlich weiter**, also bis zum 30.11. G hätte das Verfahren vor Verjährung wieder aufgenommen.
2. Dem im Zweifel eng auszulegenden Verzicht des S ist aber **nicht** zu entnehmen, dass S bereits während der außergerichtlichen Verhandlungen **auch auf den Schutz des § 204 Abs. 2**, der sich erst im Gerichtsverfahren entfaltet, **verzichtet** hat. Vielmehr wollte S dem G nur die Möglichkeit geben, länger von der Wirkung des § 204 Abs. 1 Nr. 1, der zu Beginn des Gerichtsverfahrens greift, zu profitieren. Es ist also keinerlei Zeit mehr „über", die nach Ende der Hemmung zugunsten des G weiterlaufen könnte.

554 **Verjährungserleichterungen oder -erschwerungen in AGB** sind an § 307 Abs. 1 u. 2 zu messen, unter Berücksichtigung aller Umstände des Einzelfalls.

Beispiel:[576] B verbürgt sich gegenüber G für dessen Forderung gegen S. Die AGB der G bestimmen, dass abweichend von §§ 195, 199 Abs. 4 sowohl die Verjährungsfrist als auch die Höchstfrist fünf Jahre beträgt sowie dass abweichend von § 199 Abs. 1 Nr. 2 die Frist ohne Kenntnis der G beginnt. –
Die Klausel verstößt nicht gegen § 307 Abs. 1 u. 2. Die maßvolle Verlängerung der Verjährungsfrist liegt im berechtigten Interesse des G. Zudem kann sie sich sogar zum Vorteil des B auswirken, da sie G mehr Zeit gibt, gegen S vorzugehen und so den B zu schonen. Zudem wird diese Verlängerung durch die Verkürzung der Höchstfrist sowie durch den erleichterten Beginn der Verjährungsfrist – zumal ansonsten B beweisen müsste, dass G die subjektiven Voraussetzungen des § 199 Abs. 1 Nr. 2 erfüllt – kompensiert.

---

574 BGH WM 2020, 2073.

575 Nach BGH RÜ 2014, 613; näher zu Hemmung und Neubeginn sogleich unter D.

576 Nach BGH RÜ 2015, 552.

Beispiel:[577] § 548 Abs. 1 soll dem Mieter schnell Rechtssicherheit verschaffen. Eine Verlegung des Verjährungsbeginns auf die Beendigung des Mietvertrags nebst Verdoppelung der Fristdauer auf 12 Monate ist daher gemäß § 307 Abs. 2 Nr. 1, Abs. 1 S. 1 unwirksam.

D. Verzögerung des Verjährungseintritts kraft Gesetzes, § 213

Drei Institute zögern die Verjährung hinaus. Sie gelten gemäß **§ 213** auch für **sämtliche Ansprüche** aus demselben **Entstehungsgrund**, die wahlweise (**elektive Konkurrenz**) oder anstelle (**alternative Konkurrenz**) des betroffenen Anspruchs bestehen. Die beiden Ansprüche müssen **im Kern identisch** sein. **555**

Beispiele:[578] Erfüllung oder stattdessen Schadensersatz nach § 179 oder nach § 281 Abs. 4; Schadensersatz nach §§ 280 Abs. 1 u. 3, 283 oder stattdessen Herausgabe des Surrogats nach § 285; Nachlieferung oder Nachbesserung nach § 439 Abs. 1

Gegenbeispiel:[579] Ein gewährleistungsrechtlicher Rückabwicklungsanspruch aufgrund Rücktritts oder Schadensersatzes statt der ganzen Leistung (§ 281 Abs. 5) und ein Reparaturanspruch aus einer Haltbarkeitsgarantie (§ 443 Abs. 2) beruhen auf nur teilidentischen Lebenssachverhalten und auf verschiedenen Anspruchsgrundlagen. § 213 gilt nicht, die Ansprüche verjähren voneinander unabhängig.

Der Begriff des Entstehungsgrundes ist weit zu verstehen. Auch die Verjährung von Ansprüchen, die **aufgrund** der Ausübung eines **von zwei aus dem gleichen Grund zur Wahl stehenden Gestaltungsrechten** entstehen, wird verzögert, wenn eines der Gestaltungsrechte ausgeübt wird, selbst bei unterschiedlichen Anspruchsumfängen. **556**

Beispiel:[580] Der Käufer mindert zunächst und klagt aus §§ 437 Nr. 2 Var. 2, 441 Abs. 4, 346 Abs. 1 auf Teilrückzahlung. Später tritt er wegen desselben Mangels zurück und verlangt aus §§ 437 Nr. 2 Var. 1, 346 Abs. 1 vollständige Rückzahlung. –
Die Klage hemmt gemäß §§ 204 Abs. 1 Nr. 1, 213 auch die Verjährung des Anspruchs aus dem Rücktritt.

Soweit der **Gesetzeszweck** den Gleichlauf von Verjährungsbeginn und -dauer gebietet, ist regelmäßig auch die Verzögerung gleichgeschaltet. **557**

Im **Beispiel** in Rn. 543 hemmt die gerichtliche Geltendmachung des Zahlungsanspruchs aus § 1378 Abs. 3 S. 1 auch die Verjährung der Auskunftsansprüche aus § 1379 Abs. 1 S. 1 und aus § 1379 Abs. 2.

I. Hemmung, §§ 203–209

Der Zeitraum der Hemmung wird in die Verjährungsfrist **nicht eingerechnet**, § 209. Bildlich gesprochen wird auf „Pause“ und später wieder auf „Play“ gedrückt. Die allgemeinen Tatbestände stehen in den §§ 203–208. Es folgen die examensrelevantesten. **558**

Zu berücksichtigen sind nur Zeiträume, die sich **während der Verjährungsfrist** abspielen. Nur sie können begrifflich „in die Verjährungsfrist eingerechnet“ werden, so wie es der Wortlaut des § 209 vorgibt. Zudem besteht bei vorherigen Zeiträumen – etwa bei § 199 Abs. 1 zwischen Anspruchsentstehung und Jahresschluss – noch kein Bedürfnis, die Parteien vor dem Druck der nahenden Verjährung zu schützen. Bei späteren Zeiträumen steht der Verjährungseintritt bereits fest.[581]

---

577 BGH RÜ 2018, 80.

578 Vgl. Palandt/Ellenberger § 213 Rn. 2 ff.; siehe insofern zu § 285 und § 179 auch AS-Skript BGB AT 1 (2020), Rn. 189 u. 438.

579 Nach BGH RÜ 2018, 1.

580 Nach BGH RÜ 2015, 421; NJW 2016, 2493.

581 BGH NJW 2017, 10 (vorherige Zeiträume); BGH MDR 2017, 199, Rn. 18 (spätere Zeiträume).

1. Verhandlungen, § 203 S. 1

559 Während **schwebender Verhandlungen** über den Anspruch in rechtlicher oder tatsächlicher Hinsicht ist gemäß § 203 S. 1 Hs. 1 die Verjährung gehemmt. Sobald der Gläubiger seinen (vermeintlichen) Anspruch **im Kern benennt**, genügt **jeder Meinungsaustausch** mit dem Schuldner über den Anspruch. Dies kann in jeder Form geschehen und je nach Durchhaltevermögen einen Tag oder auch mehrere Monate dauern.

560 Bei **sofortiger Verweigerung** der Verhandlungen kommt es nicht zur Hemmung, eine **spätere Verweigerung** beendet gemäß § 203 S. 1 Hs. 2 die Hemmung. Die Verweigerung muss ein klares und ausdrückliches **doppeltes Nein** beinhalten (kein Anspruch und keine weiteren Verhandlungen). Wenn die Verhandlungen nicht abrupt verweigert werden, sondern **allmählich einschlafen**, dann endet die Hemmung, sobald nach Treu und Glauben eine Reaktion auf den letzten Verhandlungsschritt zu erwarten ist.[582]

561 Wird nach der Verweigerung bzw. dem Einschlafen **erneut verhandelt**, so findet nach h.M. **keine rückwirkende Hemmung** ab der ersten Verhandlung statt.[583] Weder lässt sich dem Wortlaut eine Rückwirkung entnehmen, noch wäre dies insbesondere für einen nach langer Zeit kurz gesprächsbereiten Schuldner zumutbar.

Beispiel: Der Anspruch würde zum 31.12.2021 verjähren. G und S verhandeln den ganzen Januar 2021, eine Woche im März 2021 und kurz am 30.09.2021. –
Die Verjährung tritt nach h.M. am 09.02.2022 ein (Hemmung für 31 + 7 + 1 Tag). Nach a.A. würde das kurze Intermezzo am 30.12.2021 dazu führen, dass die Verjährung erst am 30.09.2022 eintritt.

Hinweis: *Nach der h.M. besteht also bei wiederholten Verhandlungen ein* ***Gleichlauf zu § 204 Abs. 2 S. 3 u. 4****, s. Rn. 572.*

2. Rechtsverfolgung, § 204

562 Die Verjährung wird gehemmt, wenn der Gläubiger mit **prozessualen Handlungen** zu erkennen gibt, dass er **auf Erfüllung besteht**. Größte Examensrelevanz haben

563 ■ die **Klageerhebung** (§ 204 Abs. 1 Nr. 1, §§ 261 Abs. 1, 253 Abs. 1, 167 ZPO),

Die Klage ist erst mit Zustellung der Klageschrift durch das Gericht an den Beklagten erhoben (**Rechtshängigkeit**, §§ 261 Abs. 1, 253 Abs. 1, 166 ff. ZPO). Nach Maßgabe des **§ 167 ZPO** wirkt allerdings die Zustellung auf die Einreichung der Klage durch den Kläger bei Gericht **(Anhängigkeit)** zurück – weshalb in der Praxis (angesichts § 199 Abs. 1) oft Klagen fristwahrend erst am Silvestertag bei Gericht eingereicht werden. § 167 ZPO erfordert u.a. eine Zustellung **„demnächst"**, d.h. ohne größere Verzögerungen. Die Grenze ist fließend, als grobe Faustformel nimmt die Rspr. **zwei Wochen ab Fristende** an. Erforderlich ist ferner, dass die Verzögerung ihre **Ursache alleine im Arbeitsablauf bei Gericht** hat und dass der Kläger **alles für die Zustellung Erforderliche getan** hat, insbesondere den nach § 12 Abs. 1 S. 1 GKG[584] erforderlichen **Gerichtskostenvorschuss** eingezahlt hat. Für diese Zahlung hat er regelmäßig **eine Woche ab Eingang der Zahlungsaufforderung bei sich selbst** Zeit – die Zeit für die Weiterleitung vom Anwalt zum Kläger wird nicht berücksichtigt.[585]

Auch die (erstmalige) Anspruchserhebung per Anschlussberufung (§ 524 ZPO) gehört hierzu.[586]

---

582 Vgl. Palandt/Ellenberger § 203 Rn. 2 u. 4; BGH NJW 2017, 949; BGH RÜ 2014, 548.

583 BGH MDR 2017, 199 m.w.N. zur a.A.

584 Gerichtskostengesetz, Schönfelder Ordnungsziffer 115.

585 BGH RÜ2 2018, 121. Vgl. insgesamt Thomas/Putzo/Hüßtege § 167 Rn. 10 ff. Typische vertiefte Problemstellungen finden Sie bei Interesse bei BGH RÜ2 2016, 55 und bei BGH RÜ2 2018, 121.

586 BGH RÜ 2019, 298.

- die **Erhebung der Musterfeststellungsklage** sowie spätere **Anmeldungen zum Musterverfahren** (§ 204 Abs. 1 Nr. 1a u. 6a, §§ 606 ff. ZPO),[587] **564**

- die Zustellung eines **Mahnbescheids** (§ 204 Abs. 1 Nr. 3, § 693 Abs. 1 ZPO), **565**

  Das Berufen auf die Hemmung kann nach **§ 242 rechtsmissbräuchlich** sein. Etwa wenn der Mahnbescheid trotz § 688 Abs. 2 Nr. 2 ZPO bezüglich einer nach §§ 273, 320 von einer Gegenleistung abhängigen Forderung ergeht, weil der Gläubiger trotz § 690 Abs. 1 Nr. 4 ZPO dem Mahngericht diesen Umstand nicht mitgeteilt hat.[588] Umgekehrt kann der Schuldner sich nicht auf geringfügige Diskrepanzen im Mahnantrag gegenüber der wahren Anspruchshöhe berufen, wenn der Anspruch gleichwohl hinreichend individualisiert ist, etwa bei offensichtlichen Schreibfehlern.[589]

- die **Prozessaufrechnung** (§ 204 Abs. 1 Nr. 5, vgl. § 322 Abs. 2 ZPO), **566**

- die Zustellung der **Streitverkündung** (§ 204 Abs. 1 Nr. 6, § 73 S. 2 u. 3 ZPO), **567**

- die Zustellung des Antrags auf Durchführung eines **selbstständigen Beweisverfahrens** (§ 204 Abs. 1 Nr. 7, § 491 Abs. 1 ZPO), **568**

- die Zustellung eines Antrags auf Erlass eines **Arrestes** oder einer **einstweiligen Verfügung** (§ 204 Abs. 1 Nr. 9, §§ 920, 936 ZPO) und **569**

- die Veranlassung der Bekanntgabe des erstmaligen Antrags auf **Prozesskostenhilfe** (§ 204 Abs. 1 Nr. 14, § 117 ZPO). **570**

Auf manche Handlungen sind nach§ 204 Abs. 3 **weitere Hemmungstatbestände anzuwenden.**

Die prozessualen Handlungen betreffen stets den **Anspruch im prozessualen Sinne**, also den **Streitgegenstand**, der sich nach h.M. aus dem Lebenssachverhalt und dem Klageantrag zusammensetzt. Dieser kann mehrere **Ansprüche im materiell-rechtlichen Sinne** des § 194 Abs. 1 umfassen.[590] Die hemmende Wirkung des § 204 Abs. 1 erstreckt sich daher auf alle materiell-rechtlichen Ansprüche, selbst bei Veränderungen im Laufe des Prozesses, solange der prozessrechtliche Anspruch unverändert bleibt. **571**

Beispiel:[591] K klagt gegen B aus § 179 im Zusammenhang mit einem nur teilweise beendeten Hausbau. Zunächst zieht K von seinen bereits geleisteten Zahlungen den Wert der erbrachten Leistungen ab. Später verlangt er stattdessen die für die Beendigung der Bauarbeiten erforderliche Geldsumme. –
I. Die **Dauer** der **Verjährungsfrist** entspricht derjenigen für den Erfüllungsanspruch, der bei wirksamer Vertretung entstanden wäre. Sie **beginnt** mit der Verweigerung der Genehmigung (§§ 177, 184, 182).
II. K verlangt zwar zunächst das negative und sodann (vermutlich, weil er § 179 Abs. 2 als doch nicht erfüllt ansieht) das positive Interesse. Eine **Änderung der Art der Schadensberechnung** berührt aber weder den Lebenssachverhalt noch den Klageantrag. Der **Streitgegenstand** wurde **nicht verändert**. Daher ist bereits seit Klageerhebung die Verjährung des Anspruchs – auch in seiner neuen, auf das positive Interesse gerichteten Gestalt – gemäß §§ 204 Abs. 1 Nr. 1, 209 i.V.m. § 167 ZPO gehemmt.

Wird im Vorprozess nur ein Teil eines Schadens eingeklagt, erstreckt sich gegenüber dem Streitverkündeten die hemmende Wirkung des § 204 Abs. 1 Nr. 6 trotzdem auf den gesamten Schaden.[592]

Die **Hemmung endet** gemäß 204 Abs. 2 S. 1 u. 2 sechs Monate nach rechtskräftiger Entscheidung, anderweitiger Beendigung oder Rücknahme der Anmeldung zum Muster- **572**

---

587 Näher zu der seit dem 01.11.2018 möglichen Musterfeststellungsklage Lüdde RÜ 2018, 701.
588 BGH RÜ 2014, 707; 2015, 685.
589 BGH MDR 2018, 1270.
590 Ausführlich zum Streitgegenstand AS-Skript ZPO (2018), Rn. 105 ff.
591 Nach BGH RÜ 2017, 548; s. zur Schadensberechnung bei § 179 auch AS-Skript BGB AT 1 (2020), Rn. 438.
592 BGH NJW 2019, 1953.

feststellungsklagenregister. Bei Stillstand des Verfahrens tritt die letzte Verfahrenshandlung gemäß § 204 Abs. 2 S. 3 an die Stelle der Beendung. Wird das stillstehende Verfahren weiterbetrieben, kommt es gemäß § 204 Abs. 2 S. 4 erneut zur Hemmung.

Die Folge des § 204 Abs. 2 S. 1 wird auch durch **Wegfall der verjährungshemmenden** (s. Rn. 563) **Anschlussberufung** bei Zurückweisung der Hauptberufung (§§ 524 Abs. 4, 522 Abs. 2 ZPO) ausgelöst.[593]

3. Vertragliches Leistungsverweigerungsrecht, § 205

573 Solange der Schuldner **vertraglich** das Recht hat, die Leistung zeitweise zu verweigern (**Stillhalteabkommen**), ist die Verjährung gemäß § 205 gehemmt. Die Norm gilt **nicht für gesetzliche Verweigerungsrechte**, auch nicht analog.

Beispiel (auch zu §§ 203 u. 204):[594] X klagt gegen Y einen Zahlungsanspruch ein, für den B sich verbürgt hat. Y hält entgegen, er sei gemäß § 273 zur Zahlung nur gegen „Rückgabe" der Bürgschaft per Verzicht des X verpflichtet. B erklärt X, sie sei für die Dauer des Prozesses des X gegen Y mit der Hemmung des Anspruchs des X gegen B einverstanden. Nach Prozessende nimmt Y den X auf Ersatz des Zinsschadens in Anspruch, den Y erlitten hat, weil X die Bürgschaft nicht sofort zurückgegeben hat. – Unterstellt, der Schadensersatzanspruch des Y gegen X besteht, so verjährt er nach Maßgabe der §§ 195, 199 Abs. 1. Diese Verjährung wurde **nicht gehemmt**:
I. X und Y haben nicht über den Anspruch i.S.d. **§ 203** verhandelt. Seine Einbringung durch Y in das gerichtliche Verfahren X gegen Y ohne Einlenken des X spricht nicht dafür, dass X zu einem Meinungsaustausch über den Anspruch Y gegen X bereit war. Im Gegenteil wird hierdurch deutlich, dass X auf seinem Standpunkt, der Anspruch bestehe nicht und es gebe nichts zu verhandeln, beharrte.
II. Nach **§ 204 Abs. 1 Nr. 1** wurde durch die Klage des X nur sein Zahlungsanspruch gegen Y, nicht aber der gegenläufige Anspruch des Y gegen X gehemmt. Eine Widerklage (vgl. § 33 ZPO) des Y hätte diese Hemmung ausgelöst, Y hat sie aber nicht erhoben.
III. Nach **§ 204 Abs. 1 Nr. 5** führt die Prozessaufrechnung durch den Beklagten zur Hemmung. Auf ein Zurückbehaltungsrecht ist er **nicht analog** anzuwenden. Die Interessenlage ist anders, denn nach § 322 Abs. 2 ZPO ist die Aufrechnung das einzige Verteidigungsmittel, mittels welchem eine Gegenforderung „klageähnlich" so in einen Prozess eingeführt wird, dass über sie rechtskräftig entschieden wird. Ein Zurückbehaltungsrecht hat diese Wirkung nicht, das Urteil X gegen Y entfaltet also keine Rechtskraft bezüglich der Forderung Y gegen X. Y kann seine Forderung gegen X weiter einklagen, also muss er dies auch tun, wenn er die Verjährung hemmen will.
IV. § 205 greift nicht ein, denn er gilt nur für vertragliche Verweigerungsrechte. Y konnte sich aber nur auf das gesetzliche Verweigerungsrecht aus § 273 berufen.
V. Auch **§ 242** führt angesichts der Erklärung der B nicht zu einer hemmungsähnlichen temporären Treuwidrigkeit des Verjährungseinwands des X. Zwar ist die Bürgschaft von der Hauptforderung akzessorisch abhängig (vgl. §§ 767 u. 768). Umgekehrt gilt das aber nicht, sodass die Erklärung der B zwar die Verjährung des Anspruchs X gegen B aus § 765 Abs. 1 hemmt, nicht jedoch des Y gegen X. Es wäre Y zudem leicht möglich gewesen, durch Verhandlungen mit X oder eine Widerklage gegen X (s.o.) eine Hemmung bezüglich des Anspruchs Y gegen X herbeizuführen.

574 Eine **Stundung** fällt hingegen **regelmäßig nicht** unter § 205.[595]

- Wird sie bereits **vor Fälligkeit** eingeräumt, so **verschiebt** sie den Zeitpunkt der Fälligkeit, also nach § 199 Abs. 1 Nr. 1 bereits den **Verjährungsbeginn**.
- Eine Stundung **nach Fälligkeit** geht regelmäßig auf ein **Stundungsgesuch des Schuldners** zurück. Dieses ist regelmäßig als **Anerkenntnis** i.S.d. § 212 Abs. 1 Nr. 1 auszulegen, sodass es sogar zum **Neubeginn** der Verjährung kommt (näher Rn. 576).

593 BGH RÜ 2019, 298.

594 Nach BGH RÜ 2015, 277.

595 Näher zum Folgenden Palandt/Ellenberger § 205 Rn. 2.

Eine eigenständige Hemmungswirkung kann die Stundung dann nur entfalten, wenn die Stundungsdauer länger als die (neubegonnene) Verjährungsfrist ist.

II. Ablaufhemmung, §§ 203 S. 2, 210, 211

Nach der Hemmung läuft die Verjährungsfrist erbarmungslos weiter, auch wenn sie nur noch einen Tag beträgt. Bei der Ablaufhemmung ordnet das Gesetz einen **Mindestzeitraum** an, der **nach Ende der Hemmung mindestens noch zur Verfügung steht**. Bildlich gesprochen wird auf „Pause" gedrückt, falls erforderlich sodann „ein Stück zurückgespult" und erst dann wieder auf „Play" gedrückt. 575

Allgemeine Tatbestände der Ablaufhemmung enthalten § 210 (**nicht voll Geschäftsfähiger ohne gesetzlichen Vertreter**) und § 211 (**Ansprüche aus Nachlässen**). Zudem ordnet § 203 S. 2 bei **Verhandlungen** eine Ablaufhemmung an.

Beispiel: Wenn im Beispiel aus Rn. 561 die letzte kurze Verhandlung erst am 30.12.2021 stattfindet, dann tritt die Verjährung nach § 203 S. 2 erst mit Ablauf des 30.03.2022 ein.

Bei **mehreren Erben** entfaltet **§ 211 S. 1** seine Wirkung hinsichtlich jedes Erben einzeln ab dem Zeitpunkt seiner Annahme. Der Gläubiger ist nicht schützenswert, denn er muss nicht alle Erben zur gesamten Hand verklagen (Gesamthandsklage, § 2059 Abs. 2), sondern er kann auch jeden einzelnen Erben – als Gesamtschuldner mit den übrigen Erben – verklagen (Gesamtschuldklage, § 2058).[596]

III. Neubeginn, § 212

Im Falle des Neubeginns beginnt die Verjährungsfrist **von vorne**. Bildlich gesprochen wird „an den Anfang zurückgespult" und sodann wieder auf „Play" gedrückt. 576

Ein Neubeginn erfolgt insbesondere gemäß § 212 Abs. 1 Nr. 1 aufgrund eines **Anerkenntnisses** des Schuldners. Die Aufzählung der Handlungen ist nicht abschließend („in anderer Weise"). Erforderlich ist ein (auch konkludentes) Verhalten, durch das der Schuldner sein **Bewusstsein vom Bestehen der Schuld unzweideutig zum Ausdruck bringt** und beim Gläubiger das **Vertrauen darauf** begründet, dass er sich alsbald **nicht auf Verjährung berufen werde**.[597] Zweifelhaft ist dies insbesondere

- bei einer **Aufrechnung**, wobei die h.M. jedenfalls dann, wenn der Schuldner die **Gegenforderung im Übrigen nicht bestreitet**, ein Anerkenntnis bejaht,[598] da dann der Schuldner zu erkennen gibt, dass er die Gegenforderung an sich akzeptiert und
- bei der **Nachlieferung**: Gibt der Verkäufer bzw. der Werkunternehmer zu erkennen, dass er sich zu ihr nach § 439 bzw. § 635 **verpflichtet sieht**, so liegt ein Anerkenntnis vor. Nimmt er sie hingegen unabhängig von seinen rechtlichen Pflichten **aus Kulanz** vor, so erklärt er gerade nicht, sich einer rechtlichen Schuld bewusst zu sein.[599]

In **prozessualer Hinsicht** sollten Ihnen zum Anerkenntnis § 93 ZPO und § 307 ZPO bekannt sein. Ferner führen **Vollstreckungshandlungen** nach Maßgabe des § 212 Abs. 1 Nr. 2, Abs. 2 u. 3 zum Neubeginn.

---

596 BGH RÜ 2014, 548; vgl. zu diesen Klagen AS-Skript Erbrecht (2020), Rn. 509.

597 Palandt/Ellenberger § 212 Rn. 3; BGH NJW 2019, 1219 (zum Pflichtteilsanspruch gegen den Erben).

598 Vgl. Palandt/Ellenberger § 212 Rn. 4 m.w.N.

599 BGH RÜ 2006, 11.

3. Abschnitt: Verwirkung, § 242

577 Bereits vor der Verjährung kann es dem Gläubiger gemäß § 242 verwehrt sein, den **Anspruch** einzufordern, soweit[600]

- der Gläubiger den Anspruch länger nicht geltend macht (**Zeitmoment/widersprüchliches Verhalten**),
- der Schuldner nach den Umständen darauf vertrauen durfte, dass der Gläubiger den Anspruch nie wieder geltend machen wird (**Umstandsmoment**) und
- der Schuldner tatsächlich ein solches Vertrauen gebildet hat (**Vertrauensmoment**).

Auch **Gestaltungsrechte** und **Klagerechte** können verwirkt werden.[601]

Mit **steigendem Zeitmoment sinken die Anforderungen an das Umstandsmoment** und umgekehrt.[602] Bei **Gestaltungsrechten** ist ein **Schluss von der Verjährungsfrist der Ansprüche** aus dem gestaltbaren Vertrag auf das Zeitmoment bezüglich des Gestaltungsrechts bereits deshalb unzulässig, weil Gestaltungsrechte nicht verjähren, vgl. Rn. 527.[603]

578 In bestimmten Fällen ist **besondere Strenge** bei der Bewertung geboten:

- Bei Verkürzung der (vom Gesetzgeber im Jahr 2002 von 30 auf drei Jahre ohnehin stark verkürzten) **regelmäßigen Verjährungsfrist** des § 195.[604]
- Bei Verkürzung der Verjährung des Anspruchs aus **§ 985**. Er ist untrennbarer Kernbestandteil des verfassungsrechtlich geschützten Eigentumsrechts (vgl. Art. 14 Abs. 1 GG, § 903 – nochmal: Rechte verjähren nicht, s. Rn. 527). Hinsichtlich **Grundstücken** verjährt er zudem gemäß § 902 Abs. 1 S. 1 überhaupt nicht, solange das Eigentum im Grundbuch eingetragen ist. Eine Verwirkung würde das dann nicht mehr durchsetzbare Eigentumsrecht in einen sinnlosen „Rechtskrüppel" verwandeln.[605]

4. Teil: Sicherheitsleistung, §§ 232 ff.

579 Soweit der Schuldner einer Forderung **zur Sicherheitsleistung verpflichtet** ist und das weitere Procedere **nicht abweichend vereinbart** ist, sind die §§ 232 ff. einschlägig.

Die Verpflichtung kann sich ergeben aus **Gesetz** (z.B. § 843 Abs. 2 S. 2), **richterlicher Anordnung** (z.B. nach § 1382 Abs. 3) oder **Vertrag**.

§ 232 Abs. 1 benennt die **zulässigen Sicherheiten**. Eine Bürgschaft ist gemäß § 232 Abs. 2 nur subsidiär zulässig. Soweit die Sicherheit durch Hinterlegung geleistet wird, entsteht nach Maßgabe des § 233 ein **gesetzliches Pfandrecht**. Nach Maßgabe des § 240 besteht eine **Ergänzungspflicht** des Schuldners. Die **näheren Anforderungen** an die einzelnen Sicherheiten sind in den §§ 234–239 normiert.

Die 2/3-Quote des § 237 S. 1 dient als **Grenzwert der nachträglichen Übersicherung**.[606]

---

600 Die Voraussetzungen sind ständige Rspr., vgl. etwa BGH RÜ 2019, 213, 217 Rn. 28.

601 Vgl. BGH NJW 2020, 148, zum Widerrufsrecht des Verbrauchers und BVerwG RÜ 2018, 810 zur Anfechtungsklage.

602 OLG Bremen NJW-RR 2016, 875, zum Widerrufsrecht des Verbrauchers.

603 BGH NJW-RR 2018, 47.

604 BAG RÜ 2015, 413.

605 BGH RÜ 2007, 297; wörtliches Zitat nach Staudinger/Gursky § 902 Rn. 1.

606 Zur nachträglichen Übersicherung AS-Skript Schuldrecht AT 2 (2020), Rn. 458.

Stichwortverzeichnis

Die Zahlen verweisen auf die Randnummern.